Beihefte zur Zeitschrift für die alttestamentliche Wissenschaft

Herausgegeben von
John Barton · Reinhard G. Kratz
Choon-Leong Seow · Markus Witte

Band 367

Walter de Gruyter · Berlin · New York

Mareike Rake

„Juda wird aufsteigen!"

Untersuchungen zum ersten Kapitel des Richterbuches

Walter de Gruyter · Berlin · New York

∞ Gedruckt auf säurefreiem Papier,
das die US-ANSI-Norm über Haltbarkeit erfüllt.

ISBN-13: 978-3-11-019072-4
ISBN-10: 3-11-019072-9
ISSN 0934-2575

Bibliografische Information der Deutschen Nationalbibliothek

Die Deutsche Nationalbibliothek verzeichnet diese Publikation in der Deutschen
Nationalbibliografie; detaillierte bibliografische Daten sind im Internet
über http://dnb.d-nb.de abrufbar.

© Copyright 2006 by Walter de Gruyter GmbH & Co. KG, 10785 Berlin
Dieses Werk einschließlich aller seiner Teile ist urheberrechtlich geschützt. Jede Verwertung
außerhalb der engen Grenzen des Urheberrechtsgesetzes ist ohne Zustimmung des Verlages
unzulässig und strafbar. Das gilt insbesondere für Vervielfältigungen, Übersetzungen, Mikroverfilmungen und die Einspeicherung und Verarbeitung in elektronischen Systemen.
Printed in Germany
Einbandgestaltung: Christopher Schneider, Berlin

Für Jens
und
für Greta

Vorwort

Die vorliegende Arbeit wurde im WS 2005/2006 von der Theologischen Fakultät der Georg-August-Universität Göttingen als Dissertation angenommen. Mein Dank gilt an erster Stelle meinem Doktorvater, Herrn Prof. Dr. Rudolf Smend, D. D. (Göttingen), der die Arbeit angeregt und über die lange Zeit ihrer Entstehung mit großer Geduld und wissenschaftlicher wie persönlicher Fürsorge begleitet hat. Herrn Prof. Dr. Reinhard Gregor Kratz (Göttingen) danke ich für die Übernahme des Zweitgutachtens und für alle Förderung darüberhinaus. Ebenso danke ich Herrn Bischof Dr. Erik Aurelius (Skara/Schweden), der mich an seinem Göttinger Lehrstuhl beschäftigt und den Fortgang der Arbeit hartnäckig verfolgt und hilfreich unterstützt hat. Danken möchte ich an dieser Stelle auch Herrn Prof. Dr. Christof Hardmeier (Greifswald), der mir als mein erster Lehrer im Alten Testament immer Vorbild im Umgang mit den Texten geblieben ist. Auf besondere, je unterschiedliche Weise sehe ich diese Arbeit außerdem verbunden mit Herrn Dr. Reinhard Müller (München), Frau Tanja Schmidt (Heidelberg), Herrn Dr. Christopher Voigt (Wuppertal) und Herrn Dr. Uwe Weise (Greifswald). Für die Aufnahme der Arbeit in die Reihe BZAW danke ich den Herausgebern.

Gewidmet ist diese Arbeit meinem Mann und unserer Tochter.

Geesthacht, im Juli 2006   Mareike Rake

Inhaltsverzeichnis

Vorwort		VII
1.	„...in tam brevi et tam antiqua historia necesse est multa obscura esse" – Grundlinien historisch-kritischer Forschung an Ri 1	1
2.	Das „negative Besitzverzeichnis"	21
2.1.	Ein Begriff und seine Implikationen	21
2.1.1.	Zur „Begriffsgeschichte"	21
2.1.2.	Das „negative Besitzverzeichnis" – ein „Spolium" in der alttestamentlichen Geschichtsdarstellung?	24
2.2.	Aufbau und Form des „negativen Besitzverzeichnisses"	29
2.3.	Die Josuaparallelen	34
2.3.1.	Benjamin/Juda (Ri 1,21 und Jos 15,63)	35
2.3.2.	Manasse (Jos 17,11ff. und Ri 1,27f.)	42
2.3.2.1.	Jos 17,14-18	43
2.3.2.2.	Jos 17,11-13 par. Ri 1,27f.	51
2.3.3.	Efraim (Ri 1,29 und Jos 16,10)	57
2.4.	Sebulon, Asser, Naftali, Dan und die Fronpflicht der Kanaaniter (Ri 1,28.30-33.34f.)	60
2.4.1.	Ri 1,30-33	60
2.4.2.	Die Fronnotizen	62
2.4.3.	Ri 1,34-35a	68
3.	„Schreiende Widersprüche" in Ri 1,1-21	74
3.1.	Die Probleme im Erzählverlauf	75
3.2.	Rekonstruktion des Grundbestandes	85
4.	Die Einnahme Bethels (Ri 1,22-26)	91
5.	Zwischenergebnis: Der Grundbestand in Ri 1 – Textzusammenhang und Darstellungsinteresse	96

6.	Der Auftritt des מלאך יהוה in Ri 2,1-5	102
6.1.	Ri 1 und Ri 2,1-5	102
6.2.	Die Rede des מלאך יהוה und ihre Querbezüge	105
6.2.1.	Das Bündnisverbot in Ex 20,20-33	107
6.2.2.	Das Bündnisverbot in Ex 34,10-26	108
6.2.3.	Das Bündnisverbot in Dtn 7,1-6	111
6.2.4.	Das Bündnisverbot in Ri 2,1-5	114
6.2.5.	Die Literargeschichte des Bündnisverbotes	118
6.3.	Ri 2,1-5 und Ri 1 (Schluß)	123
7.	Ri 1 am Übergang vom Josua- zum Richterbuch	125
7.1.	Die Doppelüberlieferung vom Tod Josuas und der Tod Josuas als Epochenmarke	125
7.2.	ויהי אחרי מות יהושע – der Tod Josuas, Ri 1 und die „Büchertrennung"	131
7.3.	Die Richterzeit als Epoche	133
8.	Historische Erwägungen	142

Textanhang	153
Synopse Ri 1,21 par. Jos 15,63; Ri 1,27f. par. Jos 17,11-13; Ri 1,19 par. Jos 16,10	154
Synopse Ri 1,34f. par. Jos 19,47a-48a LXX	155
Ri 1 im Grundbestand (Ri 1*)	156
Die Entstehung von Ri 2,1-5	157
Literaturverzeichnis	159
Autorenregister	175
Bibelstellenregister	177

1. „...in tam brevi et tam antiqua historia necesse est multa obscura esse" – Grundlinien historisch-kritischer Forschung an Ri 1

Das erste Kapitel des Richterbuches ist forschungsgeschichtlich gleich dreifach prominent geworden: als jahwistischer Landnahmebericht, als Überlieferungsort des „negativen Besitzverzeichnisses" und als Referenztext für den „DtrN".

Die Eigenart und die besonderen Probleme des Kapitels wurden jedoch nicht erst im Zusammenhang dieser Theorien verhandelt, sondern haben die Exegeten bereits seit den Anfängen der historisch-kritischen Forschung am Alten Testament beschäftigt. So beginnt *Johannes Clericus*, der seit *Eichhorn* als Wegbereiter der historisch-kritischen Auslegung des Alten Testamentes gilt[1], seine Kommentierung des Richterbuches mit einer vielsagenden Konjektur: nach der Übersetzung der ersten Worte des ersten Kapitels „Post mortem Josuae..." fährt *Clericus* freihändig fort „...respiravit Chananaeus. Eo vivente..."[2] und datiert auf diese Weise die im Folgenden berichteten Ereignisse kurzerhand zurück in die Lebenszeit Josuas. Damit markierte *Clericus* eine der entscheidenden Schwierigkeiten von Ri 1, nämlich das Problem der Einordnung des Kapitels in die verwickelte Chronologie der Ereignisse am Übergang vom Josua- zum Richterbuch. Ri 1,1aα setzt den Inhalt des Kapitels unmißverständlich nach dem Tod Josuas an. Dieser Datierung hielt *Clericus* die beiden entscheidenden, später immer wieder neu vorgetragenen Argumente entgegen. Er verwies zur Begründung seiner Konjektur zum einen auf den Widerspruch, der sich hier zu dem in Ri 2,8 erneut festgestellten Tod Josuas ergibt, und stellte zum anderen fest, daß einige der in Ri 1 berichteten Begebenheiten bereits im Josuabuch überliefert werden und sich von daher auch zu Josuas Lebzeiten abgespielt haben müssen.

Clericus ergänzte den Text allerdings nur „widerwillig", wie er anschließend kommentiert.[3] Und in der Tat ließe sich seine eigenmächtige Konjektur nicht erst aus der Sicht moderner exegetischer Methodik, son-

---

1 Vgl. Eichhorn, Litterärgeschichte, 1070.
2 Clericus, Libri, 70.
3 Ebd.: „Haec inviti supplevimus..."

dern bereits gemessen an den strengen Maßstäben, die Clericus selbst in seiner „Ars critica" für die Anwendung jeder Konjekturalkritik aufgestellt hatte[4], bestreiten. Daß er sich dennoch dazu genötigt sah, zeigt daher die besondere Dringlichkeit des hier vorliegenden Problems, zu dessen Lösung Clericus noch kaum andere exegetische Möglichkeiten hatte.

Im Hinblick auf alle übrigen Unklarheiten, die sich ihm im Verlauf von Ri 1 ergaben, begnügte er sich dann mit der Feststellung: „...in tam brevi et tam antiqua historia necesse est multa obscura esse".[5] Diese Erklärung, die Inhalt und Entstehung des Kapitels einer zufälligen und undurchsichtigen Vergangenheit überläßt, konnte auf lange Sicht nicht befriedigen. Und doch nahm *Clericus* damit bereits Entscheidendes vorweg. Denn wo immer man später nach Begründungen für die Eigenart des Kapitels suchte, wurde bevorzugt entweder mit seiner Fragmentarität – „tam brevi" – oder aber mit seinem hohen Alter – „tam antiqua" – argumentiert.

Noch im gleichen Jahrhundert fanden dann bereits die gerade erst in der Bibelwissenschaft etablierten Methoden der ‚höheren Kritik', die dem Exegeten über die bloße philologische Kritik hinaus die Unterscheidung ursprünglicher und späterer Bestandteile innerhalb eines Textzusammenhangs erlauben, Anwendung auch auf die Probleme von Ri 1. 1791 veröffentlichte *Werner Carl Ludwig Ziegler*, der in jenem Jahr zum außerordentlichen Professor an der theologischen Fakultät in Göttingen ernannt wurde und hier „mit der erst neu hinzugekommenen trefflichen Familie des Hofrats Eichhorn zuletzt am vertrautesten war"[6], den ersten Band seiner „Theologischen Abhandlungen"; die dritte Abhandlung trägt den Titel „Bemerkung über das Buch der Richter aus dem Geist des Heldenalters", und einen nennenswerten Teil dieser Bemerkung macht seine Untersuchung „Über das erste und zweyte Kapitel besonders" aus. Hier fand *Ziegler* für das schon von *Clericus* bemerkte chronologische Dilemma, das Ri 1,1 im Kontext verursacht, zwei denkbare, nunmehr literarkritische Lösungen. Beide sind in der Forschungsgeschichte, zum Teil in Einzelheiten, bis heute aktuell geblieben.

So sah er zunächst die Möglichkeit, die einleitende Datierung in Ri 1,1a „nicht auf das nächste zu beziehen", sondern vom übrigen Kapitel abzutrennen und „als ein Zusatz vom Ordner dieses Buchs, oder Sammler aller heiligen Bücher, oder von irgendeiner andern Hand anzusehen"[7]. Diesen „Behelf" erachtete er allerdings nur in dem Falle für notwendig, daß man in Ri 1 den gleichen Verfasser am Werk sehen wolle wie auch in

---

[4] Vgl. Clericus, Ars critica I, Sectio I, Cap. 17, 256-301.
[5] Clericus, Libri, 70.
[6] Link, Notizen, 35.
[7] Ziegler, Bemerkungen, 282.

Ri 2,6ff. Doch ergebe es „der Augenschein, daß der Verfasser unsers Buchs seine Erzählung erst von V. 6 2. Kap. anfängt, und daß das vorhergehende nur eine Anlage ist"[8], und so zog er es am Ende vor, Ri 1,1-2,5 insgesamt als nachträglichen Zusatz vom eigentlichen Richterbuch auszuklammern.

Die Frage, auf welchem Wege das Kapitel dann an seinen gegenwärtigen Ort geriet, ließ *Ziegler* offen, allerdings nicht ohne auch hier maßgebliche Alternativen zu benennen: „Hiebey bleibt nun unausgemacht, ob der Verfasser das erste Kapitel als ein Document voranstellte (nicht schrieb), oder ob eine spätere Hand es hinzufügte, mit oder ohne Absicht des Zusammenhangs, oder wie endlich die Zusammensetzung, so wie wir sie jetzt haben, geschehen seyn mag."

Wie immer man sich in dieser Frage später entschied, *Ziegler*s Entscheidung, Ri 1,1-2,5 literargeschichtlich vom Richterbuch getrennt zu betrachten, kann seitdem mit wenigen Ausnahmen als opinio communis jeder weiteren historisch-kritischen Bemühung um das Kapitel gelten. Ein breiteres exegetisches Publikum fand diese Auffassung zunächst in der „Historischkritische[n] Einleitung" *Leonhard Bertholdt*s, eines Vertreters der Fragmentenhypothese im Pentateuch, der die „fragmentarische Beschaffenheit"[9] auch des Richterbuches feststellte, indem er nicht nur Ri 1,1-2,5 als eine spätere und gegen das eigentliche Richterbuch selbständige Zugabe ansah, sondern zu einem ähnlichen Ergebnis auch im Hinblick auf Ri 2,6-16; Ri 17f. und Ri 19-21 kam. *Bertholdt* nennt dabei an erster Stelle der von ihm benutzten exegetischen Literatur „Zieglers Scholien über das Buch der Richter". Doch brachte man die Ansicht, Ri 1,1-2,5 als ein eigenes Stück zu behandeln, bald nur noch mit *Bertholdt*s Einleitung in Verbindung, während *Ziegler* in Vergessenheit geriet.

*Ziegler*s „Bemerkungen" mögen es jedoch gewesen sein, die *Johann Gottfried Eichhorn* dazu veranlaßten, für die dritte Auflage seiner „Einleitung ins Alte Testament" die Frage der Zugehörigkeit von Ri 1 zum eigentlichen Richterbuch neu zu überdenken. Denn zwar hielt er am Ende auch hier wie in den vorangegangenen Auflagen an der literarischen Einheitlichkeit der ersten sechzehn Kapitel des Richterbuches fest[10], doch

---

8 Ziegler, Bemerkungen, 283.
9 Bertholdt, Einleitung, 875.
10 Untrennbar sah Eichhorn die Einleitungskapitel mit den eigentlichen Richtererzählungen zu einer sachlichen wie literarischen Einheit verbunden: „Das erste Kapitel erzählt, um auf den Inhalt des Buchs vorzubereiten, wieweit die Kriege mit den Kanaanitern nach Josuas Tod fortgesetzt worden sind, und welche und wieviele Stämme den Kanaanitern für einen Tribut Begnadigung haben angedeihen lassen; das zweyte umfaßt mit einem Blick die Summe der Folgen, die aus dieser Verschonung entstanden sind; mit dem dritten Kapitel fängt die vollständige Ausführung dieser Folgen an." (Eichhorn, Einleitung II[1], 486f.) Keinerlei Verbindung zur „Idee" des Richterbuches erkannte Eichhorn einzig in den Schluß-

erkannte er nun an, daß das erste Kapitel im jetzigen Textzusammenhang zu Problemen führt, die allein auf literarkritischem Wege zu lösen sind. Dabei stellte die Unklarheit darüber, ob die in Ri 1 berichteten Ereignisse in die Zeit vor dem Tod Josuas gehören, wie es Ri 2,8 nahelegt, oder sich erst nach dem Tod Josuas abspielen, wie Ri 1,1 vorgibt, für ihn allerdings keinen zwingenden Grund dar, das Kapitel *insgesamt* aus dem Erzählzusammenhang des Richterbuches auszuscheiden. Vielmehr ließ *Eichhorn* eine Forderung, die er in den methodischen Eingangsbemerkungen seiner „Einleitung" aufgestellt hatte, nun auch im erneuten Hinblick auf Ri 1 zu ihrem Recht kommen: „Kein alter Schriftsteller irgendeiner Nation hat die Zeit überlebt, ohne daß mancherley an seinem Text geändert, oder Zusätze in denselben eingeschaltet worden wären... Ehe man also die Aechtheit eines Textes solcher Stellen halber verdächtig machen kann, muß voraus kritisch genau untersucht seyn, ob sie auch ursprünglich darin gestanden und von des Verfassers Hand abzuleiten sind."[11]

‚Kritisch genau untersucht' zeigten sich ihm allein zwei einzelne Abschnitte in den Einleitungskapiteln für die Probleme von Ri 1 verantwortlich, und genau diese wollte er dann auch als spätere Nachträge verstanden wissen. So datiere zunächst nicht Ri 1 insgesamt, sondern allein die Kalebepisode in vv. 10-15 – als Dublette zu Jos 15,15-19 – mit Sicherheit bereits in die Lebenszeit Josuas und widerspräche so der Angabe in Ri 1,1a. Da sie den Erzählzusammenhang des Kapitels jedoch ohnehin eher störe und v. 16 darüberhinaus problemlos an v. 9 anschließe, ließe sie sich auch ohne weiteres aus Ri 1 herausstreichen. In ähnlicher Weise könne dann auch die wiederholte Schilderung der ausgehenden Josuazeit in Ri 2,6-9, die sich mit Ri 1,1 am allerwenigsten vereinbaren läßt, als späterer Übertrag aus dem Josuabuch bestimmt werden. Mit diesen beiden „verdächtigen Stellen" sah *Eichhorn* schließlich sämtliche Schwierigkeit des ersten Kapitels beseitigt und „so die ursprüngliche Einheit des Buchs wieder hergestellt".[12]

Eichhorn war mit seinen literarkritischen Vorschlägen wohl weniger an Ri 1 selbst als an der Rettung eines einheitlichen Richterbuches gelegen. Dennoch brachte er damit die Forschung an Ri 1 in systematischer Hin-

---

    kapiteln 17-21, weshalb er sie zu einem späteren Anhang erklärte, der zum ursprünglichen Richterbuch hinzugekommen sein mochte, „vielleicht (wenn man den Zufall selbst bestimmen darf) weil das für diese Heldengeschichte bestimmte Stück Haut oder Leinewand von jenen Heldensagen nicht ganz voll wurde, und noch einen Anhang von einigem Umfang fassen konnte, und man nach der Sparsamkeit, mit der man in alten Zeiten Schreibmaterialien zu Rathe hielt, den leeren Raum nicht ungenutzt lassen wollte" (Eichhorn, Einleitung II¹, 93).

11 Eichhorn, Einleitung II¹, 92.
12 Eichhorn, Einleitung III³, 420f.

sicht um einen entscheidenden Aspekt weiter: bisher hatte allein das Problem der äußeren Anschlußfähigkeit des Kapitels an seinen Kontext im Blick gestanden, nun war, daran anknüpfend, erstmals seine innere Einheitlichkeit in Zweifel gezogen worden. Diese Zweifel sollten sich im weiteren Verlauf der Forschungsgeschichte noch erheblich verstärken.

Um die erste eingehende literarkritische Analyse von Ri 1 hat sich *Gottlieb Ludwig Studer* verdient gemacht, ein *Gesenius*-Schüler, den kein Geringerer als *Budde* 1887 noch einen „Altmeister unserer Wissenschaft unter den Lebenden"[13] nannte. *Studer*s im Jahr 1835, also wenige Jahre vor den ersten Bänden des epochemachenden KEH erschienene „grammatische und historische Erklärung" des Richterbuches zeigt sich bereits maßgeblich von den hermeneutischen Ansprüchen eines modernen exegetischen Kommentars bestimmt, welcher seine Aufgabe nicht mehr allein mit der sporadischen Erhellung einzelner „dunkler Stellen" des Textes getan sieht, sondern darüberhinausgehend dessen „Gesamtnexus klar ins Licht rükken"[14] will und zu diesem Zweck auch die sonst der „Einleitung" vorbehaltenen Fragen nach Zeitalter, Zusammensetzung, Plan und Ursprünglichkeit" des behandelten Buches in den Blick nimmt. Dabei hatte *Studer* sich vor allem die Arbeiten *Wilhelm Martin Leberecht de Wette*s zum methodischen Vorbild gesetzt. So strebte er an, die von *de Wette* in den „Beiträgen" von 1806/7 „so scharfsinnig begonnenen kritischen Untersuchungen über die historischen Bücher"[15] weiterzuführen und die dort in erster Linie auf die Probleme des Pentateuch gerichteten Vorstöße historischer wie literarischer Kritik nun auch für die Auslegung des Richterbuches fruchten zu lassen.

Studer gab das Richterbuch insgesamt als Ergebnis eines mindestens dreifachen Redaktionsprozesses zu verstehen. Von einem alten, theologisch noch weitgehend unspezifischen „Heldenbuch" aus vorköniglicher Zeit unterschied er das erst „deuteronomisch" verfaßte, durch Einleitung und Rahmenstücke geschichtstheologisch aufgewertete „Richterbuch", das er in exilischer Zeit noch einmal um die Anhangskapitel 17-21 und gleichzeitig um Ri 1 und Ri 2,1-5 erweitert sah.

Ri 1 selbst könne dabei allerdings „der Planlosigkeit und dem Mangel an Zusammenhange nach, die darin sichtbar sind, nicht wohl von Anfang bis zu Ende von derselben Hand geschrieben sein"[16]. Überdies zeugten zahlreiche Widersprüche und Wiederholungen davon, daß Ri 1 „nur das Werk eines sorglosen Sammlers sein [kann], der Fragmente und vielleicht zum Theil nur Auszüge verschiedener Relationen zu einem äusserlichen

---

13 Budde, Richter und Josua, 93.
14 Diestel, Geschichte, 643; vgl. Studer, Richter, 435.
15 Studer, Richter, xvi.
16 Studer, Richter, 1.

Ganzen vereinigte"[17]. Vor allem im Mittelteil des Kapitels sah *Studer* die unterschiedlichen Traditionen kollidieren: „Allein es folgt jetzt v. 18 die unhistorische Nachricht einer Einnahme der philistäischen Königsstädte Gaza, Ascalon und Ekron durch den Stamm Juda, v. 19 die unklare und mit dem vorigen Verse im Widerspruch stehende Notiz, daß Juda zwar das Gebirgsland, nicht aber die Thaleben (!) hatte erobern können, v. 20 die hierher nicht gehörige Erwähnung der Abtretung Hebrons an Caleb, der dann die dort hausenden Gebirgsvölker vertrieben habe, eine Waffenthat, die bereits v. 10 erzählt und dort dem ganzen Stamme Juda zugeschrieben worden war; endlich v. 21, im Widerspruche mit v. 8, daß die Benjaminiten Jerusalem den Jebusiten nicht hätte entreissen können."[18] Die schriftstellerische Qualität dessen, dem das Kapitel am Ende seine vorliegende Gestalt verdankt, schien *Studer* aufgrund dieser Ungereimtheiten höchst zweifelhaft: „Was sollen wir überhaupt von einem Compilator denken, der so schreiende Widersprüche...in eine historische Composition aufnehmen und zu einem fortlaufenden Ganzen vereinigen konnte?"[19]

Man gewinnt beinahe den Eindruck, als sei Ri 1 für *Studer* noch einmal ein Kandidat für die Fragmentenhypothese gewesen, die in der Pentateuchdiskussion schon wieder passé war. Den Ruf, eine literarisch eher dürftige Zusammenstellung vereinzelter Textfragmente zu sein, ist das Kapitel jedenfalls auch unter veränderten exegetischen Voraussetzungen nie mehr ganz losgeworden. Noch *Martin Noth* störte der „trümmerhafte Charakter von Ri. 1, dem durch textkritische ‚Verbesserungen' offenbar nicht beizukommen ist"[20].

So mangelhaft ihm das Kapitel der äußeren Form nach erschien, so bedeutend schätzte *Studer* andererseits dessen Inhalt ein: er identifizierte in Ri 1 die Überreste eines einstmals selbständigen Landnahmeberichts und nahm aufgrund dessen an, daß „die Sammler des Kanons über die Eroberung Canaans eine doppelte Relation vor[fanden]. Nach der einen, die der ersten Hälfte des Buches Josua zum Grunde liegt, wurde der Ruhm der Eroberungen des ganzen Landes auf Josua zurückgeführt... Nach der andern hatte Josua blos den Grund gelegt." Die Tatsache, daß die eine Überlieferung genau dort endete, wo die andere begann, nämlich mit dem Tod Josuas, habe dann dazu geführt, beide Berichte direkt aufeinander folgen zu lassen. „Weil nun aber diese Fortsetzung doch nur wieder die schon im vorhergehenden Buch enthaltene Eroberung des Landes mit

---

17 Studer, Richter, 3.
18 Studer, Richter, 2f.
19 Studer, Richter, 19.
20 Noth, ÜSt, 9 Anm. 2. Vgl. zuletzt Fritz, Besitzverzeichnis, 375: „Die Eröffnung des Buches in Kap. 1 ist ein Konglomerat verschiedener Überlieferungsstücke."

dem einzigen Unterschied enthielt, dass was dort dem Josua, hier den einzelnen Stämmen zugeschrieben wurde, so kürzten sie den Bericht bald einmal ab und gaben an seiner Stelle blos die zum folgenden passend scheinende Aufzählung der unerobert gebliebenen Städte und Distrikte"[21].

Es ist kaum zu übersehen, in welche Richtung die Weichen hier bereits gestellt sind: der Weg von *Studers* Rekonstruktion eines in Ri 1 fragmentarisch erhaltenen Landnahmeberichtes aus „einer andern geschichtlichen Relation"[22] bis zur quellenkritischen Inanspruchnahme des Kapitels, wie sie etwa ein halbes Jahrhundert später und teilweise noch lange darüber hinaus zur Debatte stand, war nicht mehr weit.

Diese Annahme eines möglichen Zusammenhangs von Ri 1 mit den Quellenschriften des Pentateuch war eine besondere Implikation der Hexateuchfrage, die sich im Laufe des 19. Jahrhunderts als eines der Hauptprobleme der alttestamentlichen Forschung herausbildete. Liest man im Josuabuch die Erfüllung der Landverheißungen des Pentateuch, so ergibt sich die sachliche Verbundenheit der ersten sechs Bücher des Alten Testaments von selbst. Daß überdies auch deren *literarische* Zusammengehörigkeit anzunehmen sei, deutete als erster der Schotte *Alexander Geddes* im Vorwort zu seiner Bibelübersetzung von 1791 an, die als Geburtsort der Fragmentenhypothese in die Forschungsgeschichte eingegangen ist: „To the Pentateuch I have joined the Book of Joshua, both because I concieve it to the same author, and because it is a necessary appendix to the former books."[23]

Im Einzelnen noch entschiedener trat dann vor allen anderen *Friedrich Bleek* dafür ein, das Josuabuch literarisch enger an den Pentateuch heranzurücken, als der hebräische Kanon es vorsieht. In *Rosenmüllers* „Biblisch-Exegetischem Repertorium" veröffentlichte *Bleek* 1822 „Einige aphoristische Bemerkungen zu den Untersuchungen über den Pentateuch" und kommt dabei im dritten Paragraphen auf das Verhältnis des Pentateuchs zum Buch Josua zu sprechen: „...Mose für sich ist nicht der eigentliche Held der Geschichte, sondern das Israelitische Volk in seinem Verhältnis zu Jehova. Was folgt nun hieraus? daß schon der Verfasser oder Redakteur der Genesis die Geschichte bis zur Besitznahme und Vertheilung des Landes Kanaan fortgeführt habe, also der Zeit nach so weit als unser Buch Josua geht... Nach der hier aufgestellten Ansicht wäre nun das Buch Josua von Anfang an mit dem Pentateuch vereinigt gewesen, und hätte daher alle Veränderungen desselben mit durchgemacht."[24]

---

21 Studer, Richter, 436.
22 Studer, Richter, 434.
23 Geddes, The Holy Bible, xxi.
24 Bleek, Bemerkungen, 44ff.

Dieser Ansicht und einem ganz ähnlichen Vorschlag *Johann Jacob Stähelins*[25], der *Wilhelm Martin Leberecht de Wettes* Elohisten auch im Josuabuch identifizierte, schloß sich nach einigem Schwanken ab der 6. Auflage seiner „Einleitung" auch *de Wette* selbst an. Er faßte dabei die Dinge dann noch etwas genauer, indem er annahm, daß im Josuabuch „wie in den ersten 4 BB. Mos. die Urschrift Elohim, (welche in ihre Geschichte der Theokratie auch die Vertheilung des Landes aufgenommen hat,) zum Grunde liegt, und von einem späteren Verfasser, dem Deuteronomisten, überarbeitet und vermehrt ist".[26]

Spätestens mit der *Bleek*schen Einleitung[27] wurde die Überzeugung, daß das Josuabuch sich auf den bzw. die gleichen Verfasser zurückführen läßt wie der Pentateuch, schließlich Bestandteil alttestamentlichen Grundwissens, und so scheint es nur natürlich, daß man „sich jetzt gewöhnt[e], Pentateuch und Buch Josua unter dem Titel *Hexateuch* zusammenzufassen".[28] Dabei war der „Titel Hexateuch" alt und neu zugleich. Bereits bei den Auslegern der Alten Kirche war es üblich, die geschichtlichen Bücher des Alten Testament zu größeren Einheiten zusammenzufassen und dabei neben dem Pentateuch gelegentlich etwa auch von einem Oktateuch[29] zu sprechen. Vom *Hexateuch* ist jedoch, soweit erkennbar, nicht vor *Julius Wellhausens* Untersuchung über „Die Composition des Hexateuch" von 1876 die Rede.[30] So muß der Hexateuch von Anfang an als eine Entdeckung – oder Erfindung, je nachdem, wie man dazu steht – des 19. Jahrhunderts gelten. Ohne seine literarkritischen Voraussetzungen ließ er sich, da er von Anfang mehr war als eine schlicht bibelkundlich gemeinte Sammelbezeichnung, offenbar nicht denken.

Auch wenn *Wellhausen* es war, der den Hexateuch allererst auf den Begriff brachte, äußerte er sich über die literarische Verwandtschaft zwischen Pentateuch und Josuabuch doch deutlich vorsichtiger als manche seiner Vorgänger und viele seiner Nachfolger: „Wenn ich das Buch Josua hier anschliesse, so soll damit zunächst nur behauptet sein, dass es...ein den Pentateuch auf allen Punkten vorauszusetzender Anhang zu demselben sei, nicht dass darin ganz das gleiche Material in der gleichen Weise verarbeitet vorliege."[31] Tatsächlich hatten die Versuche, die Quellenschriften

---

25 Stähelin, Beiträge, 461ff.
26 De Wette, Lehrbuch⁶, § 168, S. 233.
27 Vgl. Bleek, Einleitung¹, v.a. § 131.
28 Holzinger, Einleitung, 4 (Hervorh. MR).
29 Der erste Beleg für die Bezeichnung Oktateuch findet sich nach Stephanus, Thesaurus, 1861 in Eusebs „Praeparatio Evangelica" (Buch I 10,52); dabei steht sie hier bereits innerhalb eines längeren Zitates aus dem ersten Buch der „Historia Phoenicia" des Philo Byblius (s. Euseb, Werke VIII/1, 54 mit Werke VIII/2, 454).
30 Dementsprechend enthält auch Stephanus' Thesaurus keinen Eintrag Ἑξάτευχος!
31 Wellhausen, Composition, 116.

über den Pentateuch hinaus literarkritisch nachzuweisen und das Josuabuch zu diesem Zweck einer bis in einzelne konsequenten Quellenscheidung zu unterziehen, sich als außerordentlich schwierig erwiesen und zu teilweise vollkommen unterschiedlichen Ergebnissen geführt. *Wellhausen* verzichtete im Detail darauf, und so gab seine Position der Folgezeit einen gewissen Konsens in der Hexateuchfrage vor: seit *Wellhausen* rechnete man meistens mit einem stark deuteronomistisch bearbeiteten Grundstock von JE in Jos 1-12, wobei J für die meisten Exegeten beinahe vollständig hinter E zu verschwinden schien, und schrieb die geographischen Listen in Jos 13ff. meist P zu.

Von diesen Entwicklungen in der Hexateuchfrage war das Verständnis von Ri 1 unmittelbar mitbetroffen. Denn da über das Josuabuch hinaus auch in Ri 1 eine Darstellung der Landnahme zu lesen war und das Kapitel am Anfang des Richterbuches ohnehin eher fehl am Platz erschien, lag ohne weiteres die Vermutung nahe, daß Ri 1 sich ebenfalls für den literarischen Zusammenhang reklamieren ließ, den man zwischen den Pentateucherzählungen und den Landnahmeerzählungen des Josuabuches annahm.

So hatte schon *Bleek* für den Zusammenhang von Genesis bis Josua auch Ri 1 ins Auge gefaßt. Dabei vermutete er genauer, „dass der erste Verfasser der zusammenhängenden alten Geschichte des Volkes Israel, der Elohist, die Angaben dieses Abschnittes hier hinter der Nachricht über den Tod des Josua zusammengestellt hat"[32]. Auch *Wellhausen* verhandelte in der 4. Auflage der *Bleek*schen Einleitung (und zugleich in seiner „Geschichte Israels I" von 1878) Ri 1 im Zusammenhang mit den Hexateucherzählungen. Anders als *Bleek* faßte er „das wichtige Kapitel"[33] jedoch nicht als Fortsetzung der „ephraimitischen Hauptversion des Josuabuches" auf, sondern vielmehr als „eine Parallele dazu, die sachlich an den Pentateuch anschliesst und wol die Eroberung des ostjordanischen, aber nicht die des westjordanischen Landes voraussetzt, diese vielmehr erst selber erzählt und zwar in einer ganz anderen Weise als wie es im B. Josua geschieht."[34] Indem *Wellhausen* so anstelle des „Nacheinander" das „Statteinander"[35] von Josuabuch und Ri 1 forderte, hatte er Ri 1, wie *Budde* später zu Recht bemerkte, im Grunde genommen „bereits stillschweigend J zugewiesen"[36].

Ausdrücklich behauptet wurde die Zugehörigkeit von Ri 1,1-2,5 zum jahwistischen Erzählwerk zuerst von *Eduard Meyer*. In seiner „Kritik der

---

32 Bleek, Einleitung¹, 345.
33 Wellhausen, Prolegomena, 356.
34 Bleek, Einleitung⁴, 181; vgl. Wellhausen, Geschichte Israels I, 368.
35 Bleek, Einleitung⁴, 182.
36 Budde, Richter, xii.

Berichte über die Eroberung Palästinas", die 1881 im ersten Band der ZAW erschien, hatte *Meyer* es sich zur Aufgabe gemacht, „die einzelnen Berichte über die Eroberung des trans- und cisjordanischen Palaestina, welche in den geschichtlichen Abschnitten von Num 20,14 bis Jud 2,5 mosaikartig durcheinander geworfen sind, von einander zu sondern und auf ihre historische Glaubwürdigkeit zu prüfen"[37]. Dabei bestätigte sich ihm im Großen und Ganzen das *Wellhausen*sche Bild der Quellenverteilung: die dem Josuabuch zugrundeliegende jehovistische Landnahmedarstellung führte er im wesentlichen auf E zurück, die Spuren des Jahwisten sah er demgegenüber zunächst nach dem Segen Bileams in Num 24 enden. Da aber einerseits die jahwistische Darstellung von „Patriarchengeschichte und Exodus die Eroberung des gelobten Landes als nothwendige Ergänzung"[38] erforderte und andererseits die Darstellung in Ri 1 der elohistischen Sicht der Dinge im Josuabuch so offenkundig widerspräche, daß sie kaum demselben Erzählzusammenhang entstammen könne, hielt er es dann auch für „völlig sicher, dass Ri 1 (mit Ri 2,1-5) dem Jahwisten angehört".[39]

Den Beweis der jahwistischen Herkunft von Ri 1,1-2,5 und den verwandten Stellen im Josuabuch, die er allesamt aus Ri 1 entlehnt sah, führte *Meyer* jedoch nicht allein nach dem Ausschlußprinzip „was nicht E ist, muß J sein", sondern er fand darüberhinaus eine Reihe positiver Argumente. Nicht nur „die Bevorzugung Juda's, die Unbekanntschaft mit Josua, ...die Befragung Jahves und der מלאך יהוה"[40] deuteten auf die Darstellungsart des Jahwisten, sondern darüberhinaus seien insbesondere die unterschiedlichen Namen der Vorbewohner des Landes als quellenkritisches Argument aufzufassen: habe nämlich der Kampf der Israeliten in den elohistischen Landnahmeerzählungen des Josuabuches vornehmlich den „Amoritern" gegolten, so kenne Ri 1,1-2,5 diese ebenso wie der Jahwist in Gen 12,6 oder Num 13f. ursprünglich nur als „Kanaaniter".

Den historischen Wert dieses also jahwistischen Landnahmeberichtes schätzte *Meyer* denkbar hoch ein. Mit Ri 1,1-2-5, oder jedenfalls mit dem, was davon nach notwendiger literarkritischer Säuberung übrig blieb[41], schien ihm gar eine Darstellung vorzuliegen, die daran „alles, was im Hexateuch erzählt wird, weit übertrifft und geradezu den Ausgangspunkt der jüdischen Geschichte bildet".[42]

---

37 Meyer, Kritik, 117.
38 Meyer, Kritik, 134.
39 Meyer, Kritik, 135.
40 Meyer, Kritik, 138.
41 Nämlich 1,1b.3.4.6.7a.9.19.21.20.11-15.16f.22-33; 2,1a.5b.
42 Meyer, Kritik, 135.

Meyer hatte den exegetischen Nachweis für die quellenkritische Verortung des Kapitels so überzeugend zu führen verstanden, daß ihm in der Zuweisung von Ri 1 an den Jahwisten für lange Zeit kaum Widerspruch entgegentrat.[43] Auf der Grundlage seiner Ergebnisse ist dann in verschiedene Richtungen weitergedacht worden.

An erster Stelle ist hier *Karl Budde* zu nennen. Hatte *Meyer* die Frage, auf welche Weise dieser Überrest des jahwistischen Landnahmeberichts an seinen jetzigen Platz geraten war, noch für „völlig räthselhaft"[44] erklärt, so fand *Budde* in seinem breit angelegten Aufsatz „Josua und Richter" von 1887[45] auch darauf eine ausführliche Antwort. Nicht der Wortlaut des jahwistischen Landnahmeberichtes selbst, sondern nurmehr eine unvollständige und vor allem stark bearbeitete Version desselben sei in Ri 1,1-2,5 zu lesen. Originale Bruchstücke dieser ältesten Landnahmedarstellung hätten sich hingegen in den mit Ri 1 verwandten Stellen im Josuabuch und darüberhinaus mindestens in Num 32,39.41f.; Jos 13,13; 17,14-18; 19,47, vermutlich auch in Jos 9 und Jos 10,12-14 erhalten. Da alle diese Stücke in deuteronomistischem Zusammenhang stünden, schloß *Budde*, „dass wir *dem* oder *einem* von mehreren Deuteronomisten die Einfügung und damit die Erhaltung dieser ältesten Bestandtheile des Buches Josua verdanken".[46] Auch die JE-Fassung des Richterbuches habe den jahwistischen Landnahmebericht zunächst „noch in einem reineren und vollständigeren Wortlaut"[47], nur leicht bearbeitet und um Ri 2,1b-5a ergänzt, an ihrem Anfang beibehalten. Doch mit der späteren deuteronomistischen Redaktion im Richterbuch (Rd) sei die JE-Rahmung des Richterbuches dann insgesamt unvereinbar geworden. So sei alles, was JE vor der Ehud-Geschichte bot[48], ebenso wie cc. 17-21 von Rd gestrichen und durch seinen Rahmen ersetzt worden – „der folgerichtigste Pragmatiker unter den Verfassern des Richterbuches muss für seine Anschauung die Tenne ge-

---

43 Gegner der Zuweisung von Ri 1 an J waren unter den Vertretern der Urkundenhypothese jedoch etwa Bertheau, Richter, xviiif.; Kuenen, Einleitung I/1, 356-358 und Einleitung I/2, 26f. (anders dann ders.; Overzicht, 554?); König, Einleitung, 250f.; später vor allem Rudolph, Elohist, 263-274, der die Grunderzählung in Jos 1-12 aus J herleitete, Ri 1 in der ursprünglichen Fassung als ältere der Landnahmedarstellungen dementsprechend für „notwendig vorjahwistisch" (266) hielt und im jetzigen Umfang und Kontext dann auf den „Deuteronomiker" zurückführte.
44 Meyer, Kritik, 135f. Anm. 1.
45 Budde übernahm diesen Aufsatz 1890 beinahe unverändert an den Beginn seiner Untersuchung über „Die Bücher Richter und Samuel. Ihre Quellen und ihr Aufbau". Im Folgenden wird nach dem jüngeren Erscheinungsort zitiert.
46 Budde, Richter und Samuel, 77.
47 Budde, Richter und Samuel, 165.
48 Ri 1*; 2,1-5.6.8f.13.20-23*; 3,1-5*.

fegt haben, er konnte keine widersprechende Pragmatik neben der seinigen dulden."[49]

Unabhängig von seinem literarischen Geschick in Josua- und Richterbuch habe der ursprüngliche jahwistische Landnahmebericht jedoch sowohl die jehovistische als auch diese deuteronomistische Redaktion „überlebt"[50]. Ein nachdeuteronomistischer Redaktor aus der Zeit von P habe ihn dann schließlich zusammen mit den übrigen von Rd übergangenen Stücken wieder an den Anfang des Richterbuches gestellt, nun allerdings „mit bedeutenden Zuthaten und tiefen Eingriffen seiner Hand...So kann diese letzte Redaction auch mit Fug und Recht für die willkürliche Wiedergabe von Ri. 1, für all die Verwirrung, die jetzt darin herrscht, verantwortlich gemacht werden, und so kam endlich das Richterbuch in der uns vorliegenden Gestalt zu Stande."[51]

Etwas anders faßte *Budde* die Verhältnisse in der Einleitung zu seinem Richterkommentar von 1897: Hier identifizierte er die für den Eintrag der Josuaparallelen verantwortliche Redaktion zunächst als eine erste deuteronomistische Bearbeitung D_1, auf die er auch die sogenannten pragmatischen Einleitungskapitel Ri 2,6-3,6 zurückführte. Einer späteren deuteronomistischen Redaktion D_2 schrieb er hingegen die Ausbildung des Richterrahmens zu. Erst diese habe dann, „um eine so starre Ordnung durchzuführen", unter anderem Ri 1,1-2,5 aus dem Zusammenhang des Richterbuches streichen müssen. Neben diesem nun erst als solches zu bezeichnenden Richterbuch von D_2 sei jedoch auch dasjenige von D_1 noch einige Zeit im Umlauf geblieben, und so konnten aus jenem ersteren schließlich „die preisgegebenen Stücke, vielleicht um 400, von einer unter dem Einfluss der priesterlichen Schrift P stehenden Redaktion (Rp) wieder herzugetragen"[52] werden.

In jedem Fall zählte *Budde* Ri 1 nicht nur zum ältesten, sondern auf seine Weise zugleich zum jüngsten Textmaterial in Jos+Ri. Dieses doppelte Urteil über den literargeschichtlichen Stellenwert des Kapitels ist für lange Zeit und ansonsten ganz unterschiedliche Positionen maßgeblich geblieben und erst in den letzten Jahrzehnten des 20. Jahrhunderts wieder grundsätzlich in Zweifel gezogen worden.

Der mehrfache redaktionelle Umgang mit dem Ri 1 zugrundeliegenden jahwistischen Textmaterial hatte *Budde* auch die vorliegende widersprüchliche und uneinheitliche Textgestalt des Kapitels erklärt. Diese internen Probleme von Ri 1 wollte man bald jedoch ebenfalls mit dem li-

---

49 Budde, Richter und Samuel, 157f.
50 Budde, Richter und Samuel, 79.
51 Budde, Richter und Samuel, 164.
52 Budde, Richter, xvi.

terarkritischen Erklärungspotential der Quellentheorie lösen: man führte sie auf Quellenmischung, nun allerdings *innerhalb von J*, zurück.

Schon *Wellhausen* hatte die literarische Mehrschichtigkeit der jahwistischen Darstellung erkannt. Er deutete sie zunächst im Sinne der Ergänzungshypothese: „J und E haben wol erst mehrere vermehrte Ausgaben ($J^1 J^2 J^3$, $E^1 E^2 E^3$) erlebt und sind nicht als J^1 und J^1, sondern als J^3 und E^3 zusammengearbeitet."[53] *Budde* sonderte dann, auf den Ergebnissen *Wellhausens* aufbauend, im Bereich der Urgeschichte eine ältere Erzählung J^1 von einer überarbeiteten Fassung J^2, die er durch einen „derselben Schule angehörenden"[54] Redaktor J^3 zum vorliegenden Text von J zusammengearbeitet sah. Darüberhinaus zeigte er auch im vordeuteronomistischen Bestand von Jos 8-11 Stücke von einerseits unzweifelhaft jahwistischem Charakter auf, die sich andererseits nicht unmittelbar für den Erzählzusammenhang von J beanspruchen ließen, sondern sich vielmehr als abhängig davon erwiesen, und schrieb diese entweder dem „jehovistischen Redactor" oder aber, hier etwas vorsichtiger, einem „Epigone[n] der jahwistischen Schule"[55] zu.

Rudolf Smend sen. fixierte die literarkritische Unterscheidung älterer und jüngerer Bestandteile innerhalb des jahwistischen Erzählmaterials schließlich im Sinne einer konsequenten Urkundenhypothese zweiten Grades, die er für beinahe den gesamten Hexateuch durchführte. Dabei faßte er sowohl J^1 als auch J^2 als Hauptquellen, d.h. als in sich geschlossene, einstmals selbständig existierende Geschichtswerke auf. Ursprünglich habe J^2 zunächst an die Stelle von J^1 treten sollen, später seien beide jedoch durch einen RJ zu J vereinigt worden. Die ältere Quelle J^1 verfolgte *Smend* zunächst bis zur Eroberung Jerichos in Jos 6, identifizierte sie darauf erst wieder in Jos 24 und sah ihren Abschluß schließlich in Ri 1,1-2,5 erreicht.

Neben diesem älteren Jahwisten fand *Smend* in Ri 1,1-2,5 auch J^2 verarbeitet, und so teilte er das offensichtlich disparate Textmaterial in Ri 1 durchgehend auf beide Jahwisten auf: während er das Anekdotenmaterial in der ersten Hälfte des Kapitels dem jüngeren J^2 zuschrieb, begrenzte er die ältere Erzählung auf die summarischen Angaben in vv. 1-4.9.16f.20.27-36.

Eigene Ansichten hatte *Smend* auch über die redaktionsgeschichtlichen Verhältnisse am Übergang vom Josua- zum Richterbuch. Ähnlich wie *Budde* in seinem Richterkommentar rechnete er hier nicht mit verschiedenen dtr Bearbeitungen, sondern nahm vielmehr zwei dtr *Ausgaben* der JE-Darstellung an. Darauf hatten ihn vor allem die erzählerischen Doppelungen im Zusammenhang von Jos 23-Ri 2,9 gebracht, die sich ihm zu zwei

---

53 Wellhausen, Composition, 207.
54 Budde, Urgeschichte, 246.
55 Budde, Richter und Josua, 157.

parallelen Erzählsträngen fügten: „In Jos 24 1 bis Jdc 2 5 und Jos 23 Jdc 2 6-9 liegt also ein doppelter Schluß der Josuageschichte vor, der zugleich ein doppelter Anfang der Richtergeschichte ist, und hierin sind zwei deuteronomistische Werke zu erkennen, die außer der Josuageschichte auch die Richtergeschichte umfaßten."[56] Wie im Falle von J[1] und J[2] habe auch hier die jüngere Ausgabe die ältere einst ersetzen sollen, der nun vorliegende Text von Josua- und Richterbuch[57] böte jedoch das Ergebnis ihrer nachträglichen Addition. Auch die Josuaparallelen zu Ri 1 deutete *Smend* als Hinweis auf eine doppelte dtr Ausgabe von Josua- und Richterbuch: der jüngere deuteronomistische Schriftsteller habe die ältere Überleitung vom Josua- zum Richterbuch zwar gestrichen, im gleichen Zuge jedoch „Jdc 1 1 - 2 5 bruchstückweise in die Josuageschichte eingetragen."[58]

Die Theorien *Smend*s wurden, zumindest an allen wichtigen Stellen, von *Otto Eißfeldt* übernommen und später namentlich als „neueste Urkundenhypothese"[59] die eine, als „Subtraktionstheorie"[60] die andere verbreitet. Nachdem *Eißfeldt* die quellenkritische Arbeit am Hexateuch dann in seiner „Hexateuch-Synopse" von 1922 gewissermaßen auf die Spitze getrieben hatte, verlor die inzwischen erheblich verkomplizierte Quellenscheidung in den darauffolgenden Jahrzehnten zunehmend an Überzeugungskraft. Die Gründe für den Plausibilitätsverlust der klassischen Literarkritik sind vielfach dargestellt worden und brauchen hier nicht weiter ausgeführt zu werden. In besonderer Weise war davon jedenfalls die Auslegung des Josuabuches betroffen, wo die genaue Aussonderung einzelner Erzählfäden ohnehin von Anfang an in noch größere Aporien geführt hatte als im Tetrateuch.

Dementsprechend ließ auch das literargeschichtliche Interesse an Ri 1 nach. Eine neuerliche literarische Beschäftigung mit Ri 1 fand erst wieder statt, als man sich im Stande sah, nun im Rahmen der Theorie eines deuteronomistischen Geschichtswerkes Aussagen über Ri 1 machen zu können. Doch von *Eißfeldt*s „Hexateuch-Synopse" bis zur Einordnung des Kapitels in die deuteronomistische Redaktionsgeschichte verging noch etwa ein halbes Jahrhundert.

In dieser Zeit erfuhr Ri 1 von anderer Seite besondere Aufmerksamkeit: Die Unsicherheit in den literarischen Dingen führte zur Konzentration auf eine unmittelbar historische Auswertung des Textmaterials in Ri 1, die sich zumindest von großformatigen literarkritischen Entscheidungen weitgehend unbelastet halten konnte. Dabei war die besondere historische

---

56 Smend, Erzählung, 317.
57 Möglicherweise auch derjenige von Sam-Kön (vgl. Smend, Erzählung, 343f.).
58 Smend, Erzählung, 316.
59 Eißfeldt, Einleitung, 223f.
60 Eißfeldt, Einleitung, 340.

Wertschätzung von Ri 1 ja keineswegs neu. Das hohe Alter der in Ri 1 gegebenen Landnahmedarstellung hatten bereits *Studer, Meyer* und *Budde* nachdrücklich hervorgehoben. Doch war das historische Interesse an den Texten bislang unmittelbar an die literarkritischen Ergebnisse gebunden gewesen, so traten die historische und die literarische Frage nun auseinander.

Hier liegt die große forschungsgeschichtliche Bedeutung der auf *Albrecht Alt* zurückgehenden Rede[61] vom „negativen Besitzverzeichnis" begründet. *Alt*s Interesse an Ri 1 galt in erster Linie den knappen Notizen in der zweiten Hälfte des Kapitels, die bereits von den Literarkritikern zu den älteren Bestandteilen innerhalb des Kapitels und damit zum ältesten Textmaterial im gesamten Hexateuch gerechnet worden waren. *Alt* identifizierte hier den Wortlaut eines ursprünglich selbständigen Dokuments, in dem einst ein „System territorialpolitischer Ansprüche der einzelnen Stämme auf die gebliebenen Restbestände fremder Herrschaft in den eigenen Grenzen" verzeichnet gewesen sei. Die Abfassung dieses „negativen Besitzverzeichnisses" setzte er „in der letzten Zeit vor oder spätestens in der allerersten Zeit nach der Entstehung des Reiches Israel unter Saul (um 1000 v. Chr.)"[62] an. Damit bewertete er es als Primärquelle der vorstaatlichen Siedlungsgeschichte Israels und nahm Ri 1 so „in seiner vollen Unabhängigkeit von den Josuasagen und in seiner so viel größeren Geschichtstreue"[63] zum innerbiblischen Ausgangspunkt seiner historischen Kritik am Geschichtsbild von Jos 1-12. Eine ähnlich fundamentale Bedeutung für die geschichtliche Rekonstruktion wie diesem Verzeichnis maß *Alt* wohl nur noch der „Gauliste Salomos" in 1Kön 4 zu.

Die Frage nach den literargeschichtlichen Voraussetzungen, unter denen dieses ursprünglich unabhängige Überlieferungsstück an den Beginn des Richterbuches geraten war, ließ *Alt* offen. Dabei war mit seiner Annahme eines Ri 1 zugrundeliegenden „negativen Besitzverzeichnisses" die bis dahin favorisierte jahwistische Abfassung des Kapitels keineswegs grundsätzlich ausgeschlossen, und so blieb es *Alt* auch unbenommen, sich im Hinblick auf die Uneinheitlichkeit des Kapitels positiv auf die Ergebnisse *Eißfeldt*s zu beziehen.[64]

---

61 Dazu s. u. Kap. 2.1.1.
62 Alt, Landnahme, 116.
63 Alt, Josua, 185.
64 Alt, Gaue, 116 Anm. 4: „Daß in dieser Schrift selbst wieder zwei Elemente von verschiedener Herkunft zu scheiden sind, scheint mir klar: einerseits die Anekdoten aus der Eroberungszeit, die nach Norden nicht über das Haus Joseph hinausgreifen, hingegen Juda mit seinen Annexen im Süden sehr eingehend berücksichtigen und daher wohl hier zuhause sind, anderseits die Angaben über nicht bezwungene Stadtstaaten, die im Norden bis Naphtali reichen, hingegen Juda mit einer summarischen Bemerkung (Ri. 1,19) abfertigen

Erst *Martin Noth* nahm definitiv Abschied vom Jahwisten in Ri 1. Wohl ging *Noth* ebenso wie die Vertreter der Hexateuchhypothese davon aus, daß J wie E ursprünglich „eine – wie auch immer gestaltete – Landnahmeerzählung gehabt haben"[65] mußte. Nur sei davon in den Geschichtsbüchern jetzt nichts mehr wiederzufinden. Vielmehr „mußten die alten Pentateuchquellen mit Rücksicht auf den Rahmen der P-Erzählung notwendig beschnitten werden, und ihre Landnahmeerzählung, die über diesen Rahmen überschoß, mußte bei der Redaktion des Pentateuch unter den Tisch fallen"[66]. Im Zusammenhang des Enneateuch seien an deren Stelle nun die deuteronomistisch redigierten Landnahmeerzählungen des Josuabuches getreten.

Im Landnahmekapitel Ri 1 sah *Noth* hingegen „keine Spur einer deuteronomistischen Bearbeitung"[67] mehr, und so zählte er es zu den „nachträglich in das Werk von Dtr eingefügten alten Erzählungen"[68]. Die naheliegende Möglichkeit, daß es sich bei diesem „Konglomerat von alten Überlieferungsfragmenten"[69] dann um einen hierher versprengten Rest einer alten Pentateuchquelle handeln könnte, wurde von *Noth* wohl gesehen, letztendlich jedoch abgewiesen: „Diese Möglichkeit wird nicht bestritten werden können; aber die Wahrscheinlichkeit dafür ist auch nicht gerade sehr groß. Am ehesten handelt es sich dabei um verschiedene isolierte Sonderüberlieferungen."[70] Mit dieser Auffassung von Ri 1 als Überlieferungsort einstmals selbständiger Sonderüberlieferungen ließ sich das von *Alt* postulierte „negative Besitverzeichnis" dann unmittelbar zur Deckung bringen.

Den redaktionsgeschichtlichen Hintergrund des Kapitels ließ *Noth* jenseits der deuteronomistischen Redaktionstätigkeit unbestimmt. *De Geus* machte hier als erster den Versuch, Ri 1 genauer in die Redaktionsgeschichte des deuteronomistischen Geschichtswerkes einzuordnen. Dabei verwarf *de Geus* anders als *Noth* nicht nur die jahwistische Abfassung des Kapitels, sondern schloß ebenso die Möglichkeit aus, daß sich im Text von Ri 1 altes Material im Sinne eines „negativen Besitzverzeichnisses" erhalten haben könnte.

Der Form nach sei Ri 1 zwar durchaus als „Dokument" aufzufassen, doch habe der Text von Ri 1 „niet als document een eigen bestaan geleid,

---

und somit weiter im Norden, vermutlich im Hause Joseph (vgl. Ri. 1,35), beheimatet sein werden. Ähnlich Eißfeldt, Hexateuch-Synopse, S. 82ff.251*ff."
65 Noth, ÜSt, 210.
66 Noth, ÜSt, 210.
67 Noth, ÜSt, 8.
68 Noth, ÜSt, 211.
69 Noth, ÜSt, 9.
70 Noth, ÜSt, 211.

maar het is speciaal geschreven om deze plats in het Oude Testament in te nemen".[71] Als ad hoc auf seinen Kontext hin verfaßtes Dokument führte *de Geus* Ri 1 (zusammen mit Ri 2,1a.5b) auf eine erste sekundäre dtr Bearbeitung des Übergangs vom Josua- zum Richterbuch zurück, deren Anliegen er darin sah, zur Einleitung der Richterzeit die Situation *nach der Landnahme* systematisch zusammenzufassen.[72] Eine zweite dtr Bearbeitung habe Ri 1 schließlich zum sachlichen Ausgangspunkt ihrer theologischen Reflexionen über das Problem der nicht vertriebenen Völker in Jos 23 und Ri 2,1b-5a genommen.

Ebenso wie *de Geus* machte auch *Rudolf Smend* in seiner Untersuchung über „Das Gesetz und die Völker" sekundäre dtr Redaktionstätigkeit für Jos 23 und für Ri 1 verantwortlich. Anders als *de Geus* stellte er beide Kapitel jedoch redaktionsgeschichtlich auf eine Ebene. Hatte er bereits in Jos 1,7f. und 13,1bβ-6 „den interpretierenden Zusatz eines Späteren zur Erzählung des DtrH"[73] erkannt, so machte er in Jos 23 eine Konzeption deutlich, „in der die vorangehenden Stellen ihren Platz haben und von der aus sie erst volles Profil gewinnen"[74]. Folglich brachte er alle drei Texte redaktionsgeschichtlich miteinander in Verbindung und entwarf von Jos 23 ausgehend das Bild einer zusammenhängenden planvollen Bearbeitung des ursprünglichen deuteronomistischen Zusammenhangs, der einerseits das Gesetz und andererseits, in offener Konkurrenz zur Darstellung des DtrH, „die Unvollständigkeit des Landbesitzes und die Fortexistenz fremder Völker im Land am Herzen liegen"[75]. Aufgrund ihres gesetzlichen Skopus systematisierte er sie unter dem Siglum DtrN.

Die Arbeit dieser Redaktion sah *Smend* nach Jos 23 zunächst in Ri 2,17.20f.23 fortgesetzt, am Ende reklamierte er dafür, freilich „etwas hypothetischer"[76], auch Ri 1,1-2,9. Zugleich hielt er an der Auffassung fest, daß es sich bei Ri 1 um einen „unbestritten alten Text"[77] handle, und so nahm er an, daß Ri 1 DtrN zwar seinen gegenwärtigen Platz im Werk des DtrH verdanke, diesem Redaktor jedoch mindestens zum größten Teil „als Einzelstück oder als Bestandteil eines umfassenden Literaturwerkes"[78] bereits vorgelegen habe.

---

71 De Geus, Richteren 1:1-2:5, 51.
72 Mit dem Hinweis darauf, daß in Ri 1 die Zeit nach der Landnahme im Blick steht, argumentierte de Geus insbesondere gegen die Subtraktionstheorie, die Ri 1 als einen von Dtr ausgeschiedenen Bericht der Landnahme selbst gelten ließ.
73 Smend, Gesetz, 153.
74 Smend, Gesetz, 155.
75 Smend, Gesetz, 153.
76 Smend, Gesetz, 158.
77 Smend, Gesetz, 159.
78 Smend, Gesetz, 160.

Daß „was redaktionsgeschichtlich jung ist, im übrigen durchaus alt sein kann"[79], hielt *Smend* auch in seiner zweiten Untersuchung über den DtrN von 1983 für möglich. Dennoch äußerte er sich hier vorsichtiger, was den historischen Wert von Ri 1 anbelangt. Er strich nun die bereits von *Moshe Weinfeld* notierte[80] projudäische Tendenz des Kapitels deutlich heraus und bemerkte in der Darstellung der Erfolge gegenüber den Kanaanitern die Tendenz einer Steigerung zum Negativen, die insbesondere das „negative Besitzverzeichnis" als solches in Zweifel zog: „Juda und Simeon setzen sich durch, im Bereich von Benjamin, Manasse, Ephraim und Sebulon bleiben die Kanaanäer wohnen, Asser und Naphtali umgekehrt wohnen inmitten der Kanaanäer, Dan schließlich kommt zu überhaupt keinem Landbesitz. Das sieht nicht recht nach einer in irgendeinem Sinne amtlichen Liste aus".[81]

Skeptisch hatte *Smend* hinsichtlich der Historizität von Ri 1 wohl auch das ziemlich eindeutige Ergebnis der Analyse des Kapitels durch *A. Graeme Auld* gemacht. Noch sicherer als *de Geus* kam *Auld* zu dem Schluß, daß von alter Überlieferung in Ri 1 keine Spur sei. So urteilte er zunächst über die erste Kapitelhäfte, „that Jud. 1,1-21, far from being an early historical narrative (whether from J or not), is in fact a late composition – itself much supplemented. Its outer framework draws its inspiration from material in Joshua and Judges, which seems by no means early."[82] Auch die üblicherweise dem „negativen Besitzverzeichnis" zugeschriebenen Verse wies er dann im genauen Vergleich mit ihren jeweiligen Parallelen im Josuabuch und unter besonderer Berücksichtigung der Ri 1 näherstehenden LXX-Version des Josuabuches sämtlich als sekundäre Überträge von dort aus. Folglich beurteilte er Ri 1 von Anfang bis Ende als literarisches Konstrukt eines nach-dtr Redaktors, der das Kapitel aus dem Josuabuch und anderem nicht näher bestimmbaren Material zusammengestellt habe[83], um auf diese Weise eine Einleitung für das nunmehr verselbständigte Richterbuch zu gewinnen.

Mit der von *Auld* vermutungsweise geäußerten Ansicht, das Kapitel sei erst im Zusammenhang der Trennung der Geschichtsbücher dem Richterbuch vorangestellt worden, deutete sich ein neuer Forschungskonsens an. Denn ungeachtet der z.T großen Differenzen im Gesamtansatz sind sich die neuesten Arbeiten im Hinblick auf Ri 1 jedenfalls darin einig,

---

79 Smend, Land, 227.
80 Vgl. Weinfeld, Period, 94 Anm. 1; später auch ders., Judges 1.1-2:5.
81 Smend, Land, 227.
82 Auld, Judges I, 276.
83 S. zuletzt Fritz, Besitzverzeichnis, 385: „Wegen seiner Disparität ist mit der Übernahme eines geschlossenen Überlieferungselementes nicht zu rechnen. Auch ohne die Möglichkeit, die Herkunft und Übernahme aller Namen nachzuweisen, bleibt die Zusammenstellung durch einen Redaktor wahrscheinlich." Vgl. ebd., 387.

daß das Kapitel am ehesten im Zusammenhang einer editorischen Verselbständigung des Richterbuches zu verstehen ist.[84] Demgemäß werden deuteronomistische Anteile an Ri 1 wieder, wie einst von *Noth*, für eher unwahrscheinlich gehalten.

Uwe Becker dachte zumindest in der zweiten Hälfte von Ri 1 noch an eine Arbeit „aus dem Umkreis von DtrN"[85]. Erst mit der Voranstellung der vv. 1-18.22-26, in denen er die Hand einer noch späteren, von ihm sogenannten „Juda-Redaktion"[86] vermutete, sah er das Kapitel im Zusammenhang der Büchertrennung funktionalisiert. Näherhin sei dieser Juda-Redaktor als „ein ‚im Stile und im Sinne von P' schreibender und im Umkreis des Pentateuchredaktors (R^P) anzusiedelnder Autor"[87] aufzufassen, und ihm seien auch die Schlußkapitel 19-21 zuzuschreiben: „Die knappe Mitteilung über den Tod Josuas (Ri 1,1aα) dürfte als Einleitung, der promonarchische Kommentar in 21,25 hingegen als volltönender Abschluß eines selbständigen Richterbuches formuliert worden sein."[88]

Nunmehr vollständig jenseits deuteronomistischer Redaktionstätigkeit haben *Erhard Blum* und *Reinhard Gregor Kratz* das Kapitel angesiedelt. Beide verhandeln Ri 1 vor dem Hintergrund einer auf je eigene Weise reformulierten Hexateuchhypothese.

Hier begründet *Blum* den Hexateuch als sekundäre „josuanische Fortschreibung der Mosetora zum ‚Torabuch Gottes'" (Jos 24,26a), das in Jos 24 konstituiert und mit entsprechenden Einschreibungen in Gen-Ex[89] vorbereitet werde. Dieser ספר תורת אלהים habe sich allerdings nur zeitweilig etabliert und sei spätestens mit dem Wirken Esras wieder durch die Mosetora verdrängt worden.

Indirekt habe die erneute Durchsetzung des ספר תורת משה auch die Büchertrennung im Bereich der Vorderen Propheten zur Folge gehabt, angestoßen durch die damit zwangsläufig verbundene Separation des Josuabuches. Mit Ri 1 und Ri 17-21 lägen dann „die ersten (nachweisbaren) Bemühungen um eine editorische Verselbständigung unseres Richterbuches vor". Aus der kompositionellen Zusammengehörigkeit von Ri 1 und Ri 17-21 schließt *Blum* weiter, daß Ri 1 einem ähnlich promonarchischen Interesse verpflichtet sei, wie es die Schlußkapitel erkennen lassen. Wohl träte diese Tendenz hier nicht ebenso deutlich hervor wie dort, doch „immerhin wird es in nachexilischer Zeit aber kaum an Leuten gefehlt

---

84 Vgl. zuletzt Fritz, Besitzverzeichnis, 375.
85 Becker, Richterzeit, 302.
86 Zuerst Becker, Richterzeit, 36.
87 Becker, Richterzeit, 302.
88 Becker, Richterzeit, 303.
89 Zunächst Gen 35,1ff., dann, das Schicksal der Josefgebeine betreffend, Gen 33,19; 50,25.26b; Ex 13,19.

haben, die von einem eigenen (davidischen?) Königtum eine Durchsetzung israelitischer Interessen nach außen (Ri 1) und friedlichere/gerechtere Verhältnisse im Inneren (Ri 17-21) erwarteten".[90]

Kratz schließlich versteht den Hexateuchzusammenhang als primär verfaßte Erzählformation der Geschichtsbücher. Im Laufe des 7. Jahrhunderts sei neben der jahwistischen Ur- und Vätergeschichte in Gen 2-35 und der Legende von den Anfängen des Königtums in 1Sam 1- 2Kön 2 auch der „Hexateuch" im Umfang einer zunächst von Ex 2-Jos 12 reichenden Exoduserzählung als Ursprungslegende Israels entstanden. Nach 587 v. Chr. habe man den inzwischen vom Gesetz beherrschten nachdeuteronomischen Hexateuch mit der deuteronomistischen Grundschrift in 1Sam 1-2Kön 25 (Dtr^G) zum Enneateuch anwachsen lassen. Als Brücke zwischen beiden Geschichtswerken habe die dafür verantwortliche erste sekundär-deuteronomistische Bearbeitung dann das Richterbuch aus alten Heldenerzählungen konstruiert. Damit sei jedoch ein „merkwürdige[s] Interim zwischen dem Gesetz für das Leben im Land in Ex-Dtn und der Entstehung der institutionellen Rahmenbedingungen zur Einhaltung des Gesetzes unter den – judäischen – Königen in Sam-Reg"[91] entstanden. Um diese Unschärfe im historiographischen Konzept zu regulieren, habe eine nachdeuteronomistische, dabei priesterschriftlich beeinflußte Bearbeitung das Richterbuch erneut gerahmt: Mit Ri 1 am Anfang und Ri 17-21 am Ende ihrer Darstellung erscheine die Richterzeit nun insgesamt der vorköniglichen Zeit der Landnahme zugeschlagen, und so handelten Josua und Richterbuch „beide auf ihre Weise von der Landnahme der Stämme, die ebenso wie die Geschichte des Königtums in Sam-Reg, im Zusammenhang der vorderen Propheten oder für sich gelesen, zum Exempel für das Gesetz im Pentateuch, die Tora werden."[92]

---

90 Blum, Knoten, 208.
91 Kratz, Komposition, 204.
92 Kratz, Komposition, 216.

2. Das „negative Besitzverzeichnis"

Im Laufe der Forschungsgeschichte ist das literarkritische dem historischen und das historische schließlich dem redaktions- und kompositionsgeschichtlichen Interesse an Ri 1 gewichen. Die breiteste Wirkung hat gleichwohl die Annahme eines „negativen Besitzverzeichnisses" in Ri 1 gehabt, und deshalb sollen unsere Untersuchungen auch hier beginnen.

2.1. Ein Begriff und seine Implikationen

2.1.1. Zur Begriffsgeschichte des „negativen Besitzverzeichnisses"

Ri 1 erscheint in der vorliegenden Textgestalt zweigeteilt: während die erste Kapitelhälfte über die erfolgreichen Eroberungen im Stammesgebiet Judas berichtet, ziehen die vv. 21.27ff. die negative Bilanz der für unvollständig befundenen Landnahme im Gebiet Benjamins und der Nordstämme. Im historischen Interesse an Ri 1 wird diese zweite Kapitelhälfte bis heute als „negatives Besitzverzeichnis" verhandelt.[93]

Diese Bezeichnung hat mehrere begriffsgeschichtliche Vorläufer[94], sie wird jedoch zu Recht vor allem mit *Albrecht Alt* in Verbindung gebracht. *Alt* zählte „die politische Statistik Ri 1,27ff."[95] zu den „frühesten Dokumente[n] im Alten Testament"[96] und maß Ri 1 für die Rekonstruktion der Geschichte Israels höchste Bedeutung zu. Häufiger als auf jeden anderen

---

93 Über den genauen Versbestand des „negativen Besitzverzeichnisses" herrscht freilich keine Einigkeit: den unstrittigen Kern bilden vv. 27-33, darüberhinaus wird häufig v. 21 und bisweilen auch v. 19 und vv. 34f. hinzugezählt.
Schon Alt selbst gibt den betreffenden Textzusammenhang nicht einheitlich an: in den meisten Fällen faßt er vv. 21.27ff. ineins, anfangs zählt er jedoch auch v. 19 hinzu (Alt, Staatenbildung, 51 mit „?"); später ist dann nur noch von vv. 27ff. die Rede.
94 So spricht Holzinger bereits von einem „negativen Verzeichnis" (Holzinger, Einleitung, 83). Dabei mag dieses „negative Verzeichnis" seine Vorbilder wiederum in den „negativen Angaben" Bertheaus (Bertheau, Richter, 32) und den „negativen Listen" Buddes haben (Budde, Bücher, 40). An anderer Stelle (Budde, Bücher, 17) bemerkt Budde darüberhinaus auch den „Verzeichnisstil" der vv. 27-33.
95 Alt, Völker, 38 Anm. 1.
96 Alt, Völker, 38.

Text nimmt er in seinen „Kleinen Schriften" auf Ri 1 bzw. auf einzelne Verse daraus Bezug[97].

So oft *Alt* allerdings in seinem gedrucktem Werk auf Ri 1 zu sprechen kommt, an keiner Stelle ist dabei ausdrücklich vom „negativen Besitzverzeichnis" die Rede[98]. Einen Beleg für das ihm zugeschriebene Urheberrecht am „negativen Besitzverzeichnis" sucht man also zunächst vergeblich.

Zur Klärung dieses Problems konnte *Siegfried Herrmann* nach Durchsicht von zwei Vorlesungsmanuskripten *Alt*s zur „Geschichte des Volkes Israel" – das eine fand von 1919/20 bis 1925 Verwendung, das andere, als Neufassung des älteren Textes, von 1927 bis 1939 – beitragen. Während das ältere Manuskript zwar in einer Klammerbemerkung zur Darstellung der Stämme und Stammesgruppen auf das „negative Verzeichnis" in Ri 1 zu sprechen kommt[99], jedoch noch nicht den vollen Ausdruck „negatives Besitzverzeichnis" kennt, fand *Herrmann* das „negative Besitzverzeichnis" im neuen Vorlesungstext von 1927 gleich mehrfach belegt. Damit war zunächst einmal sichergestellt, daß *Alt* den Begriff „negatives Besitzverzeichnis" tatsächlich gekannt und gebraucht hat. Da *Herrmann* nun davon ausging, daß der erste publizierte Beleg für das „negative Besitzverzeichnis" erst sieben Jahre später, nämlich in *Martin Noth*s „Studien zu den historisch-geographischen Dokumenten des Josuabuches"[100] aus dem Jahr 1935 zu finden ist[101], wo *Noth* ihn bereits als allgemein bekannten Begriff zitiert, sah er durch den verhältnismäßig frühen Beleg in *Alt*s Vorlesungsmanuskript die allgemeine Vermutung, daß *Alt* den Ausdruck auch allererst geprägt hat, ebenfalls bestätigt.[102]

Die Frage, warum *Alt* den Begriff „negatives Besitzverzeichnis" dann offenbar nur mündlich, nicht aber in seinen Publikationen gebrauchte, begründete er mit dessen Stilempfinden: „Er hielt ihn offenbar in dem strengen Sinne des Wortes nicht für ‚literaturfähig'...So sprach man, so schrieb man nicht."[103] Dies erklärte ihm zugleich, warum *Alt* das „negative Besitzverzeichnis" – anders als zuvor das „negative Verzeichnis" im Vorlesungsmanuskript von 1919/20 – an zwei von drei Stellen in Anfüh-

---

97 Über fünfzig Mal in 22 von 68 Aufsätzen.
98 Stattdessen finden sich Umschreibungen wie etwa: „politische Statistik", „Angaben über nichtisraelitische Stadtstaaten", „Aufzeichnungen über die noch nicht befriedigten Postulate" bzw. „Forderungen der Stämme", „Verzeichnis der territorialen Postulate der Stämme", „Verzeichnis der von den Stämmen nicht eroberten... Städte".
99 Vgl. Herrmann, Besitzverzeichnis, 96.
100 Hier S. 252.
101 Vgl. Herrmann, Besitzverzeichnis, 93.
102 Damit wies Herrmann eine von Boecker geäußerte Vermutung zurück, Noth habe den Begriff nicht von Alt übernommen, sondern Alt habe ihn umgekehrt durch Noth kennengelernt.
103 Herrmann, Besitzverzeichnis, 99f.

rungszeichen setzt: nicht als Zitationszeichen, sondern lediglich rhetorisch seien diese zu verstehen, d.h. als Hinweis darauf, daß die griffige Kurzformel hier „für einen erklärungsbedürftigen, umfassenderen Sachverhalt [steht], der sich nur nach den vorausgegangenen Erörterungen verstehen läßt."[104] So wie er von *Alt* gemeint war, sei der Ausdruck dann von *Noth* übernommen und – in Anführungszeichen – schließlich auch in die Literatur eingeführt worden.

*Herrmann*s Ergebnissen ist folgendes hinzuzufügen: der erste publizierte Beleg für den Ausdruck „negatives Besitzverzeichnis" findet sich nicht, wie von *Herrmann* angenommen, erst 1935 bei *Noth*, sondern datiert bereits in das Jahr 1927 – ebenso wie der Erstbeleg für das „negative Besitzverzeichnis" in *Alt*s Vorlesungsmanuskripten. In diesem Jahr erschien in der Leipziger Monatsschrift „Christentum und Wissenschaft" ein Aufsatz des Lic. theol. *Hans-Georg Feller* unter dem Titel „Der territoriale und nationale Aufbau des Reiches Israel", und insgesamt sieben Mal ist darin vom „negativen Besitzverzeichnis" die Rede.

*Feller*s Untersuchung setzt die Auffassungen *Alt*s über Ri 1 unverkennbar voraus. Doch an keiner Stelle bringt er das „negative Besitzverzeichnis" ausdrücklich mit *Alt* in Zusammenhang. Und überhaupt weist nichts darauf hin, daß *Feller* die Bezeichnung hier als geprägten Begriff von anderswoher übernommen hat. So setzt *Feller* – anders als *Alt* in seinem Vorlesungsmanuskript, anders als *Noth* 1935 und anders als die meisten späteren Autoren – das „negative Besitzverzeichnis" auch nicht in Anführungszeichen. Auch gebraucht er den Ausdruck nicht mit der später gewohnten Selbstverständlichkeit. Vielmehr spricht er dort, wo er ihn erstmalig nennt, zunächst von *einem* negativen Besitzverzeichnis in Ri 1[105] und erst im Folgenden dann von *dem* negativen Besitzverzeichnis als einer – aus dem Voranstehenden – bekannten Größe.

Man wird annehmen dürfen, daß *Feller* die Ansichten *Alt*s über Ri 1 nicht nur aus den von ihm zitierten Aufsätzen[106] kannte, sondern daß er als ehemaliger Leipziger Student auch zum Auditorium mindestens einer der Vorlesungen *Alt*s über die „Geschichte des Volkes Israel" gehört hatte. Mit einiger Sicherheit wird ihm deshalb auch der Ausdruck „negatives Verzeichnis" aus den Vorlesungen *Alt*s geläufig gewesen sein. Möglicherweise ist im Text seines Aufsatzes dann erstmalig aus dem bei *Alt* gehörten „negativen Verzeichnis" das „negative Besitzverzeichnis" geworden.

Andernfalls wäre davon auszugehen, daß *Alt* den Ausdruck bereits in seinen früheren Vorlesungen frei verwendet hatte, ohne daß dies nun

---
104 Ebd.
105 Feller, Aufbau, 283.
106 Alt, Gaue und ders., Landnahme.

noch aus seinem Manuskript ersichtlich würde. Daß bei *Feller* jeder Hinweis darauf fehlt, daß es sich beim „negativen Besitzverzeichnis" um einen geprägten Begriff handelt, spricht jedoch eher dagegen.

Setzt man die eigentliche Geburtsstunde des „negativen Besitzverzeichnisses" mit *Fellers* Aufsatz aus dem Jahr 1927 an, findet jedenfalls auch die Tatsache, daß der Ausdruck sich im gleichen Jahr auch in *Alts* Vorlesungsmanuskript allererst nachweisen läßt, eine Erklärung. Denn dann ließe sich denken, daß *Alt* den Ausdruck „negatives Besitzverzeichnis" zuerst bei *Feller* las und, jedenfalls für den mündlichen Gebrauch, genug Gefallen daran fand, um ihn unmittelbar in seinen überarbeiteten Vorlesungstext zu übernehmen. Daß er das „negative Besitzverzeichnis" dabei zunächst in Anführungszeichen setzt, ist dann nicht nur als rhetorische Einschränkung dieser „griffigen Kurzformel" zu verstehen, sondern zugleich als wahrheitsgemäßer Hinweis darauf, daß *Alt* mit dem „negativen Besitzverzeichnis" nicht ganz mit eigenen Worten sprach – wenngleich er seine eigenen begriffsbildenden Anteile daran wohl erkannt haben dürfte.

Wie immer die Begriffsgeschichte genau verlaufen sein mag, bis heute ist das „negative Besitzverzeichnis" jedenfalls mit einer gewissen Selbstverständlichkeit im exegetischen Sprachgebrauch geblieben. Und dies nicht bloß als bibelkundliches Merkwort, sondern mit der Bezeichnung zugleich hat sich die Überzeugung erhalten, daß die Aufzählung der nicht bzw. unvollständig eroberten Städte in Ri 1 bruta facta überliefert. So wird das „negative Besitzverzeichnis" nach wie vor „als wichtige historische Quelle"[107] verhandelt, die sich unmittelbar für die Rekonstruktion der Anfangsgeschichte Israels auswerten läßt.

Damit scheint für das „negative Besitzverzeichnis" weniger in Frage zu stehen, was für andere Texte längst und in den letzten beiden Jahrzehnten verstärkt fraglich geworden ist, nämlich der primäre Quellenwert der alttestamentlichen Textüberlieferung für die geschichtliche Rekonstruktion.

2.1.2. Das „negative Besitzverzeichnis" – ein „Spolium" in der alttestamentlichen Geschichtsdarstellung?

Die Erkenntnis, daß die alttestamentlichen Geschichtserzählungen nicht uneingeschränkt als abbildhafte Augenzeugenberichte des tatsächlichen historischen Geschehens mißverstanden werden dürfen, zählt zu den Leistungen der Aufklärung. Sie hat auf der einen Seite die Prinzipien der

---

107 Neef, Ephraim, 207.

2.1. Ein Begriff und seine Implikationen

kritischen Schriftauslegung zur Voraussetzung und steht auf der anderen Seite in Zusammenhang mit einem Wandel im Geschichtsbewußtsein. Seit Mitte des 18. Jh. gewann die Einsicht an Bedeutung, daß Geschichte unmittelbar relevant für die Gegenwart ist bzw. sein kann. Damit zugleich wurde man sich dessen bewußt, daß Geschichtsschreibung Geschichte für ihr Publikum erst in bestimmter Weise relevant *macht*, daß also jeder Geschichtsschreiber seinen „Sche-Punct"[108] und „sein Absehen auf etwas hat"[109], d.h. die Relevanz des von ihm Dargestellten bewußt oder unbewußt steuert.[110]

So sah man auch im Hinblick auf die alttestamentliche Geschichtsdarstellung, daß diese, ebenso wie jede andere Geschichtsschreibung, von einem bestimmten Zweck und der besonderen Absicht ihrer Verfasser bestimmt ist, daß man somit also bei ihrer Interpretation „die Darstellungsart oder Einkleidung von der Sache selbst sehr wohl zu scheiden habe"[111].

Die Forderung, die „Darstellungsart" von der „Sache selbst" zu scheiden, setzte jedoch zunächst die Überzeugung voraus, daß die „Sache selbst" grundsätzlich noch in den Texten enthalten ist. Die historisch-kritische Aufgabe des geschichtlich interessierten Exegeten bestand demzufolge fortan vor allem darin, den historischen Kern, d.h. das, was gewesen ist und „wie es eigentlich gewesen"[112] ist, aus den Texten herauszulesen.

An die Stelle dieser Quellen*kritik* im eigentlichen Wortsinne ist im Hinblick auf die alttestamentliche Geschichtsdarstellung inzwischen vielfach eine grundsätzliche Quellen*skepsis* getreten. D.h. inzwischen geht es nicht mehr nur um die Frage, was und wieviel in den alttestamentlichen Texten historisch ist, sondern vielmehr darum, ob oder inwieweit diesen Texten überhaupt irgendein Quellenwert zugestanden werden kann und soll.

Dabei war die Diskussion um den Quellenwert der alttestamentlichen Texte zugleich immer auch eine Auseinandersetzung über das Verhältnis

---

108 Chladenius, Einleitung, 188.
109 Chladenius, Einleitung, 195.
110 Um bei den für die Forschung an Ri 1 bedeutenden Autoren zu bleiben, vgl. Ziegler, Bemerkungen: „Geschichte enthält nun auch das Buch der Richter, aber welche und in welchem Geist geschrieben? Wollte man sie von einem Augenzeugen niedergeschrieben betrachten, ...so hätte man schon des rechten Flecks verfehlt, und würde nach dem Fehler der Interpreten, der erst seit zwey Decennien hin und wieder vermieden ist, mehr in die Schrift hineintragen als hinausgetragen werden soll und darf" (265). „Dreht sich die Vorstellungsart des Geschichtsschreibers um einen Hauptgedanken, so wird dieser großen Einfluß auf die Einkleidung seiner Geschichte haben, und von der einen Seite der Zweck derselben daraus entstehen" (ebd., 275; vgl. 2f.).
111 Link, Notizen, 23.
112 Ranke, Geschichten, VII.

von Archäologie und biblischer Textauslegung. Denn der Quellenwert der biblischen Texte geriet nicht nur von Seiten der Exegese zunehmend in Frage, sondern auch je mehr die Archäologie zur Rekonstruktion der Geschichte Israels beizutragen hatte bzw. je mehr man das kritische Potential ihres Beitrags erkannte. Die Zunahme archäologischer Ergebnisse und Erkenntnisse hatte prinzipiell zur Folge, daß die „Geschichte Israels" immer weniger allein auf die biblischen Texte als historische Informanten angewiesen war, sondern sich, zugleich, daneben oder in Konkurrenz dazu, auch auf die von der Archäologie zu Tage gebrachten Realien stützen konnte. Mit immer differenzierteren Methoden war die Archäologie dann immer häufiger in der Lage, den Texten das Gegenteil zu beweisen, und so machte sie die biblische Textüberlieferung als Geschichtsquelle zumindest fallweise obsolet.

Die strittigen Einzelfälle setzten in den dreißiger Jahren des letzten Jahrhunderts eine Grundsatzdiskussion über das Verhältnis von archäologischen Ergebnissen und biblischer Textüberlieferung in Gang, in der das Postulat einer strengen methodischen Scheidung von Archäologie und Exegese auf Dauer das letzte Wort behalten sollte. So avancierte die biblische Archäologie allmählich von einer stark bibelorientieren Hilfswissenschaft zur autonomen Disziplin, bis man ihr schließlich, ihrer wachsenden Bedeutung für die Rekonstruktion der Geschichte Israels auf der einen Seite und der traditionsliterarischen Eigenart der biblischen Quellen auf der anderen Seite Rechnung tragend, immer öfter den methodischen Primat im historischen Verfahren zuerkannte.

Der Gipfelpunkt dieser Entwicklung wurde in den letzten Jahren mit der Forderung erreicht, die Geschichte Israels konsequent aus archäologischen Befunden, d.h. heißt gänzlich unabhängig vom biblischen Bild der jeweiligen Epoche zu rekonstruieren, der Archäologie also nicht nur den methodischen Primat gegenüber der Textauslegung, sondern gewissermaßen das Monopol geschichtlicher Rekonstruktion einzuräumen.

Über die Berechtigung dieser Forderung ist in den vergangenen Jahren zwischen sogenannten „Minimalisten" und „Maximalisten" gestritten worden.[113] Während die „Minimalisten" den biblischen Texten jeden selbständigen historischen Quellenwert absprechen, indem sie die Texte *nur* dort als Quellen zulassen, wo sich ihre Aussagen durch eine „external evidence" bestätigen lassen, treten die „Maximalisten" umgekehrt dafür

---

113 Die Begriffsbildung des „minimalist" bzw. „maximalist approach" geht auf E. A. Knauf zurück (Copper Supply, 171).
Zur Darstellung und Kritik der „Minimalismus-Maximalismus-Debatte" s. etwa Hardmeier, Quellenevidenz, 15ff.; ders.; König Joschija, 81ff.; Schmid, Bibel, 283ff.; Uehlinger, Bildquellen, v.a. 25-39.

2.1. Ein Begriff und seine Implikationen

ein, so lange auf der biblischen Sicht der Dinge zu bestehen, bis den Texten das Gegenteil bewiesen werden kann.

Auf das Für und Wider beider Positionen ist hier nicht weiter einzugehen. Jenseits jeder „Minimalismus-Maximalismus-Debatte" ist jedoch festzuhalten: Das Primärdatum der Textzeugnisse ist grundsätzlich der Zeitpunkt ihrer Erzeugung. „Primärquellen" sind die Texte deshalb zunächst einmal nicht für die „Geschichte", die sie erzählen, sondern für die geschichtliche Situation (bzw. die geschichtlichen Situationen), in der (bzw. denen) sie entstanden sind und ihre je spezifische Funktion erfüllt haben.[114] Demzufolge sind die Textzeugnisse in erster Linie nicht auf ihren Vergangenheitsbezug zu befragen oder auf ihre „Historizität" zu überprüfen, sondern als Ausdruck der jeweiligen Textgegenwart wahrzunehmen und zu interpretieren. Das primär Historische an den Texten ist nicht irgendein „historischer Kern", sondern gerade der spezifische „Sehe-Punct" der Autoren.[115]

Mit alledem ist die historische Verläßlichkeit der alttestamentlichen Textzeugnisse freilich nicht a limine ausgeschlossen. Grundsätzlich können die dargestellten Sachverhalte durchaus den historischen Tatsachen entsprechend in Erinnerung – im „kommunikativen" oder „kollektiven Gedächtnis" – geblieben und in die Texte eingegangen sein. Doch läßt sich das im Einzelfall kaum kontrollieren. Selbst dort, wo eine Darstellung mit textexternen Befunden in Übereinstimmung gebracht werden kann, ist letztlich nicht entscheidbar, ob sie „faktentreu" oder „fiktiv" ist. Denn der Verfasser kann immer auch nur „zufällig" und/oder im eigenen Interesse, nicht aber im Wissen um die tatsächliche Faktenlage das Richtige getroffen haben.

Sichereren Boden beträte man allein dort, wo man annehmen dürfte, daß sich Primärquellen bzw. genaue Kopien von Kopien dieser Primärquellen[116] in der biblischen Traditionsliteratur erhalten hätten, vergleichbar mit „Spolien"[117] in jüngeren Mauerwerken. Die Schwierigkeit bestünde dann jedoch darin, diese innerhalb eines Textzusammenhangs mit hinreichender Wahrscheinlichkeit als solche zu identifizieren.

Als besonders vielversprechender Kandidat für ein solches „Spolium" in der alttestamentlichen Geschichtsdarstellung wird nun offenbar das „negative Besitzverzeichnis" aufgefaßt. Dies ist um so bemerkenswerter,

---

114 Eine formale, die problematische inhaltlich-funktionale Qualifikation von Primär- und Sekundärquellen vermeidende Unterscheidung von Primär-, Sekundär-, Tertiär- und Quartärquellen s. bei Uehlinger, Bildquellen, 34-36.
115 Diese grundsätzliche Einsicht wird in besonderer Weise programmatisch bei Hardmeier, s. etwa ders., Prophetie, 29ff.; ders., Geschichte, 9-12.
116 Vgl. Knauf, History, 46: „*We simply do not have the documents;* all we can do is in some cases reasonably assume that we may have copies of copies" (Hervorh. E. A. Knauf).
117 So der treffende Vergleich Matthias Köckerts (zit. bei Uehlinger, Bildquellen, 36).

als das literarische Mauerwerk, das dieses Spolium einfaßt, d.h. Ri 1,1-2,5 im Ganzen, gleichzeitig zu den *jüngsten* Texten im deuteronomistischen Geschichtswerk gezählt wird. Vor allem zwei Gründe lassen sich für den gegen alle Quellenskepsis immer noch vorherrschenden Optimismus, mit dem „negativen Besitzverzeichnis" sei uns der Wortlaut eines alten Dokumentes „von unschätzbarem historischen Wert"[118] erhalten geblieben, denken. Zunächst die einfache Tatsache, daß das „negative Besitzverzeichnis" mit der Behauptung einer unvollständigen Landnahme der idealisierten Landnahmedarstellung des Josuabuches widerspricht. Die dort zugrundegelegte Vorstellung einer „totalen, radikalen und nationalen Landnahme" entspricht anerkanntermaßen nicht dem historisch Vermut- und Begründbaren, und so liegt der Schluß nahe, daß umgekehrt eine Darstellung, die in Widerspruch dazu steht, sachlich und damit möglicherweise auch entstehungsgeschichtlich der historischen Wahrheit um so näher kommt. Doch ist die historische Wahrscheinlichkeit einer Darstellung zwar eine notwendige Voraussetzung, nicht aber, wie bereits angedeutet, eine hinreichende Begründung für die Annahme ihrer Historizität. Der Inhalt eines Textzeugnisses läßt nicht unmittelbar und unbedingt auf seinen Quellenwert schließen, weder positiv noch negativ.

Der zweite Grund für das historische Vertrauen, das dem „negativen Besitzverzeichnis" nach wie vor entgegengebracht wird, ist möglicherweise mit der terminologischen Selbstverständlichkeit der Bezeichnung selbst gegeben. Sobald nämlich die zweite Hälfte von Ri 1 als „negatives Besitzverzeichnis" auf den Begriff gebracht wird, ist sie zugleich auch hinsichtlich ihrer Textgattung bestimmt. Und ganz abgesehen davon, daß „Verzeichnis" von vornherein nach „Dokument" klingt und insofern Authentizität suggeriert, ist mit dieser Gattungsbezeichnung in jedem Fall festgestellt, daß es sich bei dem entsprechenden Text nicht um einen Erzähltext, sondern um eine eher neutrale Aufzählung, „ein Register, ein gewissermaßen nacktes Verzeichnis von Personen, Orten, Gegenständen oder Sachen, das zu einem praktischen, administrativen oder geschäftsmäßigen Zweck aufgesetzt ist"[119], handelt. Als „negatives Besitzverzeichnis" bliebe der Textzusammenhang von Ri 1,21.27ff. also von den Bedenken, die für den Quellenwert alttestamentlicher *Erzähl*texte geltend gemacht wurden, zunächst einmal ausgenommen.

Im Folgenden ist zu prüfen, ob bzw. inwieweit die zweite Kapitelhälfte von Ri 1 als „Verzeichnis" tatsächlich angemessen begriffen ist. Diese im weitesten Sinne gattungskritische Frage nach dem „negativen Besitzverzeichnis" hängt dann eng mit der Frage nach seinem Verhältnis

---

118 Schmitt, Frieden, 46.
119 Mowinckel, Tetrateuch, 18.

zu Jos 15,63; 16,10; 17,11ff. und 19,47f. LXX zusammen. Denn unterstellt man Ri 1,21.27ff. ein „negatives Besitzverzeichnis" im Sinne eines ursprünglich selbständigen Dokuments, so müssen die ähnlich lautenden „Einsprengsel"[120] im Josuabuch als dessen vereinzelte Nachbildungen erklärt werden. Mit der gegenteiligen Auffassung, daß diese Einzelnotizen zunächst im Josuabuch ihren Platz hatten und erst sekundär in Ri 1 zu einem Ganzen zusammengesetzt wurden, wäre die Annahme eines literarisch unabhängigen „negativen Besitzverzeichnisses" hingegen von vornherein ausgeschlossen.[121]

Zunächst ist jedoch die Textgestalt des „negativen Besitzverzeichnisses" für sich betrachtet näher zu untersuchen.

2.2. Aufbau und Form des „negativen Besitzverzeichnisses"

Ri 1,21.27-35 gibt eine Übersicht, in welchen Städten die Landnahme der jeweilig verantwortlichen Mittel- und Nordstämme insoweit unvollständig blieb, als die Vorbewohner des Landes, d.h. Jebusiter (v. 21), Kanaanniter (vv. 27-33) oder Amoriter (vv. 34f.), hier nicht „vernichtet"[122] wurden, sondern nach wie vor zur Bewohnerschaft zählten. So macht v. 21 zunächst den Stamm Benjamin für das Verbleiben der Jebusiter in Jerusalem verantwortlich. Im Anschluß an die Episode über die Einnahme Bethels durch das „Haus Josef" (vv. 22-26) folgen dann mit vv. 27-33 Manasse, Efraim, Sebulon, Asser und Naftali dem negativen Beispiel Benjamins, und am Ende handeln vv. 34f. über die den Amoritern unterliegenden Daniten.[123]

---

120 Smend, Land, 228.
121 So zuerst bei Auld, Judges I.
122 Daß √ירש hif. eher mit „(jmd. als Besitzer) vernichten" statt „vertreiben" übersetzt ist, hat Lohfink, Bedeutungen, 26-32; vgl. ders. Art. ירש, 960-962, wahrscheinlich gemacht. Daß jedenfalls im Textzusammenhang von Ri 1 mit „vernichten" in vv. 21.27ff. die Pointe des Kapitels besser getroffen sein dürfte als mit der Übersetzung „vertreiben", darauf weist vor allem die Episode über die Einnahme Bethels hin, die v. 27ff. thematisch einleitet: der von den Josefsöhnen in Dienst genommene Bewohner Bethels wird am Ende zwar aus der Stadt hinausgeschickt, doch kann er so immer noch eine neue Stadt in der ארץ החתים „bauen" (die Jos 1,4, dem einzigen weiteren Beleg für die ארץ החתים, zufolge mit zum verheißenen Land gehört; vgl. etwa Dtn 11,24); nur seine „Vernichtung", nicht aber seine „Vertreibung" hätte dies verhindern können. Vgl. Lohfink, Art. ירש, 958: „An diesen Stellen [scil. Ri 1,21ff.; Jos 17,12] wird gewöhnlich (mit der Targumtradition) ‚vertreiben' übersetzt, während von LXX und V herkommende Tradition ‚vernichten' o.ä. hat. Nun besagt ‚vertreiben' nicht einfach gewaltsame Entfernung anderer Menschen von einem Ort. *Es schließt auch die Vernichtung positiv aus und deutet an, daß die vertriebenen Wesen an anderem Ort weiterleben können*" (Hervorh. MR).
123 V. 36 trägt eine Näherbestimmung des Siedlungsraums der Amoriter nach und kann als spätere Glosse hier zunächst außer Betracht bleiben; s. dann u. 64 Anm. 217.

Der Kapitelverlauf orientiert sich insgesamt unverkennbar an der in Jos 13-19 vorgegebenen Ordnung der Stämme von Süden nach Norden (ohne Issachar und die ostjordanischen Stämme). Diese geographische Anlage des Kapitels wird jedoch nicht nur durch den kleinen Schönheitsfehler eingeschränkt, daß Manasse und Efraim genaugenommen in umgekehrter Reihenfolge genannt sein müßten, sondern stimmt darüber hinaus auch nur dann, wenn die spätere Nord-Wanderung des Stammes Dan (Ri 18) bereits mitgedacht wird; die in v. 35 genannten Städte befinden sich allesamt im Jos 19 zufolge ursprünglichen Stammesgebiet Dans westlich von Jerusalem, und nichts weist zunächst darauf hin, daß in v. 34 bereits an die östlich vom oberen Ende des Jordangrabens gelegenen Gebirgszüge zu denken ist.[124]

Die negativen Summarien selbst sind mit Ausnahme von v. 34 auf ähnliche Weise formuliert: Sie enthalten 1. jeweils die Wendung לא הוריש(ו), nennen 2. als deren Objekt die Bewohner der entsprechenden Städte bzw. die Städte selbst, halten 3. das fortdauernde „Wohnen" (√ישב) der Vorbewohner in diesen Städten fest und bemerken im Falle von vv. (28.)30.33.und 35 darüber hinaus die daraus offenbar resultierende Fronpflicht (מס + ל + √היה bzw. √שים in v. 28).

Diese Redundanz erzeugt einerseits den Eindruck von Stereotypie. Doch zeigen sich im Detail andererseits eine Reihe von Unterschieden – in der Tat: „No two of these five notes [i.e. vv. 27-33] are constructed alike..."[125] Bereits die לא הוריש-Wendung begegnet in vier unterschiedlichen Varianten: in v. 21 mit invertiertem Objekt (ואת־היבוסי), in v. 27 in der regulären Reihenfolge ולא הוריש מנשה, in v. 29 mit invertiertem Subjekt (ואפרים לא הוריש) und in vv. 30.31.33 zwar ebenfalls mit vorangestelltem Subjekt, hier jedoch ohne vorangehende Konjunktion. Als Objekte der nicht erfolgten Vernichtung nennt v. 27 dann zunächst zwei Städte (Bet-Schean und Taanach) und deren „Tochterstädte", nachfolgend jedoch die *Bewohner* der jeweiligen Städte (Dor, Jibleam und Megiddo) und wiederum deren „Tochterstädte"[126]. Dabei steht das substantivierte Partizip von √ישב im Falle Dors im Singular, bei Jibleam und Megiddo im Plural. Auch v. 29 nennt die betroffene Bewohnerschaft als Objekt, bezeichnet sie hier jedoch ausdrücklich als „Kanaaniter", attribuiert mit

---

124 Auf die gewissermaßen unvollkommene geographische Ordnung des Kapitels weist bereits Mowinckel, Tetrateuch, 26 hin: „Der Bericht ist geographisch geordnet. Aber nicht so, wie wir es von einer ‚Liste' oder einem offiziellen oder halboffiziellen ‚Dokument' erwarten sollten: in konsequenter Reihenfolge Nord-Süd oder umgekehrt."
125 Auld, Judges I, 279. Vgl. Lindars, Judges, 49: „The list gives a superficial impression of uniformity, but there are numerous differences of detail for no apparent reason." S. auch Becker, Richterzeit, 24f.
126 Die בנותיה stehen mit nota accusativi und können deshalb nicht mehr auf die ישבי bezogen werden.

2.2. Aufbau und Form des „negativen Besitzverzeichnisses" 31

היושב בזור. In vv. 30-33 ist wieder durchgängig von den ישבי der jeweiligen Städte die Rede. Dabei zählt v. 31 für Asser allerdings – ähnlich wie v. 27 im Falle Manasses – weitere vier Städte *ohne* deren Bewohner hinzu.

Über die variierende Formulierungsweise hinaus ist vor allem die unterschiedliche Anzahl der den einzelnen Stämmen zugewiesenen Städte auffällig, zumal da die zahlenmäßigen Unterschiede sich nicht unmittelbar mit der Größe oder der vermutbaren Siedlungsdichte des jeweiligen Stammesgebietes begründen lassen. So gibt v. 27 für Manasse insgesamt fünf Städte an, v. 29 für Efraim jedoch allein die Stadt Geser, v. 30 für Sebulon und v. 33 für Naftali je zwei, und v. 31 für Asser sogar sechs Städte[127]. Dabei werden Manasse und Asser nicht nur überproportional viele Städte zugeschrieben, sondern genau hier wechseln sich auch, wie beschrieben, die Bewohner der jeweiligen Städte mit den bloßen Städtenamen als Objekte ab.

Die Konsequenz der nicht erfolgten Vernichtung ergibt sich in allen Fällen mit einer Bemerkung über das „Wohnen" von Israeliten und/oder Kanaanitern in den entsprechenden Städten. Dabei steht in vv. 29-33 das einfache וישב, während v. 27 und gleicherweise v. 35 √ישב mit √יאל hif. konstruieren.[128]

---

127 Vgl. Rösel, Besitzverzeichnis, 123.
128 Die treffende Übersetzung von √יאל hif. ist hier nicht leicht zu finden. Andernorts scheint mit √יאל hif. grundsätzlich eine Willensäußerung gemeint zu sein, die in einigen Fällen offenbar eher im Sinne einer Entscheidung oder eines „Entschlusses" zu verstehen ist (Jos 7,7; Ri 17,11; Hos 5,11? ; Hi 6,9.28), in anderen hingegen besser mit „einwilligen" (Ex 2,21; Ri 19,6; 2Kön 5,23; 2Kön 6,3) oder „Gefallen finden" (1Sam 12,22; 2Sam 7,29; 1Chr 17,27) bzw. „sich erlauben" (Gen 18,27.31) wiedergegeben wird. Jeder Entschluß und jede auf Handlung zielende Entscheidung hat jedoch den Charakter einer Initiative. In Dtn 1,5 etwa steht dieses initiatorische Moment von √יאל hif. ganz im Vordergrund. Und entsprechend übersetzen LXX und Vulgata √יאל hif. grundsätzlich und so auch an unserer Stelle mit ἤρξατο bzw. *coepit*. Doch gerade mit der Idee des Anfangs als gemeinsamem Nenner der verschiedenen Bedeutungsaspekte von √יאל hif. läßt sich unsere Stelle am wenigsten in Einklang bringen. Denn wie könnte sich der Kanaaniter, als *Vor*bewohner des Landes gedacht, allererst dazu entschließen oder dafür entscheiden, „in diesem Land" bzw. in den entsprechenden Städten zu wohnen? Eine Übersetzung mit „durchsetzen", „sich versteifen", „Erfolg haben" o.ä., wie sie sich stattdessen in verschiedenen Kommentaren findet, macht an dieser Stelle zwar Sinn, läßt sich jedoch aus den sonstigen Belegen oder der Etymologie von √יאל hif. nicht ohne weiteres ableiten.
Auch wenn die Bedeutung des Verbums ansonsten wohl eher aus seinem Gebrauch als aus „etymologische[n] Spekulationen" abgeleitet werden sollte (s. Kapelrud, Art. יאל), ist bei der Verwendung von √יאל hif. in Ri 1,27.35 (und Jos 17,12) vielleicht doch am ehesten an die etymologische Grundbedeutung „vorn sein", „erster sein" zu denken, die hier möglicherweise auf den Umstand zielt, daß die Kanaaniter in den genannten Städten „als erste" wohnten und dies dann auch nach der unvollständigen Landnahme der Stämme noch taten. Dann wäre etwa mit „dabei bleiben" zu übersetzen, wie hier vorgeschlagen werden soll.

Besonders deutlich werden die Unterschiede zwischen den Einzelnotizen schließlich im Hinblick auf die Näherbestimmung der jeweiligen „Wohnverhältnisse": v. 27 läßt den Kanaaniter im Stammesgebiet Manasses schlicht בארץ הזאת wohnen, ähnlich wie v. 35 den Amoriter in den eigentlich danitischen Städten Har-Heres, Aijalon und Schaalbim ansiedelt. Für die übrigen Stämme wird jedoch nicht nur auf das bloße „Wohnenbleiben" der Vorbewohner als Folge der ausgebliebenen Vernichtung hingewiesen, sondern vor allem auf die *Koexistenz* von Jebusitern/Kanaanitern und Israeliten im jeweiligen Stammesgebiet. Dabei benennt v. 21 das Miteinander von Jebusitern und Israeliten in Jerusalem mit der Präposition את, in den vier übrigen Fällen (vv. 29.30.32.33) steht hingegen die Wendung בקרב, die das „mit" zum „inmitten" verschärft. Sind es dann in vv. 29f. die Kanaaniter, die inmitten Efraims[129] bzw. Sebulons wohnen, so lassen umgekehrt vv. 32.33 die Asseriten (האשרי) bzw. Naftali[130] inmitten der Kanaaniter wohnen. Man hat in diesem Subjektwechsel die kompositionell beabsichtigte „Tendenz eines Ansteigens der Symbiose mit den Kanaanäern"[131] erkannt, die mit der Nachricht vom Landverlust des später nördlichsten Stammes Dan in v. 34 ihren Gipfelpunkt hat, und diese Tendenz dann zu Recht als Argument gegen den objektiven „Verzeichnisstil" und die historische Authentizität des „negativen Besitzverzeichnisses" gewendet.[132] Es ist allerdings zu beachten, daß diese negative Tendenz sich nicht in jeder Hinsicht konsequent durchhält. So läßt sich eine Verschärfung der Symbiose zwar im Verlauf der vv. 29-33 beobachten, gerade bei Dan am Ende und bei Manasse am Anfang lautet die Konsequenz des militärischen Versagens jedoch beinahe unverändert gleich: ויואל האמרי לשבת בהרחרס באילון בשעלבים bzw. ויאל הכנעני לשבת בארץ הזאת – in beiden Fällen also wohnen die Vorbewohner nicht *mit* den Israeliten in den betreffenden Gebieten, sondern an ihrer Stelle, so

---

129 Das Koexistenz wird im Falle Efraims mit nachgestelltem בגזר ausdrücklich auf die Stadt Geser beschränkt.
130 Hier implizit, aber unmißverständlich als Subjekt von וישב zu erschließen.
131 Smend, Land, 228. Vgl. schon Budde, Bücher, 16f.
132 So zuerst Smend, Land, 228: „Das sieht nicht recht nach einer in irgendeinem Sinne amtlichen Liste aus. Aber auch daß es in dieser Gruppierung die tatsächlichen Verhältnisse wiedergibt, ist fraglich."
Besondere Aufmerksamkeit galt dieser Tendenz als Kompositionsstruktur von Seiten der vorwiegend am „Endtext" orientierten Exegese. So zuerst bei Webb, Book, 97-101; Younger, Configuring, v.a. 80-84, sieht hier dann eine „four-stage-decline in Israelite spirituality" vorliegen; Klein, Triumph, 29 identifiziert hingegen lediglich eine „scale of levels" 1-3.
Lindars, Judges, 49, spricht sich auf der anderen Seite ausdrücklich dagegen aus, die versweisen Unterschiede als Indiz dafür zu werten, daß uns hier eine „straightforward composition" vorliegt, vielmehr führt er sie schon auf den Wortlaut der hier seiner Meinung nach zugrundeliegenden Quelle zurück.

2.2. Aufbau und Form des „negativen Besitzverzeichnisses" 33

daß es Manasse am Anfang hier zunächst einmal nicht besser trifft als Dan am Ende. Auch die Verwendung der nachfolgenden Fronnotizen scheint keiner klaren Tendenz zu folgen: der abschließende Hinweis darauf, daß die Vorbewohner למס waren bzw. wurden, fehlt bei Benjamin und, abgesehen von seiner allgemeinen Wendung in v. 28, auch bei Manasse und Efraim. Er steht zuerst bei Sebulon und findet sich zwar nicht mehr bei dem darauf genannten Stamm Asser, wo stattdessen das לא הוריש aus v. 28 wiederholt wird, dafür jedoch wieder bei Naftali. Hier erscheint er dann, wenn die Vermutung zutrifft, daß mit dem Wechsel des Subjekts der Wendung וישב בקרב eine Umkehrung der Kräfteverhältnisse angedeutet ist, in der Tat „geradezu widersinnig"[133]. Noch überraschender kommt die Fronnotiz schließlich in v. 35, am eigentlichen Tiefpunkt der Landnahmebilanz, auch wenn hier nicht mehr die zuvor unterlegenen Daniten eine Rolle spielen, sondern nun wieder unvermittelt das zuletzt in vv. 22f. genannte „Haus Josef".

Bedeutung und Funktion der Fronnotizen sind nicht eindeutig. Unklar bleibt vor allem, ob der Hinweis auf die Fronpflicht der Vorbewohner die Schuld der Israeliten mildern soll, wie es vor allem in v. 35 den Anschein hat, oder ob er die Anklage nicht, im Vorausblick auf das in Ri 2,1-5 aktualisierte Bündnisverbot, vielmehr noch verschärft, wie es die Zuspitzung der Fronnotiz auf die Wendung והוריש לא הוריש in v. 28 nahelegt[134]. Häufig hat man die unklaren Fronnotizen insgesamt für sekundäre Zusätze zur ursprünglichen Anlage des „negativen Besitzverzeichnisses" erklärt. Ob und in welcher Weise damit zu ihrem Verständnis und zum Verständnis der vv. 27-35 insgesamt beigetragen ist, wird später zu klären sein.

Bis hierher ist über vv. 21.27-35 zusammenfassend festzuhalten: Der Textzusammenhang folgt in seinem Aufbau unverkennbar einem geographischen Plan und ist ebenso deutlich auf eine inhaltliche Tendenz hin angelegt – beides wird jedoch im Textverlauf nicht konsequent verwirklicht.

Dabei stimmen die einzelnen Notizen untereinander in wesentlichen Zügen überein, im Detail zeigt sich jedoch eine große Variationsbreite. Die meisten Übereinstimmungen ergeben sich innerhalb der vv. 30-33.

An den für das „negative Besitzverzeichnis" reklamierten „Verzeichnisstil" lassen aufgrund ihres asyndetischen Anschlusses ebenfalls in erster Linie vv. 30-33 denken. Vv. 27-29.34f. sind hingegen – ebenso wie der Grundbestand der ersten Kapitelhälfte – durchgehend narrativ angelegt. So lenkt das Kapitel nicht nur am Ende „aus dem Verzeichnisstil der Na-

---

[133] Becker, Richterzeit, 26.
[134] Weinfeld, Judges 1.1-2:5, 398.

tur der Sache nach in den der Erzählung ein"[135], sondern kehrt in v. 34 vielmehr dorthin zurück.

So wie hinsichtlich ihres inneren Aufbaus bleibt die zweite Kapitelhälfte von Ri 1 also auch ihrer äußeren Form nach zweideutig: einerseits gewinnt man, und zwar in erster Linie im Mittelteil, den Eindruck einer stereotyp phrasierten Aufzählung, andererseits läßt sich zumindest für vv. 21-29.34f. in der Tat ohne weiteres behaupten: „Hier wird nicht registriert und aufgezählt; hier wird *erzählt*. Nicht um Personen, Orte, Sachen an sich handelt es sich, sondern um geschichtliche – d.h. im Sinn des Verfassers geschichtliche – Ereignisse, von denen in erzählender Form, in dem üblichen hebräischen tempus historicum, Impf. cons., berichtet wird."[136] Allein mit der Gattung „Verzeichnis" ist der Textzusammenhang von Ri 1,21.27ff. demnach nicht hinreichend begriffen. Somit ist das gattungskritische Argument als prima-vista-Beweisgrund für die Annahme eines „negativen Besitzverzeichnisses" nicht tragfähig.

Kann jedoch die Existenz eines in Ri 1 verarbeiteten alten Dokuments nicht selbstverständlich vorausgesetzt werden, stellt sich die Frage der Entstehung von Ri 1 neu.

2.3. Die Josuaparallelen[137]

Von größter Bedeutung für die Frage der Entstehung von Ri 1 ist die Tatsache, daß einzelne Verse, aus denen die zweite Kapitelhälfte gebildet ist, sich in ähnlicher Form auch im Josuabuch wiederfinden. Der hohe Grad der Ähnlichkeit zwischen den parallelen Versen Ri 1,21 par. Jos 15,63; Ri 1,27f. par. 17,11ff.; Ri 1,29 par. Jos 16,10 (und Ri 1,34f. par. Jos 19,47a-48a LXX) läßt unbedingt auf literarische Abhängigkeit schließen.

Die Richtung der Abhängigkeit hat man häufig unmittelbar daraus gefolgert, daß diese Verse in Ri 1,21.27ff. einen geschlossenen Textzusammenhang bilden, während sie im Josuabuch vereinzelt überliefert sind und überdies deutlich nachgetragen zu sein scheinen. So argumentiert *Becker* etwa im Hinblick auf Ri 1,27f. par. Jos 17,11ff.: „Es ist indes von vorneherein unwahrscheinlich, daß eindeutig sekundäre, nachhinkende Verse, wie sie in Jos 17,11-13 vorliegen, gegenüber der in einem literarisch (weitgehend) einheitlichen Abschnitt fest verankerten Parallelversion (Ri 1,27f.) die Priorität haben sollen."[138]

---

135 Budde, Bücher, 17.
136 Mowinckel, Tetrateuch, 19.
137 S. hierzu die Synopse der Parallelen zwischen Ri 1,21.27-29.34f. und dem Josuabuch im Textanhang.
138 Becker, Richterzeit, 28. Vgl. Rösel, Besitzverzeichnis, 123.

2.3. Die Josuaparallelen

Die so begründete Priorität von Ri 1 als Vorlage der nachgetragenen Einzelnotizen im Josuabuch bringt jedoch wenigstens eine Schwierigkeit mit sich. Denn nicht alle negativen Besitzanzeigen, die in Ri 1 formuliert werden, haben ihr Gegenstück in den Landverteilungslisten des Josuabuches. Allein die Mißerfolge der Stämme Manasse und Efraim werden hier wie dort notiert. Auch Ri 1,21 findet sich zwar beinahe wortgleich im Josuabuch wieder; das in Ri 1 den Benjaminiten angelastete Versagen in Jerusalem schreibt Jos 15,63 jedoch Juda zu. Von der Verdrängung der Daniten durch die Amoriter berichtet das Josuabuch nur in seiner LXX-Fassung (Jos 19,47f.), und über die Lücken im Landbesitz Sebulons, Assers und Naftalis schweigt es ganz – vielmehr zählt Jos 19 den Großteil der in Ri 1 für diese Stämme genannten Städte selbstverständlich zu ihrem Landbesitz hinzu.[139] Wollte man davon ausgehen, daß ein Interpolator die negativen Besitzanzeigen aus Ri 1 geschöpft und an jeweils geeigneter Stelle in die Landverteilungslisten des Josuabuches eingetragen hat, bliebe also zumindest begründungsbedürftig, warum er sie nicht vollständig übertrug, sondern die galiläischen Stämme aussparte.

Unter der umgekehrten Annahme, daß nämlich die zweite Hälfte von Ri 1 im Grundbestand eine sekundäre Zusammenstellung aus dem Josuabuch darstellt, macht dieser Sachverhalt weniger Probleme; vv. 30-33 wären in diesem Fall leicht als ergänzende Nachbildungen der Jos-Notizen zu erklären. Dann bliebe allerdings notwendig zu klären, zu welchem Zweck – wenn nicht im Abgleich mit Ri 1 – Jos 15,63; Jos 16,10 und Jos 17,11ff. allererst nachträglich in die Landverteilungslisten des Josuabuches eingeschrieben wurden.

Die Richtung der Abhängigkeit läßt sich also nicht ohne weiteres entscheiden. Sowohl die Priorität der Josuaparallelen als auch die Priorität von Ri 1 haben auf den ersten Blick offenbar gute Gründe für und gute Gründe gegen sich. Der komplexe Befund macht eine Analyse der Parallelüberlieferungen im Einzelnen notwendig. Ein Problem für sich stellen hier die Fronnotizen dar, die am Ende (Kap. 2.4.2.) im Zusammenhang ausführlicher zu verhandeln sind.

2.3.1. Benjamin/Juda (Ri 1,21 und Jos 15,63)

Ri 1,21 ist durch die Bethel-Episode in vv. 22-26 von den übrigen zum „negativen Besitzverzeichnis" gezählten Versen getrennt. Der Vers ist den vv. 27ff. jedoch dem Inhalt und Wortlaut nach verwandt genug, um –

---

139 Womit sich für Lindars, Judges, 62 die Frage, „whether the Prelude is based on an old source", zunächst negativ beantwortet.

auch ohne damit bereits dem Vorurteil seiner ursprünglichen Zugehörigkeit zu einem „negativen Besitzverzeichnis" zu unterliegen – im Zusammenhang mit diesen verhandelt werden zu können, und steht damit am Anfang der Analyse der Josuaparallelen. Dabei wird sich Ri 1,21 par. Jos 15,63 am Ende in mehrfacher Hinsicht als besonders entscheidend für die Entstehung von Ri 1 herausstellen. In der Tat: „The proper interpretation of this verse in its development and setting is quite crucial for our understanding of the whole passage."[140] Allerdings sind die Anhaltspunkte, die der Wortlaut von Ri 1,21 und Jos 15,63 hinsichtlich ihres literargeschichtlichen Verhältnisses hergibt, noch spärlicher und unsicherer als im Falle der übrigen Parallelen. Die volle Plausibilität der im Folgenden vertretenen literargeschichtlichen Entscheidungen wird sich deshalb erst im Gesamtzusammenhang der Analyse ergeben. Das bedeutet umgekehrt zugleich, daß schon hier ansatzweise auf erst später näher Begründetes vorausgegriffen werden muß.

Ri 1,21 und Jos 15,63 stimmen, ebenso wie die übrigen Parallelen zwischen der zweiten Hälfte von Ri 1 und dem Josuabuch, nicht genau wörtlich überein. Dabei beschränken sich die Unterschiede hier nicht auf Einzelheiten, die weniger den Inhalt als den Stil anbelangen, sondern Jos 15,63 weicht sachlich in einem entscheidenden Punkt von Ri 1,21 ab: macht nämlich Ri 1,21 *die Benjaminiten* für das Verbleiben der Jebusiter in Jerusalem עד היום הזה verantwortlich, so rechnet Jos 15,63 die nicht erfolgte Vernichtung *Juda* an. Wenngleich der Verfasser von Jos 15,63 mit diesem Nachtrag[141] vor allem notiert, daß die Stadt nicht oder zumindest nicht ganz in judäische Hand geriet, so zeigt die Tatsache, daß er die Notiz in den Zusammenhang der judäischen Gebietsbeschreibung stellt, doch zugleich, daß er Jerusalem zu dem von Juda zu beanspruchenden Gebiet rechnet – „entgegen Ri 1 21, entgegen dem System der Grenzbeschreibungen (cf 15 8 18 16) und entgegen der Meinung des Bearbeiters (cf 18 28)"[142].

---

140 Auld, Judges I, 273.
141 So schon Noth, Josua, 100.
142 Noth, Josua, 100.
Die Grenzbeschreibung Judas erwähnt Jerusalem als einen der nördlichen „Grenzfixpunkte": Jos 15,8 läßt die judäische Nordgrenze „südlich des Berghangs der Jebusiter" verlaufen, der in einer späteren Glosse ausdrücklich und wohl zu Recht mit Jerusalem identifiziert wird. (Anders etwa Miller, Jebus, der die Jebusitenstadt faktisch nördlich von Jerusalem lokalisiert; die spätere Gleichsetzung sei durch 2Sam 5,6-10 motiviert und in 1Chr 11,4-5 dann endgültig vollzogen worden.) Das bedeutet jedoch, daß der Verfasser von Jos 15,8 Jerusalem *außerhalb* des judäischen Gebietes liegen sah. Nun deckt sich die Nordgrenze Judas im System der Stammesgrenzen des Josuabuches mit der Südgrenze Benjamins, und so ist diese in Jos 18,15-19 später auch auf der Grundlage ebenderselben Grenzfixpunkte konstruiert. Verläuft die Südgrenze Benjamins demzufolge ebenfalls „südlich des Berghangs der Jebusiter" (Jos 18,16), so fällt Jerusalem auf diese Weise automa-

2.3. Die Josuaparallelen 37

Abgesehen von der Juda/Benjamin-Differenz sind in der ersten Vershälfte – die zweite ist jeweils identisch – drei weitere Abweichungen festzustellen. So ist Jos 15,63a erstens syntaktisch insgesamt auf andere Weise konstruiert als Ri 1,21a: zwar wird hier wie dort ואת־היבוסי als Objekt am Satzbeginn besonders hervorgehoben, doch geschieht dies in Ri 1,21 in Form der einfachen Inversion, während Jos 15,63a den Satz als casus-pendens-Konstruktion weiterführt und die Jebusiter entsprechend am Ende noch einmal in der Form להורישם pronominalisiert.[143] Dabei ist, zweitens, in Ri 1,21 schlicht davon die Rede, daß die Benjaminiten den Jebusiter nicht vernichteten (לא הוריש), während Jos 15,63 näher ausführt, daß die Judäer die Jebusiter nicht vernichten *konnten* (לא יכלו להורישם)[144]. Und drittens attribuiert Ri 1,21 den Jebusiter als Bewohner Jerusalems im Singular (ישׁב), Jos 15,63 gebraucht hier hingegen die Pluralform (יושבי).

Becker interpretiert, wie die meisten Exegeten vor ihm, die Unterschiede allesamt als Hinweise auf die Priorität der Ri-Fassung: „Die häufigere Plural-Form יושבי ist als Glättung anzusehen, und die Einfügung von יכלו dient offenbar einer auch anderwärts zu beobachtenden Tendenz, aus dem Nicht-Vernichten ein Nicht-Vernichten-*Können* zu machen, also die Schuld in eine militärische Schwäche umzuwandeln und damit das Verhalten des Stammes zu ‚entschuldigen'."[145]

Ganz so eindeutig liegen die Dinge jedoch nicht. Denn zwar läßt sich die Verwendung der „Bewohner" in der Mehrzahl einerseits als Vereinfachung der weniger gebräuchlichen Singularform interpretieren.[146] Nicht weniger plausibel ließe sich jedoch andererseits umgekehrt argumentieren, daß die ursprüngliche Pluralform möglicherweise zum Singular verkürzt wurde, um die Diskrepanz zum singularischen וישב in der zweiten Vershälfte zu vermeiden, wie sie in Jos 15,63 besteht. Weiterhin muß eine „Entschuldigung", wenn das יכלו denn tatsächlich zum Zwecke einer solchen dem „vernichten" in Jos 15,63 vorangestellt ist, nicht zwangsläufig eine nachträgliche Abschwächung bedeuten. Sondern ebenso gut ist vorstellbar, daß jede dem Text möglicherweise entnehmbare Entlastung –

---

tisch dem Stammesgebiet Benjamins zu. Dementsprechend fand Jerusalem schließlich auch als „Stadt der Jebusiter" in der benjaminitischen Städteliste ihren Platz (Jos 18,28).
143 Dieser Unterschied hat bisher kaum Beachtung gefunden. Becker, Richterzeit, 33, etwa streicht bezeichnenderweise in seiner Wiedergabe des hebräischen Textes von Jos 15,63 das Suffix zu להוריש kommentarlos.
144 Q're.
145 Becker, Richterzeit, 33.
146 Wenngleich die quantitativen Unterschiede so groß auch wieder nicht sind: im gesamten AT stehen 218 Sg.-Partizipien 284 Plural-Partizipen gegenüber, in Jos-Ri freilich steht es immerhin 23 zu 48.

nun nicht mehr Judas, sondern Benjamins – später vermieden werden sollte. Hier kommt es ganz auf die Gesamtaussage des Textes an. Allein mit dem Argument der *lectio brevior* in Ri 1,21 kommt man dabei kaum weiter. Denn man wird einem Redaktor, der sich nicht scheute, den Text soweit anzutasten, daß er Judäer und Benjaminiten ohne Umschweife austauschte, wohl auch zutrauen dürfen, daß er seiner besonderen Intention verpflichtet auch das יכלו aus dem Text gestrichen haben könnte. Überdies stellt der *casus pendens* in Jos 15,63a syntaktisch wenn nicht die lectio difficilior, so doch jedenfalls die aufwendigere Konstruktion dar, so daß sich hier wohl eher die nachträgliche Vereinfachung zur schlichten Inversion in Ri 1,21a vorstellen ließe als der umgekehrte Vorgang.

Nach *de Geus*[147] hat vor allem *Auld*[148] gegen die opinio communis argumentiert, die Josuaparallelen und damit auch Jos 15,63 seien sämtlich aus Ri 1 geschöpft. *Auld* kommt dabei allerdings, gerade im Hinblick auf Jos 15,63, nicht ohne erhebliche text- und literargeschichtliche Zusatzannahmen aus. Er stützt seine Argumentation in erster Linie auf den Vergleich mit der Textgestalt der LXX-Fassung, die im Falle von Jos 15,63 vor allem in zwei Punkten vom MT abweicht: zum einen bietet die LXX statt einer Partizipialform (vgl. יושבי in Jos 15,63 bzw. ישב in Ri 1,21) die flektierte Form (κατῴκει). Damit konstruiert sie die erste Hälfte von Jos 15,63a als selbständigen Satz, in dem nun „der Jebusiter", der in der hebräischen Satzkonstruktion als Akkusativobjekt vorangestellt ist, das Subjekt bildet. Zum anderen verschweigt die zweite Vershälfte in der LXX das *Zusammen*wohnen von Jebusitern und Judäern in Jerusalem, es fehlt hier das Gegenstück zur Näherbestimmung את־בני יהודה, die der MT sowohl in Jos 15,63 als auch in Ri 1,21 bietet.

Auld nimmt an, daß der LXX-Text vollständig auf eine ihrem Wortlaut äquivalente hebräische, vormasoretische Vorlage in Jos 15,63 zurückzuführen ist.[149] Das Postulat dieser älteren Textstufe, die sich in Ri 1,21 nicht rekonstruieren läßt, ergibt für ihn folgerichtig die Priorität von Jos 15,63. Ri 1,21 erweist sich ihm dann nur noch als „a rather careless transposition of information found in a particular version of Jos. xv 63"[150], die von einem Textstadium in Jos 15,63 ausgeht, in dem bereits die Einfügung der Phrase את־בני יהודה, noch nicht aber die Umwandlung der von *Auld* als ursprünglich angenommenen Verbalform ישב in das partizipiale יושבי vorgenommen worden war.

---

147 De Geus, Richteren; zu Ri 1,21 par. Jos 15,63 s. v.a. 39f.
148 Auld, Judges I; zu Ri 1,21 par. Jos 15,63 s. v.a. 273-275.
149 Zur Geschichte der nach wie vor unentschiedenen Diskussion um eine mögliche Priorität der LXX-Fassung im Josuabuch insgesamt s. Noort, Josua, 46-55; zum Befund in Jos 15 im Besonderen s. ausführlich de Vos, Los, 9-91, v.a. 86ff.
150 Auld, Judges I, 275.

2.3. Die Josuaparallelen 39

*Auld*s Argumentation ist bestechend. Doch abgesehen von der Hypothek der textgeschichtlichen Zusatzannahmen, die um ihretwillen aufgenommen werden muß, bleibt manches ungeklärt. So vor allem die Frage, warum spätere Bearbeiter das ursprüngliche יש̇ב der Vorlage sowohl in Jos 15,63 als auch in Ri 1,21 in die Partizipialform hätten umwandeln und auf diese Weise die erste Vershälfte auf jeweils unterschiedliche Weise grammatisch umstrukturieren sollen.

Man muß sich vielleicht im Hinblick auf Ri 1,21 und Jos 15,63 damit abfinden, daß die für Text- und Literarkritik lesbaren Spuren allein nicht hinreichen, um die literargeschichtliche Alternative eindeutig zu entscheiden. Damit bleibt als einziger Ansatzpunkt die Benjamin/Juda-Korrektur. Diese läßt sich kaum im formalen Sinne literarkritisch für die Priorität der einen oder anderen Textstelle auswerten, ist dafür aber unmittelbar sachlich, d.h. historiographisch signifikant.

Im Hinblick auf den genannten Stamm kommen Ri 1,21 und Jos 15,63 jeweils zu einem positiven und einem negativen Ergebnis zugleich. Einerseits wird die Zugehörigkeit Jerusalems zum jeweiligen Stammesterritorium festgehalten, andererseits und vor allem aber wird der genannte Stamm in die Verantwortung genommen, die – in Dtn 7,1 gebotene – Vernichtung der Jebusiter nicht durchgesetzt zu haben.

Beide Aspekte müssen bei der literargeschichtlichen Rekonstruktion gleichermaßen berücksichtigt werden. Lediglich territorialgeschichtliche oder -politische Argumente, sei es, daß sie sich um die erzählte Zeit bemühen oder den Status Jerusalems in der vermuteten Erzählzeit in den Blick nehmen, können in der Frage, welche der beiden Parallelen das höhere Alter besitzt, nicht weiter helfen. Kaum läßt sich die Korrektur des zuständigen Stammes allein damit begründen, daß hier einfach territorialpolitische Gegebenheiten richtiggestellt oder propagiert werden sollten. Denn es ist schwer vorstellbar, daß der für die Auswechslung verantwortliche Bearbeiter, wäre es ihm einfach nur darum gegangen, die Zugehörigkeit Jerusalems zum judäischen statt zum benjaminitischen Stammesgebiet oder umgekehrt zu behaupten, dafür ohne weiteres in Kauf genommen hätte, dem von ihm eigentlich doch bevorrechtigten Stamm auf diese Weise zugleich die Verantwortung für den Verbleib der Jebusiter in Jerusalem zuzuschreiben.

Die Juda/Benjamin-Korrektur und damit das literargeschichtliche Verhältnis von Ri 1,21 und Jos 15,63 ist also nur zu klären, wenn sich eine Motivation denken läßt, die beide Aspekte zugleich begreiflich macht.

Der Ton liegt, wie die Syntax deutlich erkennen läßt, sowohl in Jos 15,63 als auch in Ri 1,21 auf der Tatsache der nicht vernichteten Jebusiter. Die damit zugleich über den jeweiligen territorialpolitischen Status Jerusalems gemachte Aussage hingegen ist deren unausgesprochene Voraus-

40   2. Das „negative Besitzverzeichnis"

setzung. Die Zuschreibung Jerusalems zu Juda und nicht zu Benjamin dürfte nun zunächst die eher selbstverständliche Sicht der Dinge gewesen sein (unabhängig davon, wie der Status Jerusalems zur „Landnahmezeit" tatsächlich zu bestimmen sein sollte, und zunächst einmal auch ungeachtet der speziellen Konstruktion des Grenzverlaufs in Jos 15,8 bzw. seines noch späteren Spiegelbildes in Jos 18,8). In Jos 15,63 war dem Leser demnach zwar die Auffassung fremd, daß die Landnahme nicht vollständig verlaufen und mit den Jebusitern ein Teil der Vorbewohner des Landes in Jerusalem verblieben sein sollte, die Zugehörigkeit Jerusalems zum judäischen Stammesterritorium stimmte jedoch aller Wahrscheinlichkeit nach mit seinem Vorverständnis überein. Anders wird der Leser in Ri 1,21 mit zwei nicht ohne weiteres zu erwartenden Sachverhalten zugleich konfrontiert: nicht nur mit der Vorstellung der unvollständigen Eroberung Jerusalems, sondern auch mit der dabei vorausgesetzten territorialen Zuweisung der Stadt an den Stamm Benjamin.

Die Überzeugungskraft einer Aussage aber, die für den Leser nicht nur in der Pointe, sondern schon in der Voraussetzung neu ist, dürfte verhältnismäßig gering sein. Dies spricht dafür, die literargeschichtliche Priorität auf Seiten des Eintrags von Jos 15,63 zu suchen. Denn vor dem Hintergrund von Jos 15,63 war dem Leser dann auch Ri 1,21 nicht mehr in beiden Aspekten zugleich fremd: der Verfasser konnte jetzt die Tatsache der nicht erfolgten Vernichtung der Jebusiter mit Jos 15,63 bereits als gegeben voraussetzen; das eigentlich Neue war für den Leser nunmehr die Korrektur des dafür verantwortlichen Stammes. Daß der Ton sich in Ri 1,21 vom Schicksal der Jebusiter auf den für die nicht erfolgte Vernichtung verantwortlichen Stamm verschiebt, darauf deutet dann möglicherweise auch die Abschwächung der casus-pendens-Konstruktion zur syntaktischen Inversion hin.

Ist der Eintrag von Jos 15,63 in die Beschreibung des judäischen Stammesterritoriums jedoch nicht auf das Vorbild und die Korrektur von Ri 1 zurückzuführen, muß der Hinweis auf den Verbleib der Vorbewohner in Jerusalem sich hier für sich betrachtet motivieren lassen.

Einen Anhaltspunkt dafür liefern die in Jos 15,63 als Vorbewohner Jerusalems besonders genannten Jebusiter. Die Jebusiter werden 41mal im Alten Testament erwähnt, meistens im Zusammenhang einer Völkerliste, sechs Mal werden sie wie in Jos 15,63 ausdrücklich mit Jerusalem in Verbindung gebracht[151]. Als Bewohner Jerusalems treten sie auch in 2Sam 5 auf; hier, in der Erzählung von der Eroberung Jerusalems durch David, spielen sie ihre prominenteste Rolle. Sowohl in Jos 15,63 als auch in 2Sam 5 geht es also um die Eroberung Jerusalems, und beide Male werden in

---

151 Jos 15,8.63; 18,26; Ri 1,21; 2Sam 5,6; 2Chr 11,4.

2.3. Die Josuaparallelen

diesem Zusammenhang die Jebusiter genannt. Man hat guten Grund, beide Stellen direkt miteinander in Verbindung zu bringen. Denn die im Zusammenhang der Landnahmedarstellung des Josuabuches zunächst irritierende Tatsache der nicht oder v. 63b zufolge zumindest nicht vollständig erfolgten Einnahme Jerusalems stellt genau betrachtet die notwendige erzählerische Voraussetzung für die spätere Eroberung der Stadt durch David dar: wäre Jerusalem bereits im Zuge der Landnahme vollständig in judäische Hand gelangt, wäre Davids Zug gegen die einstmalige Jebusiterstadt überflüssig geworden.

Die Notiz in Jos 15,63 läßt sich dann so auffassen, daß sie diesen Widerspruch ausdrücklich vermieden wissen will. Vorbereitet wird sie dabei bereits durch die Aussparung Jerusalems im Grenzverlauf von Jos 15,8. Daß die Grenze hier scharf an Jerusalem vorbeiläuft, hatte ursprünglich vermutlich kaum den Sinn, Jerusalem damit dem benjaminitischen Stammesterritorium zuzuweisen, sondern geschah möglicherweise ebenfalls bereits zu dem Zweck, die Eroberung der Stadt für David zu reservieren – „in der Grenzbeschreibung wäre die Nordgrenze Judas logischer und natürlicher, wenn sie nördlich an Jerusalem vorbeigelaufen wäre"[152].

Anders als in Jos 15,8 steht in Jos 15,63 mit der Reservierung Jerusalems für David die prinzipielle territoriale Zugehörigkeit der Stadt zu Juda nicht in Frage. Indem der Bearbeiter den Hinweis auf den Verbleib der Jebusiter in Jerusalem in den Zusammenhang der judäischen Gebietsbeschreibung einschaltete und die Negativmeldung zunächst einmal nicht direkt auf die Stadt, sondern allein auf ihre Bewohner bezog, konnte er vielmehr den Anspruch Judas auf Jerusalem und die Tatsache, daß die Stadt während der Landnahme noch nicht vollständig unter judäische Kontrolle geriet, gleicherweise zum Ausdruck bringen.[153]

Anders als in Ri 1,21 ist der Hinweis auf die in Jerusalem verbliebenen Jebusiter in Jos 15,63 nicht zwingend im Sinne einer Anklage zu verstehen. Mit dem Vorausblick auf 2Sam 5 ist die Einschränkung der judäischen Landnahmeerfolge hinreichend motiviert; ein grundsätzliches Be-

---

152 De Vos, Los, 520f.
153 Ist der Verweis auf die nicht erfolgte Vernichtung der Jebusiter nachträglich in den Zusammenhang der Landverteilungslisten eingetragen worden, um Jerusalem für David freizuhalten und damit dessen späterer Eroberung um so größeres Gewicht zu verleihen, sind die erste und die zweite Vershälfte von Jos 15,63 freilich nur schwer miteinander vereinbar. Denn die abschließende Bemerkung, daß die Jebusiter mit den Benjaminiten „*bis zu diesem Tag*" in Jerusalem wohnten, mußte bedeuten, daß sie dies auch noch *nach David* getan haben, daß also die Eroberung Jerusalems durch David letztlich ebenso unvollkommen geblieben war wie diejenige Judas zur Landnahmezeit.
Deshalb ist zu überlegen, ob nicht entweder die zeitliche Ausdehnung עד היום הזה oder sogar die gesamte zweite Vershälfte hier erst später nachgetragen wurde. Da Ri 1,21 diesen Nachtrag dann jedoch offensichtlich bereits voraussetzt, kann diese Frage hier auf sich beruhen.

wußtsein für das Thema der „übriggebliebenen Völker" bzw. des „uneroberten Landes" mußte dafür nicht gegeben sein. Nur deshalb kann hier dann auch die Rede davon sein, daß die Judäer die Jebusiter nicht vernichten *konnten*, was gegenüber der schlichteren Formulierung in Ri 1,21 nunmehr wie eine Entschuldigung aussieht. In Ri 1,21 hat der Verfasser die Sündhaftigkeit der unvollständigen Vernichtung der Landesbewohner hingegen bereits scharf vor Augen. Auch ihm geht es darum, eine Lücke im Landnahmegeschehen für die Eroberung Jerusalems durch David zu lassen. Doch um nicht Juda das jetzt als solches wahrgenommene Verschulden der unvollständigen Landnahme anzulasten, schreibt der Verfasser von Ri 1,21 die Verantwortung für den Verbleib der Jebusiter in Jerusalem kurzerhand den Benjaminiten zu – inzwischen legitimiert durch Jos 15,8 → 18,16.28 – und verschärft die Schuldzuweisung durch Streichung des יכלו. Wie diese Korrektur im Gesamtzusammenhang von Ri 1 näherhin zu verstehen ist, ist später zu zeigen.

2.3.2. Manasse (Jos 17,11ff. und Ri 1,27f.)

So wie Jos 15,63 am Ende der judäischen Gebietsbeschreibung steht, wird auch die Darstellung des Landanteils der Josefsöhne, die von Jos 16,4 an unterteilt in Efraim (16,4-10) und Manasse (c. 17) behandelt werden, mit einer Ri 1 verwandten Einschränkung ihrer Landnahmeerfolge beschlossen. In Ri 1 erscheinen beide Stämme in der umgekehrten Reihenfolge Manasse (vv. 27f.) – Efraim (v. 29); deshalb wenden wir uns zuerst der manassitischen Grenzbeschreibung zu.

Der eigentliche Grenzbeschreibungstext für Manasse setzt mit Jos 17,7 ein. Er umfaßt zunächst lediglich die drei Verse 7-9 und gibt ausschließlich Angaben über die Südgrenze Manasses gegen Efraim her[154], v. 10a hat mit der Bestimmung der Westgrenze bereits wieder Efraim und Manasse gemeinsam im Blick[155]. V. 10b deutet die in der Grenzbeschreibung fehlende Nord- bzw. Nordostgrenze Manasses (und damit Gesamt-Josefs) gegen Asser bzw. Issachar an, und darauf beziehen sich mit den Bemerkungen über die an eben dieser Grenze gelegenen Städte auch die Ri 1 nahestehenden vv. 11-13 zurück.

---

154 Der Einsatz mit מאשר in v. 7 ist geographisch kaum verständlich und deshalb vermutlich zu מאשר zu konjizieren (vgl. Seebass, Grenzbeschreibungen, 71). Damit steht die Nordgrenze in vv. 7-9 also noch ganz außer Betracht (gegen Noth, Josua, 103, der meint, daß bereits in v. 7a „zum Ersatz für eine genaue Festlegung der N-Grenze... mit מאשר einfach das Angrenzen an das Stammesgebiet von Asser vermerkt" wird).
155 In v. 10aβ ist mit LXX und Peschitta גבולם statt גבולו zu lesen – so wie in v. 10b Efraim und Manasse als gemeinsames Subjekt der pluralischen Verbform יפגעון zu verstehen sind.

Als Ersatz für die fehlende Nordgrenze lassen sich jedoch nicht nur vv. 10b.11-13 verstehen, sondern auch der folgende, dem Zusammenhang des Grenzbeschreibungstextes ohne Zweifel fremde[156] Dialog zwischen den Josefsöhnen und Josua in vv. 14-18 hängt unmittelbar damit zusammen. Dabei liegt der Grundbestand der vv. 14-18, wie sich zeigen wird, literargeschichtlich vor vv. 11-13. Deshalb ist hier nicht allein auf Jos 17,11-13 als eigentliche Parallele zu Ri 1,27ff., sondern zunächst auch auf vv. 14-18 einzugehen.

2.3.2.1. Jos 17,14-18

Jos 17,14-18 schildert einen Dialog zwischen den בני יוסף (vv. 14.16) bzw. dem בית יוסף (v. 17) und Josua, in dem die Josefsöhne zwei Mal das Wort an Josua im Hinblick auf den ihnen zugewiesenen Landanteil richten. Zunächst (v. 14) fragen sie Josua nach dem Grund dafür, daß sie bei der Landverteilung lediglich einen einzigen Losanteil[157] (גורל אחד וחבל אחד) erbten, und begründen ihre Frage mit dem Hinweis auf ihre gottgesegnete Größe. Sodann (v. 16) beklagen sie, daß einerseits das Gebirge für sie nicht „ausreiche"[158] und andererseits in der Ebene eiserne Streitwagen den dort ansässigen Kanaanitern die militärische Übermacht sicherten.

In einer ersten Antwort (v. 15) rät Josua den Josefiten, den Wald „im Land der Perisiter und Refaiter[159]" urbar zu machen, um auf diese Weise

---

156 So schon Budde, Richter, 32 mit Dillmann und Kuenen; s. auch Wellhausen, Composition, 131.
157 Zur Bedeutung von גורל in den Landverteilungstexten vgl. zuletzt de Vos, Los, 103-107 mit Lit.
158 מצא nif.; vgl. Sach 10,10 (entsprechend מצא qal + ל in Num 11,22; Ri 21,4).
159 Die genannten „Refaiter" weisen vor dem Hintergrund von Gen 14,5; Dtn 2,11.20; 3,11.13; Jos 12,4; 13,12 „nur andeutend, aber klar genug ins Ostjordanland" (Noth, Josua, 107). So liegt es nahe, Jos 17,15 als Ätiologie für die Übersiedlung Halb-Manasses ins Ostjordanland zu verstehen.
Während Noth vv. 14f. damit für eine auf das ostjordanische Gebiet Manasses zielende Umdeutung des Stückes hielt (so dann auch Fritz, Josua, 177) hatten zuvor Budde, Bücher, 34ff. und eine Reihe von Exegeten nach ihm Jos 17,14-18 *insgesamt* als „eine dem Hause Joseph ausgestellte Anweisung auf seinen ostjordanischen Besitz" (Budde, Bücher, 37) zu verstehen gegeben – allerdings ohne sich dabei auf die genannten „Refaiter" zu beziehen: Budde hielt die Angabe בארץ הפרזי והרפאים vielmehr für einen späteren Zusatz, welcher beweise, „wie unzulänglich das blosse היערה ohne Ortsnamen erschien" (Budde, Bücher, 35 Anm. 2). Doch sei mit dem „Gebirge" ursprünglich das den Josefsöhnen noch nicht verliehene Gebirge Gilead gemeint, das auch „unter dem Namen ‚Gebirge Ephraim'" (Budde, Bücher, 33 Anm. 1 mit Wellhausen, Skizzen, 15) geführt werden konnte.
Schmitt, Frieden, 93 hingegen nimmt mit Rudolph, Elohist, 226 Anm. 5 an, daß „die Refaim in v. 15 ihr Dasein... einer Dittographie verdanken" (Schmitt, Frieden, 93): für הרפאים sei ursprünglich הר־אפרים anzunehmen und damit das in v. 18 gemeinte Gebirge näher bezeichnet.

ihren Siedlungsraum zu vergrößern. Die Aufforderung zur Erschließung des Waldes kehrt auch in der zweiten Antwort Josuas (vv. 17f.) wieder, hier allerdings erst in einem Nebensatz (v. 18). Zuvor hält Josua dem Haus Josef entgegen, daß ihm aufgrund seiner Größe und Stärke keineswegs, wie beklagt, nur ein einziger גורל gehöre, wobei v. 18 diese Feststellung dann mit fünf aneinandergereihten כי-Sätzen näher erläutert.

Die Tatsache, daß Frage bzw. Klage und Antwort sich in Jos 17,14-18 doppeln und in wesentlichen Punkten inhaltlich überschneiden[160], hat zu der Auffassung geführt, daß hier zwei parallele Varianten – v. 14 mit v. 15 auf der einen Seite und v. 16 mit vv. 17f. auf der anderen – überliefert sind. Dabei galt die zweite Variante aufgrund ihres „anekdotenhaften Stil[s]"[161] zumeist als die ältere von beiden. So wiesen *Smend*[162] und *Eißfeldt*[163] im Zusammenhang ihrer Hexateuchhypothese vv. 14f. der Quelle E und vv. 16ff. dem (zweiten) Jahwisten zu[164]. Auch *Noth* sah in vv. 16-18 die ältere der beiden Varianten, in der er mit *Alt* „die Gestalt Josuas vielleicht tief verwurzelt"[165] sah. Vv. 14f. hielt er dann allerdings nicht mehr für eine eigenständige Parallelbildung, sondern verstand sie vielmehr als redaktionelle Ergänzung und Umdeutung des älteren Stücks in vv. 16-18. Allein *Hölscher* hat sich für die umgekehrte Reihenfolge ausgesprochen und vv. 16-18 als späteren Einschub vv. 14f. nachdatiert.[166] *Schmitt* sieht vv. 14f. ebenfalls die ältere Tradition zugrundeliegen, hält es dabei allerdings nicht für „gewiß oder auch nur wahrscheinlich, daß v. 14-15 noch den *Wortlaut* der ursprünglichen Tradtion wiedergibt". [167]

Doch bereits unabhängig von dem Problem einer relativen Datierung der angenommenen Varianten ist zu fragen, ob der glatte Schnitt zwischen zwei Varianten in Jos 17,14-18 nicht mehr Probleme mit sich bringt, als er

---

160 Vgl. v. 14bα mit v. 17bβ, v. 14bβ mit vv. 15a.17bα und v. 15aβ mit 18aα.
161 Noth, Josua, 106.
162 Smend, Erzählung, 332.
163 Eißfeldt, Hexateuch-Synopse, 77f., vgl. 236*.
164 Budde, Bücher, 32ff. weist hingegen den Abschnitt insgesamt J zu, bemerkt freilich: „‚...die Verwirrung, die in demselben [Stück] herrscht, wird durch Hinweis auf den schwerfälligen Ausdruck hebräischer Prosa (so Ewald und Dillmann) nicht erklärt, ist nur in wenigen Punkten durch Vergleichung der LXX zu bessern, widersteht aller Erklärungskunst (vgl. ausser Dillmann die Bemühungen Studer's B. d. Richter S. 39), und lässt, soweit ich sehe, auch keine einfache und einleuchtende Heilung durch Conjectur zu. Denn zu allen Schwierigkeiten der Form kommen hier auch noch sachliche Bedenken, sodass man in jedem Falle, da das Stück quellenhaft sein muss, auf weitere Ausschau angewiesen ist" (ebd., 33). Auch Wellhausen, der den Abschnitt Jos 17,14-18 insgesamt zu den JE-Stücken im Q-Zusammenhang von Jos 13-19 rechnet, äußert sich nur vorsichtig, was dessen mögliche „Doppelsträngigkeit" angeht: „Ein Nachtrag ist 17,14-18, in etwas verworrener (doppelter?) Gestalt überliefert und nicht ganz durchsichtig" (Wellhausen, Composition, 131).
165 Noth, Josua, 106 mit Alt, Josua, 189ff.
166 Hölscher, Anfänge, 26 Anm. 2.
167 Schmitt, Frieden, 95.

2.3. Die Josuaparallelen

erklären kann. Vor allem die Behauptung einer genuinen Zusammengehörigkeit von v. 16 mit vv. 17f. steht m. E. auf unsicherem Boden. Als formal-grammatisches Argument hat sie zunächst den hier zu beobachtenden Numeruswechsel in Selbstbezeichnung und Anrede der Josefiten gegen sich: während die *Söhne Josefs* in v. 16 in der 1. Pers. *Pl.* von sich sprechen, richtet Josua in vv. 17f. das Wort an das *„Haus Josef"* in der 2. Pers. *Sg.*

Hinzu kommt, daß die Klage der Josefiten in v. 16 durch Josuas Antwort in v. 17 inhaltlich in keinem Punkte aufgenommen wird.[168] Vielmehr greift die Feststellung: „Dir soll nicht ein einziges Los und ein einziger Anteil als Erbteil gehören" unverkennbar den Wortlaut der Frage aus v. 14 auf – welche wiederum in v. 15 letztlich unbeantwortet bleibt. Überdies pronominalisiert v. 14 ebenso wie v. 17 die Josefiten im Singular. Es spricht also sowohl in grammatischer als auch inhaltlicher Hinsicht einiges dafür, im Grundbestand des Dialogs v. 17 eher mit v. 14 als mit v. 16 als Frage und Antwort zusammen zu sehen.[169]

Als Antwort auf die Eingangsfrage der Josefiten kann die Feststellung Josuas, daß Josef gerade nicht ein einziger Losanteil gehören solle, jedoch nicht für sich gestanden haben, sondern sie bedarf zu ihrem Verständnis notwendig der weiteren Erläuterung durch v. 18.

V. 18 ist allerdings in der vorliegenden Textgestalt kaum plausibel; die Häufung der Begründungssätze und deren vor allem Ende schwer durchschaubarer innerer Zusammenhang ist auffällig und läßt auf sekundäre Erweiterung schließen. Dabei ist der Hinweis כי הר יהיה־לך, der die Reihe der Begründungen eröffnet, sachlicher Ausgangspunkt aller darauffolgenden Argumente und somit für die Textaussage unverzichtbar. Da jedoch erst aus den anschließenden mit כי eingeführten Argumenten hervorgeht, in welcher Weise der Besitz des Gebirges die Auffassung rechtfertigt, daß Josef nicht nur ein Losanteil gehört (v. 17), ist anzunehmen, daß der Grundbestand sich auch innerhalb der folgenden Begründungssätze noch fortsetzt.

Als Begründung konkurrieren hier die Möglichkeit, durch die Erschließung des bewaldeten Gebirges weiteres Siedlungsland zu gewinnen, und der Hinweis auf die Vernichtung der Kanaaniter. Beide Begründungen sind sachlich kaum vereinbar, und so ist es nicht verwunderlich, daß das Nebeneinander beider Argumente zu dem vorliegenden undurchsich-

---

168 Vgl. Schmitt, Frieden, 90.
169 Zu diesem Schluß kommt, allerdings ohne nähere Begründung, auch Fritz, Josua, 177.
Einen kleinen Haken hat die Sache freilich darin, daß die Redeeinleitung in v. 14 die בני יוסף als Subjekt nennt, die Josefiten also eben nicht im Singular, sondern im Plural bezeichnet. Aber vielleicht darf man selbst ohne handschriftliche Bezeugung mutmaßen, daß hier ursprünglich einmal wie in v. 17 das zur singularischen Selbstbezeichnung und Anrede passende Kollektivum בית יוסף (vgl. Jos 18,5) gestanden haben mag und erst in nachträglicher Angleichung an v. 15f. die בני יוסף daraus wurden.

tigen Satzgefüge geführt hat. Nur eine von beiden Begründungen wird also ursprünglich sein.

Einen Hinweis darauf, welches der beiden Argumente am Anfang stand, gibt v. 17b. Neben der von den Josefiten in v. 14 selbst ins Spiel gebrachten Größe ihres Volkes bemerkt Josua hier ihren כח גדול. Für Fritz zielt dieser „Verweis auf die Kraft als physische Stärke...auf die Notwendigkeit der Rodung und nicht wie im Nachtrag 14,11 auf die Vernichtung der Feinde"[170], und so schließt er aus diesem Verweis auf die Priorität des „Waldthemas". Der Konkordanzbefund ergibt jedoch ein anderes Bild: 9x hat כח(ה) das Adjektiv (ה)גדול bei sich[171], übrigens die einzige Attribuierung, die כח überhaupt aufweist; dabei ist mit Ausnahme von Ri 16,5.6.15 in allen Fällen JHWH Träger des כח גדול und JHWHs Heilshandeln an Israel das Thema: in Jer bezieht sich der כח גדול auf die Schöpfung, an den übrigen Stellen auf das Exodusgeschehen. Ri 16 schließlich schreibt Simson den כח גדול zu und meint damit das den Philistern verborgene Geheimnis seiner unbesiegbaren (von JHWH verliehenen) Stärke.

Beides zusammengenommen, der enge heilsgeschichtliche Bezug des כח גדול JHWHs und ebenso der sich in der Übermacht über die Philister erweisende כח גדול Simsons, legt für das Verständnis der Wendung in Jos 17,17 nun weniger den Bezug auf die Erschließung des Waldes als auf die Vernichtung der Kanaaniter nahe.[172] Das Kanaaniterthema dürfte in v. 18 also älter sein als die Aufforderung zum Roden des Waldes.

Wollte man umgekehrt das Waldthema zum Grundbestand zählen, wäre der anschließende Verweis auf die Vernichtung der Kanaaniter sachlich kaum anschlußfähig. Er bliebe damit grundsätzlich – ganz gleich, ob man ihn ebenfalls zum Grundbestand zählen oder als Nachtrag erklären wollte – unverständlich.[173] Bei dem Hinweis auf die Bewaldung und auf die deshalb noch anstehende Erschließung des Gebirges in v. 18a dürfte

---

170 Fritz, Josua, 176.
171 Ex 32,11; Dtn 4,37; 9,29; Jos 17,17; Ri 16,5.6.15; 2Kön 17,36; Jer 27,5; 32,17; Neh 1,10.
172 Ähnlich auch Schmitt, Frieden, 94: „Vor allem ist v. 18b ‚du wirst die Kanaaniter vertreiben' schon in v. 17 vorbereitet: ‚Du bis ein zahlreiches Volk *und hast große Kraft*...' Schwerlich dürfte Josua damit meinen, daß sie wegen ihrer Muskelkraft die Mühe des Rodens nicht zu scheuen brauchten, Josua nimmt es dem Stamm Josef nicht ab, daß sie gegen die Kanaaniter nichts ausrichten könnten" (Hervorh. G. Schmitt).
173 Vgl. die durch die LXX vorgenommene Umgestaltung des zweiten Halbverses und den zuerst von Smend, Erzählung, 333 vertretenen und in den Apparat der BHS übernommenen Emendationsvorschlag, der den Einschub der Negation vorsieht und damit die Rodung des Waldes als mögliche Alternative zur Landgewinnung versteht – für den Fall, daß die Vernichtung der Kanaaniter nicht gelingt (vgl. dann auch Noth, Josua, 102).

2.3. Die Josuaparallelen

es sich also eher um einen sekundären Reflex auf vv. 15f. handeln[174] Ebenso werden dann auch die „eisernen Streitwagen", die in v. 18bβ noch ein spezielles Argument für den abschließenden Nachsatz כי חזק הוא liefern, nachträglich aus v. 16 übernommen worden sein.

Jener Nachsatz selbst wird vor allem vor dem Hintergrund von Num 13,18b.31 klar: hier – wie auch in Jos 4,24 und Ri 18,26, an den beiden einzigen weiteren Belegstellen der Wendung – meint die Feststellung כי חזק הוא die in den Augen der Israeliten unüberwindbar erscheinende Überlegenheit des Gegners und damit die Aussichtslosigkeit jedes gegen ihn geführten Unternehmens. Doch nicht nur der Fortgang der Geschichte in Num 14, sondern auch Dtn 7,1 etwa lehrt: die Stärke der Vorbewohner des Landes darf kein Argument gegen ihre Bekämpfung sein. Vielmehr erfordert sie das Vertrauen der Israeliten auf JHWHs verheißenen Beistand im Kampf, der – allein – das scheinbare Ding der Unmöglichkeit möglich machen wird, die Kanaaniter trotz ihrer Stärke, wenn nicht Übermacht, zu besiegen. Im Zusammenhang von Jos 17 gehört dieser Eintrag kaum zum Grundbestand. Denn er kollidiert unmittelbar mit der in Jos 17,17 in den Mittelpunkt der Argumentation gerückten *eigenen* großen Stärke der Israeliten, die ihnen die Inbesitznahme eines ausreichend großen Landanteils sichern soll. Damit ist v. 18bβ komplett aus dem Grundbestand von Jos 17,14-18 auszuscheiden, und so ist nun für den ursprünglichen Dialog zwischen den Josefsöhnen und Josua folgender Wortlaut anzunehmen:

> ¹⁴Und das [Haus Josef] redete mit Josua folgendermaßen:
> „Warum hast du mir als Erbteil ein einziges Los, einen einzigen Anteil gegeben? Bin ich doch ein zahlreiches Volk, soweit wie JHWH mich gesegnet hat!"
> ¹⁷Und Josua sprach zum Haus Josef folgendermaßen:
> „Du bist ein zahlreiches Volk, und du hast große Stärke – dein wird nicht ein einziges Los sein,
> ¹⁸sondern [das] Gebirge wird dein sein, und es wird dein sein, soweit es reicht, wenn du den Kanaaniter vernichtest."

Der Verfasser dieses kurzen Zwischenspiels gibt damit in erster Linie zu verstehen, daß Josef den tatsächlichen Umfang seines Landbesitzes selbst in der Hand hat. Mit der Antwort Josuas verweist er darauf, daß der den Josefiten zugewiesene Landanteil – theoretisch – so weit wie das sich dort

---

[174] Auf die eigenen Motive und den Entstehungshintergrund der vv. 15f. ist hier nicht weiter einzugehen. Im Hinblick auf Ri 1,27f. wird allein das literargeschichtliche Verhältnis der vv. 11-13 zu vv. 14-18 im Grundbestand von Bedeutung sein.

erhebende Gebirge reicht[175]; wie weit die Josefiten darin dann tatsächlich vorzudringen vermögen, darüber wird jedoch allein ihre Durchsetzungskraft gegenüber den Vorbewohnern des Landes entscheiden.[176] Daß sie prinzipiell über ausreichende Kräfte verfügen, um die Kanaaniter aus ihrem Erbteil zu vernichten, daran läßt der Verfasser keinen Zweifel: die Größe ihres Volkes wertet Josua in v. 17 nicht wie diese selbst als Beschränkung, sondern er sieht darin besonderes Potential: gerade weil die Josefiten ein großes Volk sind, haben sie auch den גדול כח, die Kanaaniter aus ihrem Landanteil zu vernichten – „with numbers comes strength"[177].

Indem Jos 17,14-18 auf diese Weise die tatsächliche Größe des josefitischen Landanteils offenhält, nimmt der Verfasser das Problem der im Grenzbeschreibungstext fehlenden Nordgrenze auf. Denn aus Jos 17,14-18 folgt ja genau dies, daß die Grenze des bis dahin nur nach Westen hin durch das Meer, nach Osten hin durch den Jordan und nach Süden hin durch den Erbteil Judas begrenzten Landanteils Josefs sich erst im weiteren Verlauf der Geschichte ergeben wird und damit zum erzählten Zeitpunkt noch nicht feststehen *kann*. Der Dialog zwischen Josua und den Josefsöhnen gibt also der Tatsache, daß der Landanteil Josefs dem voranstehenden Grenzbeschreibungstext zufolge zunächst unbegrenzt bleibt, nachträglich einen guten Grund.

Damit jedoch setzt Jos 17,14-18 die offengebliebene Nordgrenze auch notwendig voraus. Denn stünde die Nordgrenze bereits unverrückbar fest, machte es kaum mehr Sinn, sie nun noch einmal vom Erfolg der Josefiten bei der Vernichtung der Kanaaniter abhängig zu machen. Von daher muß Jos 17,14-18* nicht nur redaktionsgeschichtlich jünger als der Grenzbeschreibungstext sein, sondern wurde aller Wahrscheinlichkeit nach auch überhaupt erst auf den Kontext von Jos 16f. hin verfaßt. Es ist also auszuschließen, daß wir es hier mit einem unabhängigen „alten" oder jedenfalls vor-dtr Überlieferungsstück zu tun haben.

Als Reaktion auf die offengebliebene Nordgrenze ist nun nicht erst Jos 17,14-18 zu verstehen, sondern im Textverlauf füllt bereits Jos 17,11-13 diese Lücke auf seine Weise. Nachdem zunächst v. 10b das Angrenzen an das Stammesgebiet von Asser und Issachar bemerkt, läßt sich die darauf folgende Aufzählung der Städte in v. 11, die Manasse ביששכר ובאשר hat, jedenfalls insofern als Grenzlinie zwischen Manasse – und damit auch zwischen Josef – und den galiläischen Stämmen begreifen, als mindestens

---

175 Damit hat es „den Umfang von drei durchschnittlichen Stammesgebieten" (Schmitt, Frieden, 91)!
176 Der Verfasser geht offenbar noch nicht wie später vv. 16bα.18bβ (vgl. Ri 1,19) davon aus, daß die Kanaaniter den Israeliten vor allem in der Ebene im Weg stehen.
177 Nelson, Joshua, 204.

2.3. Die Josuaparallelen

das Gebiet nördlich der genannten, hinsichtlich ihrer Zugehörigkeit ambivalenten Städte kaum mehr Manasse zugeschrieben werden kann.

Dabei liegt in der gleichzeitigen Zuschreibung der Städte zu Manasse und ihrer Beiordnung zum Gebiet Issachars und Assers kein grundsätzlicher Widerspruch. Problematisch wird die Formulierung ביששכר ובאשר vielmehr erst dann, wenn man die Präposition ב streng als interiores „in" verstanden wissen will. Übersetzt man sie hingegen mit „an"/ „bei"/„gegen"[178], ist die doppelte Lokalisierung ohne weiteres verständlich[179], nämlich eben in dem Sinne, daß die genannten Städte die gedachte Grenze zwischen Josef und den nördlich gelegenen Stämmen markieren. Dabei entspricht das auf diese Weise implizit abgesteckte Siedlungsgebiet Josefs vollumfänglich dem in Jos 17,18 von Josua in Aussicht gestellten Landanteil: zum größeren Teil sind die genannten Städte am Fuße des samarischen Gebirges lokalisiert, umschließen es also genau תצאתיו.

In v. 12 erfährt dieser „Maximalumfang" des manassitischen Landbesitzes dann allerdings eine Einschränkung, die das Verständnis der vv. 11f. auf den ersten Blick noch einmal verkompliziert. Unvermutet ist hier davon die Rede, daß Manasse die angegebenen Städte gerade *nicht* in Besitz zu nehmen vermochte, so daß diese von Kanaanitern bewohnt blieben. Damit lassen vv. 11f. am Ende den Eindruck einer dreifachen Option auf den Besitz der betroffenen Städte entstehen: durch Manasse, durch Issachar bzw. Asser oder aber durch die Kanaaniter. Dabei vermittelt Jos 17,11f. von der Lage der Dinge jedoch insgesamt durchaus eine klare Vorstellung: die in v. 11 genannten Städte markieren die Grenze zwischen Manasse und den galiläischen Stämmen, wobei der Besitzanspruch auf diese Städte eindeutig bei Manasse liegt, realiter werden sie allerdings nach wie vor von den Vorbewohnern des Landes bewohnt.

Mit dem Hinweis auf die Nichteroberung der Städte, den Verbleib und die Fronpflicht ihrer Bewohnerschaft rückt Jos 17,11ff. nun in unmittelbare Nähe zu Ri 1,27. Bevor wir zur Frage nach dem Verhältnis von Jos 17,11f. zu Ri 1,27 kommen, ist zunächst die literargeschichtliche Stellung dieser Verse zur Episode in Jos 17,14-18 noch einmal kurz zu bedenken.

Zwei Dinge werden recht schnell klar. Erstens: vv. 11f. sind jünger als der Grundbestand der vv. 14-18 und zweitens: sie sind älter als v. 16. Dafür, daß der Einschub der vv. 11ff. erst erfolgt sein kann, nachdem die

---

[178] Die dem Deutschen vertraute Unterscheidung von Interiorität und Exteriorität ist für die hebräische Präposition ב nicht konstitutiv. Vgl. Jenni, Präpositionen, 25f.: „[Es] gibt Fälle..., wo das Deutsche wegen seiner obligatorischen Differenzierung von ‚an'/‚bei' und ‚in' nach Lage der Dinge nicht ‚in', sondern ‚an' oder ‚bei' übersetzen muß, wenn es nicht auf das neutrale, aber etwas veraltete ‚zu' ausweicht."

[179] So auch Schmitt, Frieden, 60 Anm. 27 mit Kaufmann, Account, 38.

Episode in Jos 17,14-18* bereits in den bestehenden Zusammenhang eingefügt worden war, spricht folgende Überlegung: Anders als vv. 14-18 greifen vv. 12f. in der Erzählung zeitlich über die Situation der Landverteilung hinaus, so daß zwischen vv. 12f. und dem Folgenden ein deutlicher erzählerischer Bruch vorliegt. Dieser Bruch ist leichter unter der Voraussetzung hinzunehmen, daß vv. 12f. erst später in den bestehenden Erzählzusammenhang vor vv. 14-18 eingefügt wurden, als wenn man anzunehmen hätte, der Verfasser der vv. 14-18* habe mit seiner Episode gänzlich unbeeindruckt von vv. 12f. wieder an die Landverteilungssituation angeknüpft.

Zwar ist wahrscheinlich, daß v. 11 zunächst einmal ohne vv. 12f. dagestanden hat[180], so daß dieser Einwand lediglich gegen die Priorität von vv. 12f. gegenüber vv. 14-18*, nicht jedoch von vornherein auch gegen diejenige von v. 11 spricht. Doch liest man dann vv. 11.14-18* ohne vv. 12f. im unmittelbaren Zusammenhang, macht weder der Einwand der Josefiten Sinn noch teilt Josuas Antwort etwas Neues mit, nachdem das Gebiet der Josefiten in v. 11 bereits definitiv bis zur Jesreelebene ausgezogen wurde. So ist nur schwer vorstellbar, daß dem Verfasser von vv. 14-18* v. 11 als Ersatz für die – bis dahin – fehlende Nordgrenze bereits vorgelegen hat.

Viel eher ist diese Städteliste als nachträgliche geographische Konkretion von v. 18 zu verstehen: ein späterer Bearbeiter zog hier aus Josuas Antwort den nachvollziehbaren Schluß, daß das Siedlungsgebiet Manasses als des nördlichen der beiden Josefstämme bis eben zu den genannten Städten am Rande des Gebirges gereicht haben muß.

Als Zusammenfassung der in v. 11 aufgezählten Städte ist dann wiederum v. 16bβ zu verstehen. Die hier genannte ארץ־העמק ist in unmittelbarer Entsprechung zur ארץ in v. 12 zu sehen. Mit dem später nach v. 18b übernommenen Hinweis auf den רכב ברזל der dort verbliebenen Kanaaniter verdeutlicht v. 16 zugleich das יכל׳ aus v. 12 auf seine Weise und gleicht so insgesamt die Unstimmigkeit zwischen der in v. 11 nachträglich festgestellten Ausdehnung des manassitischen Gebietes bis in die Jesreelebene und der damit ansonsten kaum vereinbaren Klage der Josefiten in v. 14 aus.

Als bis hierher wichtigstes Ergebnis für die Frage nach dem Verhältnis von Jos 17,11ff. und Ri 1,27f. ist festzuhalten: der Einschub der vv. 11-13 läßt sich insgesamt hinreichend durch den Kontext von Jos 17,1-18* motivieren. Damit entfällt die Notwendigkeit, für den Nachtrag dieser Städteliste ein unmittelbares literarisches oder überlieferungsgeschichtliches Vorbild als raison d'être anzunehmen. Aus dem allgemein anerkannten

---

180 S. u. 56.

Nachtragscharakter von Jos 17,11ff. folgt also keineswegs zwingend die Priorität von Ri 1,27f. Ein Vergleich der Parallelen im Detail bleibt notwendig.

2.3.2.2. Jos 17,11-13 par. Ri 1,27f.

Sowohl Ri 1,27f. als auch Jos 17,11ff. zählen eine Reihe von Städten auf, die Manasse zugeschrieben werden, und beide Passagen stimmen zugleich darin überein, daß diese Städte von Manasse nicht in Besitz genommen wurden. Die jeweils genannten Städte sind dabei mit Ausnahme des allein in Jos 17,11 aufgeführten En-Dor identisch. Wortgleich wird sodann hier wie da der Verbleib der Kanaaniter in diesen Städten bzw. „in diesem Land" (Ri 1,27) als Konsequenz der nicht erfolgten Eroberung bemerkt. Nicht ganz, aber doch beinahe mit gleichen Worten greift Jos 17,13 schließlich ebenso wie Ri 1,28 auf spätere Zeiten voraus, in denen Israel soweit „erstarkte", daß es die Kanaaniter in die Fronpflicht nahm.

Die Übereinstimmungen zwischen Ri 1,27f. und Jos 17,11ff. sind signifikant, die Parallelität wird bei genauerem Hinsehen jedoch durch eine Reihe mehr oder weniger gewichtiger Unterschiede eingeschränkt. Nicht nur, daß in Ri 1,27 die nicht erfolgte Vernichtung der im Folgenden genannten Städte bzw. ihrer Bewohner von vornherein klargestellt ist, während Jos 17 den Leser erst im nachhinein (v. 12) mit dieser Information überrascht. Sondern auch die Städtelisten selbst weichen in mehreren Punkten voneinander ab. Abgesehen von dem Überschuß En-Dors in Jos 17,11 werden die Städte in unterschiedlicher Reihenfolge genannt, Jibleam und Taanach tauschen in Jos 17,11 und Ri 1,27 die Plätze. Der Befund verkompliziert sich noch einmal, wenn man auch die LXX-Versionen hinzuzieht. Denn Jos 17,11 LXX^B nennt lediglich die drei Städte Beth-Schean, Dor und Megiddo, wohingegen in Jos 17,11 LXX^A darüberhinaus zwar auch die Stadt Taanach erscheint, jedoch weder wie in Jos 17,11 MT an zweiter noch wie in Ri 1,27 an vorletzter, sondern nun an letzter Stelle.[181] Immerhin: „Beth-Shean, Dor and Megiddo are common to all versions of both Jos vii. 11 and Jud. i 27, and always appear in the same relative order..."[182] Darüberhinaus stimmen alle Versionen im Hinblick auf diese Städte in der Frage überein, ob es jeweils um die Stadt selbst oder

---

181 Daß Ri 1,27 LXX$^{A/B}$ für Jibleam am Schluß auch noch Ιεβλααμ nachschiebt, muß uns nicht weiter kümmern, denn diese Doppelung ist vermutlich einfach auf die nachträgliche Korrektur eines späteren Bearbeiters zurückzuführen, der Βαλααμ (LXX^A) bzw. Βαλακ (LXX^B) nicht (mehr) als Äquivalent für das hebräische יבלעם erkannte (vgl. Auld, Judges I, 279).
182 Auld, Judges I, 280.

aber um deren *Bewohner* geht – womit auf eine weitere Unstimmigkeit zwischen Ri 1,27 und Jos 17,11 hingewiesen ist: Hier wie dort werden zunächst lediglich die Städtenamen aufgeführt und erst im weiteren Verlauf dann auch die Bewohner der Städte genannt[183], dabei nennt Ri 1,27 jedoch für Dor, *Jibleam* und Megiddo, Jos 17,11 hingegen für Dor (und En-Dor), *Taanach* und Megiddo mit der Stadt auch deren Bewohnerschaft.[184]

In zwei Einzelheiten stimmen schließlich auch Jos 17,13 und Ri 1,28 nicht genau überein: für ישראל in Ri 1,28 hat Jos 17,13 die בני ישראל, und anstelle der nur in Jos 17,13 belegten Konstruktion von מס + ל mit √נתן steht in Ri 1,28 die Wendung שׂים√ למס.

Vor allem die nicht unerheblichen Unterschiede zwischen den Städtelisten sprechen gegen die geltende Auffassung, die Parallelität beider Passagen resultiere daraus, daß ein Abschnitt dem anderen von Anfang an als Vorlage gedient hat. So folgt etwa die Reihung der Städtenamen weder in Ri 1 noch in Jos 17 im vorliegenden Textzusammenhang einer bestimmten Ordnung, zu deren Gunsten sich eine Änderung der Abfolge beim Abschreiben an der einen oder anderen Stelle erklären ließe.

Überdies ergeben sich die Probleme in Jos 17,11 und Ri 1,27 nicht erst im Vergleich, sondern bereits für sich betrachtet bringen beide Fassungen der Städteliste Schwierigkeiten mit sich, die sich kaum als bloße Nebenwirkungen eines Abschreibevorgangs erklären lassen. Hier fällt zunächst der genannte Wechsel zwischen den bloßen Städtenamen und deren Bewohnern ins Auge, der in Ri 1,27 mindestens überrascht und in Jos 17,11 genaugenommen überhaupt keinen Sinn ergibt. Denn dem Stamm Manasse können wohl einzelne Städte zugehören, kaum aber deren Bewohnerschaft. „Grammatical nonsense"[185] entsteht in Jos 17,11 schließlich mit der den ישבי vorangestellten nota accusativi, die in Jos 17,11 nur hier, in Ri 1,27 hingegen – grammatisch korrekt – durchgängig verwendet ist.

Ri 1,27 zeigt über den Wechsel zwischen den Städten und ihrer Bewohnerschaft hinaus zwei weitere Auffälligkeiten. Auf die im Vergleich zu den nachfolgenden Angaben des „negativen Besitzverzeichnisses" überproportional große Anzahl der genannten Städte wurde bereits hingewiesen. Noch bemerkenswerter ist die Erweiterung der einzelnen Städte um ihre jeweiligen בנות. Deren Nennung beschränkt sich in Ri 1 auf v. 27, und abgesehen davon abgesehen irritieren sie vor allem im Anhang zu den drei

---

[183] Auf die nota accusativi, die in Ri 1,27 durchgängig, in Jos 17,11 jedoch nur bei Dor verwendet wird, ist unten näher einzugehen.
[184] In Jos 17,11 LXX^A erscheint Taanach – an letzter Stelle – dann wie in Ri 1,27 ohne seine „Tochterstädte".
[185] Auld, Judges I, 280.

letztgenannten Städten Dor, Jibleam und Megiddo. Denn hier erscheinen sie als selbständige Akkusativobjekte grammatisch nicht den genannten Hauptstädten, sondern deren *Bewohnern* gleichgeordnet.

Die deutlichen Unterschiede zwischen den Städtelisten in Jos 17,11 und Ri 1,27 einerseits und deren hier wie dort bemerkbaren je eigenen Schwierigkeiten andererseits lassen sich nicht einlinig erklären. Sie sind, das ist hier die These, nur als das Ergebnis *mehrfacher* Bearbeitung auf beiden Seiten zu begreifen, wobei die signifikanten Übereinstimmungen zwischen beiden Passagen umgekehrt darauf schließen lassen, daß diese nachträglichen Bearbeitungen wesentlich auf gegenseitige Beeinflussung und Anpassung zurückgehen.

Im Folgenden soll der Versuch unternommen werden, das so verstandene Abhängigkeitsverhältnis zwischen den Städtelisten in Ri 1,27 und Jos 17,11 im Einzelnen literargeschichtlich zu rekonstruieren.

Als Ausgangspunkt der Rekonstruktion legt sich die Stadt Dor nahe, denn hier scheinen die Dinge verhältnismäßig klar zu liegen. Die Stadt fällt in doppelter Hinsicht aus der Städteliste in Jos 17,11 heraus. Nicht nur weil ihr als einziger Stadt die nota accusativi vorangestellt ist, sondern auch, weil sie die erste derjenigen Städte ist, für die in Jos 17,11 die jeweiligen Bewohner zum nomen regens werden. Umgekehrt fügen „die Bewohner Dors" sich in den Kontext von Ri 1,27 problemlos ein. Das läßt vermuten, daß sie nachträglich in dieser Form aus Ri 1,27 nach Jos 17,1 übertragen wurden.[186]

Dafür, daß von Dor in Jos 17,11 zunächst keine Rede war, sprechen auch zwei weitere Argumente. Streicht man nämlich Dor (mit En-Dor) aus der Städteliste heraus, verläuft diese konsequent von Ost nach West, während mit Dor in ihrer Mitte keinerlei geographische Ordnung darin zu erkennen ist. Darüberhinaus fällt auf, daß Dor von der sekundären Zusammenfassung des durch die in v. 11 ansonsten genannten Städte definierten Gebietes in v. 16b nicht erfaßt wird.

Die Vermutung, daß das Vorkommen Dors sich in Jos 17,11 einem späteren, am ehesten durch Ri 1,27 motivierten Eintrag verdankt, findet umgekehrt ihre Bestätigung darin, daß die übrigen Unstimmigkeiten in Jos 17,11 sich als Folgen des nachträglichen Eindringens Dors in die Städteliste erklären lassen.

So läßt sich auf das Vorbild Dors zunächst die – an dieser Stelle unsachgemäße – Ergänzung auch der nachfolgenden Städte um deren יֹשְׁבֵי zurückführen. Ebenfalls wohl am ehesten als nachträgliche von Dor ausgehende Explikation ist dann die Erwähnung der in Jos 17,11 gegenüber

---

[186] So mit Noth, Josua, 98 auch Seebass, Grenzbeschreibungen, 73 Anm. 21; Becker, Richterzeit, 28 Anm. 22.

Ri 1,27 überschüssigen Stadt *En-Dor* zu verstehen.[187] Zwar kann En-Dor hier insofern als die lectio difficilior gelten, als sie die unbekanntere oder jedenfalls unbedeutendere der beiden Städte ist, was sich als Argument für ihre Priorität gegenüber Dor anführen ließe. Doch abgesehen davon, daß es eher ungewöhnlich wäre, wenn die Korrektur dem Korrigierten vorangestellt wäre, fiele das Gefälle zwischen En-Dor und den übrigen aufgeführten Städten hinsichtlich ihrer Prominenz dann doch recht groß aus. Vor allem aber erweist sich wenigstens in einer Hinsicht nicht En-Dor, sondern vielmehr Dor als die schwerer verständliche und damit korrekturbedürftige Stadt. Denn während Dor sich weder durch die geographischen Gegebenheiten als Grenzstadt zwischen Manasse und den galiläischen Nordstämmen nahelegt noch irgendwo als solche bezeugt ist, hat man En-Dor mit *Ḫirbat aṣ-Ṣafṣāfe* (1869.2777) identifiziert[188] und so eindeutig im südlichen Stammesgebiet Issachars lokalisiert. Von daher wäre denkbar, daß ein späterer Bearbeiter sich an der geographischen Außenseiterlage der nachträglich eingefügten Stadt Dor stieß und deshalb mit dem seiner Ansicht nach passenderen En-Dor identifizierte.[189] Schlicht als mechanische Dittographie[190] dürfte dieser Eingriff in den Text kaum hinreichend erklärt sein.

Dem besseren Verständnis der Erwähnung Dors im Zusammenhang von Jos 17,11 dürfte einst auch die nunmehr schwer verständliche Apposition שלשת הנפת gedient haben[191], die im jetzigen Textzusammenhang die Städteliste beschließt. Diese Näherbestimmung, die in Ri 1,27 vollständig fehlt, muß nach wie vor „als ungedeutet gelten"[192], sie kann hier auf sich beruhen.

---

187 Noth, Josua, 98; Seebass, Grenzbeschreibungen, 74 und Nelson, Joshua, 199, halten hingegen En-Dor für den ursprünglichen Städtenamen und Dor für dessen Korrektur. Seebass beruft sich dafür auf Elliger, Michmethat, 303 – allerdings nur mit halbem Recht: Denn für Elliger ist En-Dor zwar „nicht zu streichen", bleibt bei ihm aber *neben* und nicht anstelle von Dor im Grundbestand Jos 17,11 erhalten.
188 S. zuletzt die Lokalisierung En-Dors im Tübinger Bibelatlas.
189 Wobei er die Präposition dann freilich, anders als im Grundbestand angelegt, interior verstanden haben muß; denn um mit der Grenze zwischen Manasse und Issachar in Verbindung gebracht zu werden, liegt En-Dor „als ein manass. Enclave zu weit nördlich" (Dillmann, Josua, 545). Etwas großzügiger scheint Nelson dies zu sehen, der En-Dor für „appropriately located in the area of the border under discussion" hält (Nelson, Joshua, 200).
190 So Fritz, Josua, 170.
191 Vgl. die נפות bzw. נפות דור in Jos 11,2; 12,23.
192 Alt, Ortslisten, 68.
Die neuere Forschung hat zur Deutung dieser Angabe nichts Neues beigetragen. Die möglichen alternativen Erklärungen, die bis heute vorgeschlagen werden, finden sich wesentlich bereits bei Dillmann, Josua, 545 diskutiert: 1. שלשת הנפת steht „als Name einer Stadt; aber da kein ו steht, ist diese Auffasung zu verwerfen, zumal da von einer Stadt dieses Namens sonst nichts bekannt ist". 2. „Man nimmt es als Appos. zum Vorhergehenden,

2.3. Die Josuaparallelen

Streicht man die „Bewohner Dors" und jene Erweiterungen, die mit ihrem Übertrag aus Ri 1 in Zusammenhang zu bringen sind, aus Jos 17,11 heraus, ergibt sich für die Städteliste insgesamt folgender Grundbestand:

> Und zu Manasse gehörte gegen Issachar und gegen Asser: Beth-Schean und seine Tochterstädte und Jibleam und seine Tochterstädte und Taanach und seine Tochterstädte und Megiddo und seine Tochterstädte.

Nun zu Ri 1,27. Nach dem bisher Gesagten steht fest, daß Dor seinen ursprünglichen Platz in Ri 1 und nicht in Jos 17 hat. Anders als in Jos 17,11 stehen die „Bewohner Dors" im Kontext von Ri 1,27 problemlos da, so daß sie unbeschadet für den Grundbestand beibehalten werden können. Dabei ist Dor auch in Ri 1,27 der erste Städtename, dem die יֹשְׁבֵי[193] als nomen regens vorangestellt sind, Beth-Schean und Taanach stehen zunächst für sich. Doch ist in Ri 1,27, anders als in Jos 17,11, grammatisch das eine wie das andere korrekt; jedenfalls ist √ירשׁ hiph. nicht nur mit dem Objekt der Person, sondern auch mit lokalem Objekt belegt, so daß grundsätzlich sowohl die hier für Dor, Jibleam und Megiddo genannten „Bewohner" als auch der bloße Städtename als Objekt des לֹא הוֹרִישׁ stehen können.

Allerdings bezieht √ירשׁ hiph. sich außer in Ri 1[194] nirgendwo auf Objekte der Person und der Sache *zugleich*. Dabei dokumentiert der Konkordanzbefund von insgesamt 66 Belegstellen für √ירשׁ hiph. lediglich sieben Belege mit Objekt der Sache[195] gegenüber 52 Belegen mit personalem Objekt. In erster Linie hat √ירשׁ hiph. also ganz offenbar Personen im Sinn. Komplementär dazu überwiegt im qal der sachliche Bezug von √ירשׁ deutlich, und so folgert Lohfink, √ירשׁ hiph. sei grundsätzlich als „personenorientierte Variante zu dem sachorientierten qal" empfunden worden, und „[a]uch wenn Gebiete oder Städte genannt werden, dürfte deren Bevölkerung gemeint sein."[196] Doch selbst wenn man annehmen wollte, daß die am Beginn von Ri 1,27 genannten Städte dem Sinn nach ebenfalls für die jeweilige Bewohnerschaft stehen, bliebe immer noch

---

u. beschränkt diese, da ja 6 Stadtnamen vorhergehen, auf die drei zuletztgenannten..., aber Zweck u. Sinn dieser Apposition (die drei Hügelstädte) lässt sich nicht einsehen, u. passt dieselbe auf die drei letztgenannten nicht besser als auf andere." 3. Allein שְׁלֹשֶׁת הַנָּפֹת ohne die voranstehenden Städtenamen „ist als ursprünglicher Text anzusehen. Was die 3 Nafoth sind, ist dann freilich nicht bestimmt".

193 Qere.
194 Neben v. 27 auch in v. 19 und v. 31 – auch dort wird literargeschichtlich zu differenzieren sein.
195 Num 14,24.32; Jos 8,7; 17,12; Ri 1,19.27.31.
196 Lohfink, Art. ירשׁ, 961. Vgl. ders., Bedeutungen, 29.

erklärungsbedürftig, warum diese verkürzende Metonymie zwar im Falle der beiden erstgenannten, nicht aber der übrigen Städte vorkommt.

Die einfachste Erklärung dafür ergibt sich, wenn man annimmt, daß die Verwendung von √ירש hiph. mit dem Objekt der Person nicht nur zahlenmäßig den Vorrang gegenüber dem sachlichen Objektbezug hat, sondern in Ri 1,27 auch literargeschichtlich primär ist – mit anderen Worten: daß Beth-Schean und Taanach erst nachträglich am Beginn von Ri 1,27 plaziert wurden. Dann wäre zu vermuten, daß, so wie die „Bewohner Dors" von Ri 1,27 nach Jos 17,11 übertragen wurden, Ri 1,27 umgekehrt durch die Aufnahme Beth-Scheans und Taanachs an Jos 17,11 angeglichen wurde. Erst im Zusammenhang mit diesen Städten könnten dann auch die בנות Eingang nach Ri 1,27 gefunden haben, die in Ri 1 bezeichnenderweise allein in diesem Vers belegt sind.

Läßt man in diesem Sinne das Vorkommen der „Bewohner" als literargeschichtliches Kriterium in Ri 1,27 gelten, ist hier von folgendem Grundbestand auszugehen:

> Und nicht vernichtete Manasse die Bewohner Dors
> und die Bewohner Jibleams und die Bewohner Megiddos, und der Kanaaniter blieb dabei[197], in diesem Land
> zu wohnen.

Stellt man Ri 1,27 in dieser Form dem Grundbestand von Jos 17,11 gegenüber, so scheint es keineswegs mehr unbedingt notwendig noch überhaupt naheliegend anzunehmen, daß die Städteliste in Jos 17,11 und die Nicht-Vernichtungs-Notiz in Ri 1,27 von Anfang an in direkter literarischer Abhängigkeit entstanden sind. Diese „Gegenprobe" stützt also die These, daß die deutlichen Übereinstimmungen, die in der jetzigen Textgestalt zwischen beiden Passagen bestehen, nicht mit prinzipieller literarischer Abhängigkeit, sondern vielmehr mit wechselseitiger nachträglicher Angleichung zu erklären sind.

Kein Zweifel allerdings kann an der unmittelbaren literarischen Abhängigkeit von Ri 1,27b. 28 und Jos 17,12f. bestehen, hier liegt beinahe wörtliche Übereinstimmung vor. Dabei ist die Richtung der Abhängigkeit nach dem bisher Gesagten leicht festzustellen. Sind nämlich Jos 17,11 und Ri 1,27a zunächst unabhängig voneinander verfaßt worden, so muß der Gedanke der Nicht-Vernichtung aus Ri 1,27 stammen, da er dort anders als in Jos 17,11ff. mit der Aufzählung der betroffenen Städte untrennbar verbunden ist. Demzufolge ist Jos 17,12f. als Nachinterpretation der

---

197 Zur Übersetzung von √יאל s. o. 31 Anm. 128.

Städteliste in v. 11 auf das literarische Vorbild von Ri 1 zurückzuführen.[198] V. 12a schafft hier den sekundären Anschluß. Dabei wird, wohl unter dem Einfluß von Jos 15,63, aus dem „nicht vernichten" auch hier ein „nicht vernichten können", und anstelle des in Ri 1,27 als Subjekt genannten „Israel" stehen in Jos 17 – weniger auffällig und damit als Glättung zu verstehen – die בני־ישראל. Warum Jos 17,13 schließlich למס mit √נתן statt mit √שים formuliert, ist schwer auszumachen, für beide Wendungen gibt es keine weiteren Belegstellen.

2.3.3. Efraim (Ri 1,29 und Jos 16,10)

Die dritte der Josuaparallelen in Ri 1, Ri 1,29 par. Jos 16,10 berichtet vom Verbleib und der späteren Fronpflicht der Kanaaniter in der bereits Jos 16,3a zum Erbteil der Josefsöhne gezählten, nun genauer Efraim zugeordneten Stadt Geser.[199]

Der Befund stellt sich hier im Vergleich zu den voranstehenden Versen am wenigsten problematisch dar. Denn schon auf den ersten Blick erweckt Jos 16,10 als die längere, d.h. gegenüber Ri 1 erweiterte Fassung den Eindruck, die jüngere der beiden parallelen Notizen über die Nicht-Vernichtung der Kanaaniter in Geser zu sein. Dieser erste Eindruck findet sich in der Einzelanalyse dann auf relativ unkomplizierte Weise bestätigt.

Auld kommt freilich zu dem entgegengesetzten Schluß: „by the contrast with the fairly clear evidence available on vv. 21, 27f. and their parallels in Joshua, the brevity of this material and its lack of distinctiveness, together with the divergence between MT and LXX in both verses, seem to make impossible any firm decision on dependence"[200]. Daß Ri 1,29 und Jos 16,10 in seinen Augen keine zwingenden Hinweise auf die Priorität der einen oder anderen Fassung erkennen lassen, bedeutet für ihn dann allerdings vor allem, daß von daher auch nichts gegen die von ihm im Hinblick

---

198 Ri 1,28 ist sekundär (s. u. 2.4.2., 65f.); der Nachtrag von Jos 17,12f. setzt die entsprechende Bearbeitung von Ri 1 also schon voraus.

199 Ebenso wie Jos 16,10 gilt auch v. 16,3b, der die Grenze Josefs bis an die Küste hin auszieht, allgemein als späterer Zusatz, „weil in ihm die bis dahin waltende Präzision der Darstellung aufgegeben wird, wohl zugunsten einer Ideallinie" (Seebass, Grenzbeschreibungen, 77). Möglicherweise war dann auch die nachklappende Angabe ועד־גזר in v. 3a nicht von Anfang an Teil der Grenzbeschreibung, sondern kam erst in Zusammenhang mit dem Eintrag von Jos 16,10 zustande (vgl. Seebass, ebd.).
Demnach stünde der Nachtrag in Jos 16,10 also zunächst nicht in Widerspruch zu den vorherigen Angaben, sondern ebenso wie Jos 15,63 und 17,11 nähme dann auch Jos 16,10 mit Geser eine Stadt in den Blick, die von der ursprünglichen Grenzbeschreibung des Stammesgebietes vermutlich noch nicht erfaßt wurde.

200 Auld, Judges I, 283.

auf Ri 1,21.27f. aufgestellte Hypothese einer grundsätzlichen Priorität der Josuafassung einzuwenden ist.

Man muß sich jedoch von dem Vorurteil frei machen, daß die literarische Abhängigkeit der Josuaparallelen durchgängig in die eine oder die andere Richtung gehen muß. Bereits der Befund in Ri 1,27f. par. Jos 17,11ff. hat sich ganz anders dargestellt als in Ri 1,21 par. Jos 15,63. Ohne Rücksicht auf die vorangehenden Verse lassen sich in Ri 1,29 par. 16,10 dann verhältnismäßig deutliche Hinweise finden, wie das literargeschichtliche Abhängigkeitsverhältnis hier zu bestimmen ist. So kann entgegen der von *Auld* auf Ri 1,29 und Jos 16,10 übertragenen Annahme einer grundsätzlichen Priorität der Josuafassung mit *Becker* „eher der umgekehrte Weg wahrscheinlich gemacht werden, daß nämlich Jos 16,10 aus Ri 1,29 entlehnt wurde".[201]

Die Priorität von Ri 1,29 legt sich vor allem am Ende der Notiz nahe. Jos 16,10 ist hier um zwei Aussagen gegenüber Ri 1,29 erweitert: zunächst um die Ätiologisierung, die das Zusammenwohnen von Kanaanitern und Efraimiten in Geser „bis auf diesen Tag" hin ausdehnt. Diese Erweiterung läßt sich auf einfache Weise mit dem Vorbild von Jos 15,63 (bzw. Ri 1,21) erklären, das in Jos 16,10 die Vorlage aus Ri 1,29 ergänzte. Es gibt hingegen keinen Grund, warum der Verfasser von Ri 1,29 die Wendung hier weggelassen haben sollte.

Ähnliches gilt für die in Jos 16,10 überschüssige Fronnotiz. Daß der Hinweis auf die Fronpflicht der Kanaaniter hier steht, in Ri 1,29 jedoch fehlt, ist insofern besonders auffällig, als ihr Fehlen in Ri 1,29 auch ganz unabhängig davon erklärungsbedürftig ist.[202] Damit ist es um so unwahrscheinlicher, daß der Verfasser von Ri 1,29 sie *trotz* der Vorgabe in Jos 16,10 nicht nach Ri 1 übernommen hat. Andersherum ist die Fronnotiz in Jos 16,10 leicht als sekundäre Angleichung an Ri 1 insgesamt, d.h. unter dem Eindruck von Ri 1,28.30.33.35 entstanden, zu verstehen.[203]

Nicht ganz so klar, aber doch der Tendenz nach deuten auch die Unterschiede am Beginn der beiden Fassungen auf die Priorität von Ri 1,29 hin. Hier gebraucht Jos 16,10 im Hinblick auf die Efraimiten den Plural (ולא הורישו), ohne diese freilich ausdrücklich beim Namen zu nennen, während die Notiz in Ri 1,29 mit dem vorangestellten invertierten ואפרים im Singular konstruiert ist. Dieser Umstand findet eine Erklärung im Vortext von Jos 16,10. Denn bereits in v. 9 werden die Efraimiten im Plural (בני־אפרים) genannt, und so erklärt sich, daß auch v. 10 entgegen seiner Vorlage in Ri 1,29 aus Rücksicht auf v. 9 im Plural fortfährt. Umgekehrt hätte in Ri 1 nicht unbedingt etwas dagegen gesprochen, den Plural

---

201 Becker, Richterzeit, 28f.
202 Dazu s. u. 66f.
203 Becker, Richterzeit, 29.

beizubehalten; daß dies im Zusammenhang von Ri 1 jedenfalls nicht unmöglich gewesen wäre, zeigt v. 21.

Daß von den Efraimiten bereits im unmittelbar vorangehenden Vers die Rede ist, macht in Jos 16,10 dann auch ihre erneute ausdrückliche Erwähnung überflüssig. Das führt in v. 10b zu einer weiteren Abweichung Ri 1 gegenüber: statt des einfachen suffigierten בקרבו aus Ri 1,29, das in Jos 16,10 ohne unmittelbaren Bezug bliebe, wird Efraim nun als nomen regens ausdrücklich genannt (בקרב אפרים). Dabei faßt der Verfasser „Efraim" offenbar nicht in erster Linie als personale, sondern nunmehr als geographische Größe auf, so daß er statt der בני־אפרים jetzt das in dieser Hinsicht doppeldeutige אפרים gebraucht – ebenso wie Ri 1,29, wo es freilich personal zu verstehen ist.

Das nachgestellte בזז schließlich stellt in Ri 1,29 den einzigen Überschuß gegenüber Jos 16,10 dar. Die Angabe bringt der Sache nach jedoch nichts Neues, so daß ihr Fehlen sich in Jos 16,10 durchaus als Glättung der umständlichen Wendung verstehen läßt und somit nicht gegen die Priorität von Ri 1,29 sprechen muß.

Für das Problem der Josuaparallelen hat sich somit die komplizierteste Lösung als die wahrscheinlichste ergeben: alle drei Josuaparallelen sind in ihrem literargeschichtlichen Verhältnis zu Ri 1 unterschiedlich zu bewerten.

Allein *Jos 15,63* hat dem Verfasser von Ri 1 bei der Abfassung des Kapitels bereits vorgelegen. Die Notiz über die Nicht-Vernichtung der Jebusiter, mit der die Inbesitznahme Jerusalems den militärischen Erfolgen Davids vorbehalten bleibt, stellt gewissermaßen die Keimzelle aller „negativen Besitzanzeigen" in Ri 1 dar.

Ri 1,27f. hingegen ist im Grundbestand älter als die nachklappende Einschränkung des manassitischen Besitzes in Jos 17,12f. und hat dieser Nachbemerkung, die Jos 17,11 a posteriori eine Ri 1,27 entsprechende negative Wendung gibt, später als Vorbild gedient. Die Städteliste selbst ist zunächst unabhängig von Ri 1,27 verfaßt worden. Erst nachträglich und vermutlich in mehreren Arbeitsgängen wurden die beiden Städtelisten, die sich zunächst nur in der Erwähnung Megiddos überschnitten, einander angeglichen.

Jos 16,10 schließlich ist vollständig auf das literarische Vorbild von Ri 1 zurückzuführen, stellt jedoch nicht lediglich eine Nachbildung von Ri 1,29 dar, sondern steht mit der Einfügung der Phrase עד היום הזה und der überschüssigen Fronnotiz unter dem Einfluß von Ri 1,21.27ff. insgesamt.

Dabei hat der Nachtrag in Jos 16,10 mit Jos 15,63 und Jos 17,11f. gemeinsam, daß die Nicht-Vernichtung der Kanaaniter auch hier im Falle einer Stadt bemerkt wird, die dem ursprünglichen Wortlaut des voranstehenden Grenzbeschreibungstextes nach nicht oder zumindest nicht ohne weiteres zum Besitz des jeweiligen Stammesterritoriums gezählt werden konnte. Während im Hinblick auf Manasse und Efraim jedoch erst der Autor von Ri 1 auf die Idee kam, diese Städte im Kapitelzusammenhang ausdrücklich als Lücken im Landbesitz zu benennen, stand der Eintrag von Jos 15,63, unmittelbar motiviert durch den Vorausblick auf 2Sam 5, bereits für sich. Der Verfasser von Ri 1 griff diese Einzelnotiz auf und legte sie vv. 21.27ff. konzeptionell zugrunde.

Somit ist nicht nur die Darstellung der judäischen Landnahmeerfolge in Ri 1,1-19 unmittelbar auf 2Sam 5 hin angelegt, sondern das Bestreben, die Eroberung Jerusalems in den Davidserzählungen vorzubereiten, bestimmt – im Ansatz durch Jos 15,63 vorgegeben – zugleich die Konzeption der zweiten Kapitelhälfte von Anfang an.

2.4. Sebulon, Asser, Naftali, Dan und die Fronpflicht der Kanaaniter (Ri 1,28.30-33.34f.)

2.4.1. Ri 1,30-33

Hat man es bei der Analyse von Ri 1,21.27-29 vor allem mit dem Problem der parallelen Überlieferungen im Josuabuch zu tun, so stellt sich im Hinblick auf Ri 1,30-33 umgekehrt die Frage, warum das Josuabuch über die hier notierten Lücken im Landbesitz der Stämme Sebulon, Asser und Naftali vollständig schweigt. Zwar stehen vv. 30ff. und die zweite Hälfte des Josuabuches insofern in Verbindung, als die hier genannten Städte auch in den entsprechenden Gebietsbeschreibungen in Jos 19 verzeichnet sind[204], aber davon, daß die Landnahme ebendort erfolglos geblieben sein soll, weiß Jos 19 nichts.

---

204 Noth, Studien, 252f. hält im Anschluß an Alt die parallelen Städtenamen in Jos 19 allesamt für Überträge aus Ri 1, wobei für ihn „die Einfügung der Namen aus Ri 1 das jüngste Stadium in dem literarischen Werdeprozeß von Jos 19,10ff. darstellt". Er begründet die Priorität von Ri 1 damit, daß die jeweiligen Summenzahlen am Ende der Gebietsbeschreibungen in Jos 19 nicht mit der Anzahl der tatsächlich genannten Städte übereinstimmen, sondern mit Ausnahme des in Ri 1 gerade nicht aufgeführten Stammes Issachar „im allgemeinen zu niedrig" sind.
Auld erkennt den sekundären Charakter der jeweiligen Städtenamen im Zusammenhang von Jos 19 ebenfalls an, doch ist damit für ihn noch nicht entschieden, daß diese aus Ri 1 stammen müssen. Auld weist dabei zum einen auf die unterschiedliche Positionierung der betreffenden Städtenamen im Falle Assers und Naftalis einerseits und Sebulons andererseits – zunächst vor, dann jedoch nach der Wendung ויהי תצאתיו(י) – hin, was dann, wenn sie tatsächlich von einem Redaktor aus Ri 1 in den bestehenden Zusammenhang von Jos 19 eingearbeitet wurden, mindestens den eher unwahrscheinlichen Fall bedeuten würde, daß dieser nicht überall nach der gleichen Methode verfahren wäre. Vor allem aber stellt

2.4. Sebulon, Asser, Naftali, Dan und die Fronpflicht der Kanaaniter 61

Will man das Fehlen der Josuaparallelen im Falle der vv. 30-33 nicht einfach mit der Vermutung begründen, die entsprechenden Notizen über die galiläischen Stämme seien einem späteren Redaktor weniger beachtenswert erschienen als diejenigen über Manasse und Efraim, so daß er diese nicht ebenso wie jene ins Josuabuch übertrug, bleibt dafür nur eine mögliche Erklärung: den Bearbeitern, auf die der nachträgliche Ausgleich der Josuastellen mit Ri 1 zurückzuführen ist, lagen vv. 30-33 im Text von Ri 1 noch nicht vor.

Und tatsächlich sind vv. 30-33 auch in anderer Hinsicht im Textzusammenhang der zweiten Kapitelhälfte auffällig geworden. So hat sich bereits gezeigt, daß der viel reklamierte „Verzeichnisstil" der zweiten Kapitelhälfte in erster Linie im Hinblick auf vv. 30.31f.33 geltend gemacht werden kann. Denn hier ist nicht nur der höchste Grad an Stereotypie festzustellen, sondern darüberhinaus fällt die Asyndese am jeweiligen Versanfang ins Auge, die an den Stil dokumentarischer Listen denken läßt.[205] Demgegenüber führen die vv. 21-29 den Narrativ der ersten Kapitelhälfte aufs Ganze gesehen weiter.

Die stilistische Eigenart der vv. 30-33 ist um so auffälliger, als die abschließende Notiz über die Daniten (vv. 34f.) umgekehrt wieder in den Erzählstil zurückwechselt: anstelle der bloßen Feststellung nicht gelungener Eroberung erzählt v. 34 einen individuellen Vorgang, bei dem, der negativen Tendenz der zweiten Kapitelhälfte entsprechend, „der handelnde Feind zum Subject, der leidende Stamm zum Object"[206] wird. Dabei formuliert v. 35a das Wohnenbleiben der Amoriter in Har-Heres, Ajalon und Schaalbim auf die gleiche Weise wie v. 27b dasjenige der Kanaaniter im Gebiet Manasses.

Heben sich vv. 30-33 dem Stil nach sowohl von den voranstehenden als auch von den nachfolgenden Versen ab und scheinen jene wiederum enger miteinander in Zusammenhang zu stehen, so gibt dies der Vermutung, die vv. 30-33 könnten möglicherweise erst nachträglich in den Textzusammenhang von Ri 1 eingefügt worden sein, einen weiteren Grund.

Auld die berechtigte Frage: „But why should an editor of Joshua have repeated evidence from Jud. i about enclaves when making his additions to Jos. xv-xvii and not when working with Jos. xix?" (Auld, Judges I, 283).
205 Vgl. etwa Jos 15,24-60*; 2Sam 23,24-39; 1Kön 4, 14-20; Esr 10,35-37.40-42; Neh 10,5-26*; 11,32-35; 14,4-7 sowie die Genealogien in 1Chr 1-9 und die Liste der „Helden Davids" in 1Chr 11,26ff.
Eine weitere und vielleicht sogar die entscheidende Parallele hat die asyndetische Reihung einzelner Stammesnamen in den Stämmessprüchen Gen 49!
206 Budde, Bücher, 17.

Endgültig wird sich die literargeschichtliche Bewertung der vv. 30-33 jedoch erst von der Beurteilung der Fronnotizen her ergeben.

2.4.2. Die Fronnotizen

So wie v. 28 auf die spätere Fronpflicht der Kanaaniter gegenüber Israel vorausblickt, nehmen auch vv. 30.33 und 34f. mit einer Fronnotiz an ihrem Ende eine positive Wendung. Die Fronnotizen stimmen der erzählerischen Tendenz nach mit den negativen Besitzanzeigen schlecht zusammen, und so hat man sie auch mehrfach dem Grundbestand von Ri 1 abgesprochen.[207]

Vor allem in v. 35bβ ist die Fronnotiz problematisch, deshalb ist sie hier zuerst zu klären. Denn am Ende der Danitennotiz, die doch den negativen Höhepunkt der zweiten Kapitelhälfte darstellt, will die Fronnotiz, die mit v. 35bα noch besonderen Nachdruck erhält, am wenigsten passen, und so scheint der Bruch zwischen der ersten und zweiten Vershälfte in v. 35 besonders groß.

Für sich betrachtet kann man die Unstimmigkeit zwischen der in in vv. 34.35a geschilderten Unterlegenheit der Daniten und der Fronnotiz in v. 35b dadurch aufgehoben sehen, daß in v. 35bα nicht mehr der Stamm Dan selbst, sondern nun wie zuletzt ausdrücklich in v. 22 das „Haus Josef" handelndes Subjekt ist. Denn dieser Subjektwechsel läßt sich so verstehen, als habe allein das „Haus Josef" die nachhaltige Unterlegenheit des gänzlich in die Passivität gedrängten Stammes Dan gegenüber den Amoritern später auszugleichen vermocht. Dabei kann der Renominalisierung des בית־יוסף aus v. 22 die Funktion einer semantischen Inklusion zugeschrieben werden, die den Zusammenhang der vv. 22-35 als Sinneinheit unterstreicht.[208]

Im engeren Kontext der vorliegenden Textgestalt fehlt dem Übergang von den בני־דן zum בית־יוסף jedoch jede Motivation, und so kommt er für den Leser völlig unvermittelt. Auch wenn er sich sinnvoll interpretieren läßt, bleibt der Subjektwechsel im Textgefüge auffällig, und formal verschärft er den intentionalen Bruch zwischen v. 35a und v. 35b mindestens ebenso sehr, wie er ihn der Sache nach entschärfen mag.

---

[207] So schon Feller, Aufbau, 288; Rudolph, Elohist, 266. Anders zunächst v.a. Noth, der den Fronnotizen für die Aussageabsicht von Ri 1 insgesamt eine tragende Funktion zuschreibt, indem er davon ausgeht, daß in Ri 1,27ff. „negative Feststellungen nur gemacht werden um der positiven Feststellung willen: ‚die Städte, die früher noch nicht hatten erobert werden können, sind schließlich doch den Israeliten untertan geworden'" (Noth, System, 129).

[208] S. Mullen, Judges I, 52; vgl. Lindars, Judges, 49 und 72. Die Möglichkeit, daß das wiederholte Auftreten des בית־יוסף in v. 35 auf „some kind of structure in 22-35 as a whole" hinweist, sieht auch Auld, Judges I, 277.

2.4. Sebulon, Asser, Naftali, Dan und die Fronpflicht der Kanaaniter 63

Diese Unstimmigkeit hat vermuten lassen, zwischen v. 34.35a und v. 35b sei notwendig literar- bzw. überlieferungsgeschichtlich zu differenzieren. So hat *Schunck* etwa angenommen, der Halbvers 35b habe die redaktionelle Funktion, die v. 34.35a als Traditionsstück formal an den Kontext der vv. 27ff. anzugleichen.[209]

Allerdings setzt das Empfinden eines intentionalen Bruches zwischen vv. 34.35a und v. 35b eine Deutung der in v. 35bα der Fronnotiz vorangestellten Wendung ותכבד יד בית־יוסף voraus, die wohl von v. 28 her unmittelbar verständlich, aber nicht die einzig mögliche, ja, für sich betrachtet nicht einmal die nächstliegende ist. Es fehlt nämlich im hebräischen Text von v. 35bα – anders als an allen übrigen Stellen, an denen √כבד qal im Sinne von „schwer lasten auf" o.ä. zu verstehen ist[210] – ein Präpositionalobjekt, was in den Übersetzungen stets verschleiert wird. *Ohne* dieses Präpositionalobjekt kann √כבד qal nun aber etwas ganz anderes bedeuten[211], nämlich das „Schwersein" der betroffenen Sache im Sinne ihrer „Schwer*fälligkeit*"; und zwar gilt dies insbesondere dort, wo √כבד qal sich auf Körperorgane bezieht.[212]

Schreibt man √כבד eine dementsprechende Bedeutung auch in Ri 1,35 zu, wäre hier also gerade nicht von der späteren Übermacht des Hauses Josef über die Amoriter die Rede, sondern vielmehr dessen nachhaltige militärische[213] Inaktivität herausgestellt – und auf diese Weise das zuvor dokumentierte Versagen gegenüber den Vorbewohnern des Landes begründet. Der gegen die Israeliten gewandte Vorwurf, durch eigene „Lässigkeit" bei der Einnahme des Landes deren erfolgreichen Abschluß zu verzögern, begegnet bereits in Jos 18,3, wo er die Landverteilung an die bis dahin noch nicht bedachten sieben Stämme motiviert, und kehrt auch in Ri 18,9 (!) wieder.[214] In Ri 1,35b, nach eben diagnostizierter Unterlegenheit der Nordstämme gegenüber Kanaanitern und Amoritern, ließe sich die Bemerkung über die „Nachlässigkeit" des Hauses Josef dann entweder in zeitlicher Aufeinanderfolge zu den vorangegangenen Versen verstehen oder aber als zusammenfassende Deutung des zuvor Dokumentierten. Im ersten Fall gäbe sie einen Ausblick auf spätere Zeiten und

---

209 Schunck, Benjamin, 77. Weitere Lösungsvorschläge s. im Einzelnen referiert bei Niemann, Daniten, 16 Anm. 32.
210 Ex 5,9; 1Sam 5,11; 2Sam 13,25; Jes 24,20; Ps 32,4; Hi 23,2; 33,7; Neh 5,18.
211 √כבד qal in der Bedeutung „gewichtig, geehrt, angesehen sein" kann hier von vornherein ausgeschlossen werden.
212 Vgl. Gen 48,10; Ex 9,7; Jes 59,1.
    Mit יד als Subjekt ist √כבד qal zwar auch in der Bedeutung „die Hand lastete schwer auf" zwei Mal belegt (1Sam 5,11; Hi 23,2), steht jedoch auch hier jeweils mit Präpositionalobjekt und meint als Anthropomorphismus überdies immer die Hand Gottes.
213 יד hier verstanden im Sinne der „Fähigkeit eines Menschen, die ihn instand setzt, über andere zu herrschen" (van der Woude, Art. יד, 670).
214 Dazu s. u. 70f. mit Anm. 231.

64 2. Das „negative Besitzverzeichnis"

deutete an, daß die Landnahme der Josefstämme künftig ebenso unvollständig bleiben würde, wie sie es Ri 1,21ff. zufolge von Anfang an war; im zweiten Fall erschiene das Verbleiben der Vorbewohner des Landes in den genannten Städten als Symptom des nachlässigen Vorgehens der Josefstämme bei der Landnahme. So oder so verstanden gäbe v. 35bα jedenfalls ein negatives Urteil über das Haus Josef ab, das sich den voranstehenden Versen problemlos fügte. Der vermeintliche intentionale Bruch zwischen v. 34.35a und 35b hätte sich damit erübrigt.

Um so mehr Probleme bereitet unter dieser Voraussetzung allerdings der Übergang zur Fronnotiz in v. 35bβ. Denn daß die militärische Trägheit des Hauses Josef ausgerechnet seine spätere Frongewalt zur Konsequenz gehabt haben sollte, will kaum einleuchten. Doch wer hier wem gegenüber fronpflichtig wird, läßt v. 35bβ, jedenfalls für sich betrachtet, auch gar nicht klar erkennen. Denn das Subjekt ist nicht ausdrücklich bezeichnet, und die Pluralform ויהי läßt sich ebenso gut oder schlecht auf בית־יוסף wie auf האמרי beziehen. Ein möglicherweise verdeutlichendes Objekt ist ebenfalls nicht genannt.[215] Die Auffassung, hier sei von einer späteren Fronpflicht der Amoriter dem Haus Josef gegenüber die Rede, ergibt sich, abgesehen von einer entsprechenden Deutung von v. 35bα, vielmehr in erster Linie aus dem gedanklichen Zusammenhang mit v. 28 und den Fronnotizen in vv. 30.33. Blendet man jedoch das durch die vorangehenden Verse beeinflußte Vorverständnis der Fronverhältnisse aus und liest v. 35bβ allein von v. 35bα her, legt sich im Gegenteil das umgekehrte Verständnis der abschließenden Fronnotiz nahe: das Haus Josef war/wurde träge im Kampf gegen die Vorbewohner des Landes und infolgedessen *jenen gegenüber* fronpflichtig. Eine frappante, wenngleich literargeschichtlich kaum signifikante Parallele für den so hergestellten Zusammenhang findet sich in Spr 12,24: יד־חרוצים תמשול ורמיה תהיה למס – *„Die Hand der Fleißigen wird herrschen, aber die nachlässige [Hand] wird fronpflichtig."*

In diesem Sinne trägt die Fronnotiz hier also keineswegs einen „entschuldigenden Akzent"[216], vielmehr ist in v. 35bβ die militärische Unterlegenheit des „Hauses Josef" als schuldhaftes Versäumnis in letzter negativer Konsequenz weitergedacht.

Mit dieser Interpretation von v. 35bβ klärt sich – um hier bereits auf Späteres vorauszugreifen – dann auch der ansonsten schwer nachvollziehbare Übergang von Ri 1 zu Ri 2,1-5 etwas auf: Steht am Ende von Ri 1[217]

---

215 Erst LXX ergänzt αὐτῷ bzw. – Jos 19,48 LXX entsprechend – αὐτοῖς.
216 Becker, Richterzeit, 25.
217 Ri 1,36 ist nicht mehr als eine Glosse (so schon Studer, Richter, 57), die – ähnlich wie die Nachträge in vv. 3.16f.18.20 – darum bemüht ist, die territorialen Verhältnisse in Ri 1* genauer zu fassen und mit den Angaben in Num-Jos in Übereinstimmung zu bringen. Dabei hängt v. 36 allein über das Stichwort der „Amoriter" mit dem Text von Ri 1 zusammen,

der Ausblick auf die Fronpflicht des Hauses Josef, so setzt die Anklage des מלאך יהוה in Ri 2,1 im Kontrast dazu mit der Erinnerung an den Exodus, also mit der Erinnerung an die *Befreiung* Israels aus dem Frondienst in Ägypten[218] ein. So ist die Fron der Israeliten das Motiv, das beide Stücke verbindet, und in der Aufeinanderfolge von Ri 1 und Ri 2,1-5 rückt die unvollständige Landnahme der Nordstämme um so mehr in ein negatives Licht, als mit der Fronpflicht, die sie Ri 1,35bβ zufolge zum Ergebnis hat, der in Ri 2,1 erinnerte Exodus als heilsgeschichtliches Primärdatum gewissermaßen geschichtlich stückweise aufgehoben erscheint.

Die hier vorgeschlagene Deutung von v. 35b hat jedoch zunächst unmittelbare Konsequenzen für die literargeschichtliche Bewertung der vv. 28.30-33. Denn so wie v. 28aα die zukünftige Stärke Israels bemerkt, wird in v. 28aβ, angezeigt durch das Objekt את־הכנעני, auch die spätere Frongewalt eindeutig auf Seiten Israels gesehen. Ebenso unmißverständlich stellt dann die Fronnotiz in v. 33b die Kräfteverhältnisse zugunsten der Israeliten dar, indem hier die ישבי בית־שמש ובית־ענת als Subjekt der Wendung היו למס renominalisiert werden. In v. 30bβ bleibt die Fronnotiz zwar für sich genommen in ähnlicher Weise doppeldeutig wie in v. 35bβ, doch dem natürlichen grammatischen Empfinden nach sind die in v. 30bα genannten הכנעני auch für v. 30bβ als Subjekt beizubehalten.[219]

Damit lassen sich Ri 1 hinsichtlich der Fronverhältnisse zwei widersprüchliche Auffassungen entnehmen: in vv. 28.30-33 gelten zunächst die Israeliten als die späteren Fronherren, in v. 35 jedoch ursprünglich die Vorbewohner des Landes. Quantitativ hat die erste Auffassung den Vorrang, literargeschichtlich sieht es jedoch eher umgekehrt aus. Denn einerseits stehen die Fronnotizen im Sinne von v. 28.30.33 ohnehin „in einer eigentümlichen Spannung zu der stereotypen, apodiktischen Feststellung ‚vertrieb nicht‘, die offenbar nicht im Sinne einer Entschuldigung zu verstehen ist, sondern eher ein schuldhaftes Versäumnis anspricht"[220], so daß sie mit dem Grundtenor der zweiten Kapitelhälfte nur schwerlich in Einklang zu bringen sind, während sich v. 35b in der Umkehrung der Fronverhältnisse ohne Schwierigkeit mit der negativen Bilanz der vorangehen-

---

die Lesart האדמי (nach LXX^A τὸ ὅριον τοῦ Ἀμορραίου ὁ Ἰδουμαῖος) ist deshalb als sekundär anzusehen. Für die (frühere oder spätere) eigentliche Konzeption von Ri 1 ist v. 36 belanglos und kann deshalb hier und im Folgenden ausgeklammert bleiben. Topographische Erwägungen zum מעלה־העקרבים und zu הסלע s. v.a. bei Burney, Judges, 33f. und Lindars, Judges, 72 mit Lit.

218 Auch in den שרי מסים aus Ex 1,11 begegnet √מסס wieder!
219 So wie auch in v. 35b das „Haus Josef" als Subjekt der Fronnotiz unmittelbar aus dem vorangehenden Satz, wo es freilich nicht das Subjekt selbst, sondern dessen nomen regens bildet, übernommen wird!
220 Becker, Richterzeit, 25.

den Verse vereinbaren läßt. Vor allem aber stimmt die – nicht nur v. 35b, sondern der Gesamtintention des Kapitels – entgegenlaufende Tendenz der Fronnotizen mit den übrigen Auffälligkeiten, die vv. 30-33 im Gesamtzusammenhang der zweiten Kapitelhälfte erkennen lassen, zusammen. So ist aller Wahrscheinlichkeit nach anzunehmen, daß Ri 1 ursprünglich auf die Fronpflicht des Hauses Josef abzielte und erst der für den Nachtrag der vv. 28.30-33 verantwortliche Bearbeiter des Kapitels aus v. 35b die spätere Übermacht der Israeliten herauslas und deshalb den Gedanken der Fronpflicht für vv. 28.30.33 im umgekehrten Sinne übernahm.

Dieses spätere Mißverständnis von v. 35b hat seinen Grund möglicherweise in der Erwähnung Megiddos in v. 27 und Gesers in v. 29. Denn im Hinblick auf beide Städte ist an anderer Stelle tatsächlich von der späteren Fronpflicht der Vorbewohner des Landes Israel gegenüber die Rede: 1Kön 9 zählt zu den Baumaßnahmen Salomos auch die Befestigung Megiddos und Gesers und erwähnt dabei „alles Volk, das noch übrig war von den Amoritern, Hetitern, Perisitern, Hiwitern und Jebusitern" (1Kön 9,20) als für diese Baumaßnahmen verpflichtetes מס-Kollektiv (1Kön 9,15). Daß im Geser-Vers Ri 1,29 anders als in den darauffolgenden Versen eine Fronnotiz fehlt, ist von daher im vorliegenden Textzusammenhang um so auffälliger und spricht auf seine Weise ebenfalls dafür, daß die Fronverhältnisse in Ri 1 ursprünglich andersherum gedacht waren. Um so begreiflicher ist es dann andererseits, daß der Glossator von Jos 16,10 die Fronnotiz später unter der Vorgabe von Ri 1,28.30-33 zu ergänzen wußte. Daß ihm 1Kön 9 hier unmittelbar vor Augen stand, zeigt im Besonderen die Verwendung des Ausdrucks למס־עבד, der, abgesehen von Gen 49,15, ausschließlich in Jos 16,10 und 1Kön 9,21 belegt ist. Der Bezug auf 1Kön 9 geht dann auch aus Ri 1,28 deutlich hervor und erklärt zugleich die Eigenart dieses Nachsatzes: sowohl das Zeitfenster, das in v. 28a eröffnet wird, als auch der unvermittelte Blick auf ganz Israel sind hier auffällig. Beides läßt sich jedoch im Hinblick auf 1Kön 9 verstehen. Denn der Vorgriff auf die Zeit, „als Israels stark war", deutet ebenso auf die davidisch-salomonische Zeit hin wie das als Subjekt fungierende unierte „Israel".[221]

Von 1Kön 9 her gelesen betrifft also der Vorausweis auf die spätere Fronpflicht der Kanaaniter den vorangehenden v. 27 (Megiddo) und den darauffolgenden v. 29 (Geser) gleichermaßen, und so steht v. 28 nicht allein mit v. 27 – wie Jos 17,13 es nahelegt – sondern ebenso mit v. 29 in Zusammenhang. Ist v. 29 jedoch unmittelbar von v. 28 her zu lesen, erklärt sich auch auf einfache Weise, warum ausgerechnet hier eine abschließende Fronnotiz ausbleibt.

---

221 Vgl. Budde, Richter, 12.

2.4. Sebulon, Asser, Naftali, Dan und die Fronpflicht der Kanaaniter 67

Für die direkte Überleitung von v. 27f. zu v. 29, die alle drei Verse zu einer Sinneinheit verbindet, sorgt v. 28b. Auch wenn der Bearbeiter die Fronverhältnisse insgesamt zugunsten Israels wendet, so beurteilt er die Tatsache, daß Israel später die Überhand über die Vorbewohner des Landes gewinnt, hier gegenüber dem Ideal einer vollständigen Vernichtung dennoch bestenfalls ambivalent: zwar erstarkte Israels, so daß es die Frongewalt über die Kanaaniter zu erlangen vermochte, „*doch vernichten, vernichten tat es sie nicht.*" Diese Restriktion erscheint mit der Wendung לא הוריש am Beginn von v. 29 unmittelbar wiederaufgenommen, und so stellt v. 29 sich nun als weitere Konkretion der in v. 28 gegebenen, zunächst aus v. 27 abgeleiteten allgemeinen Feststellung dar.

Mit vv. 30-33 macht der Bearbeiter den in vv. 27-29 im Hinblick auf Efraim und Manasse festgestellten Befund auch für das galiläische Gebiet geltend. Nur noch listenartig gibt er zu diesem Zweck eine Übersicht über entsprechende Lücken im Landbesitz Sebulons, Assers und Naftalis.[222] Erst in vv. 30 und 33 erscheint die Fronnotiz als stenographische Wendung, die dem Sinn nach unmittelbar auf v. 28 bezogen bleibt. Daß die Fronnotiz im Falle Assers (v. 31f.) fehlt, ist möglicherweise wiederum mit 1Kön 9 begründet: 1Kön 9,11 berichtet, daß Salomo Hiram von Tyrus zwanzig Städte im Tausch gegen „Zedernbäume und Zypressen und Gold" für den Bau von Tempel und Palast überließ. Werden diese Städte in v. 11 zunächst nur ungenau בארץ הגליל verortet, so ätiologisiert v. 13 sie nachträglich als ארץ כבול, „womit ihre Lage genauer angegeben ist, nämlich am Westrand des untergaliläischen Gebirges (das heutige *kabul* liegt ca. 15 km ostsüdöstlich von Akko entfernt)".[223] Demnach hatten diese Städte ursprünglich zum Stammesgebiet Assers gehört. Zählte der Verfasser von Ri 1,31f. unter diese zwanzig Städte nun auch die in Ri 1,31 genannten, so hatte er zunächst guten Grund, in v. 32 Subjekt und Präpositionalobjekt gegenüber v. 29f. zu vertauschen, um auf diese Weise nicht die Kanaaniter inmitten der Israeliten, sondern nun die Israeliten inmitten der Kanaaniter wohnen zu lassen. Vor allem aber konnte im Vorausblick auf 1Kön 9,11-13 hier dann erst recht keine Rede mehr davon sein, daß die Israeliten die Vorbewohner des Landes später (d.h. nach dem Bisherigen: in salomonischer Zeit) fronpflichtig machten.

Ebenso wie v. 32 siedelt auch v. 33 die Israeliten mitten unter den Vorbewohnern des Landes an, wobei diese jetzt ausdrücklich als Bewohner der im Stammesgebiet Naftalis nicht eroberten Städte bestimmt werden. Anders als der vorangehende Vers weist v. 33 abschließend jedoch wiederum auf deren spätere Fronpflicht hin. Spätestens daran wird deut-

---

222 Für das Fehlen Issachars läßt sich wohl kein einwandfrei überzeugender Grund angeben. S. aber Budde, Bücher, 47; Alt, Landnahme, 123.
223 Würthwein, 1. Könige 1-16, 108.

lich, daß das Fehlen der Fronnotiz in v. 32 sich nicht, oder jedenfalls nicht allein, auf eine in vv. 30-33 konstruierte negative Tendenz zurückführen läßt, sondern daß wie die sekundäre Nachinterpretation in v. 28 auch der Nachtrag der vv. 30-33 insgesamt durch den Vorausblick auf 1Kön 9 beeinflusst ist.

Mit der negativen Vorbereitung von 1Kön 9 lassen vv. 28.30-33 nun insgesamt eine prinzipielle Königskritik erkennen, die in direktem Widerspruch zur Geschichtsdeutung des Grundbestandes steht.[224] Der Nachtragscharakter dieser Verse findet sich hier also auf besondere Weise bestätigt.

2.4.3. Ri 1,34-35a

Die Ausscheidung der vv. 28.30-33 aus dem Grundbestand von Ri 1 legt die Vermutung nahe, auch vv. 34.35a seien möglicherweise erst nachträglich eingefügt worden, so daß ursprünglich ein direkter Anschluß von v. 35b an v. 29 bestanden hätte. Denn mindestens ebenso gut wie die Zusammenfassung beinahe sämtlicher Nordreichstämme unter das „Haus Josef"[225], die Ri 1 mit der Inklusionsbeziehung von v. 22 und v. 35 in der jetzigen Textgestalt zu verstehen gibt, ließe sich verstehen, daß damit (wie in Jos 17,17; 18,5) allein Manasse und Efraim gemeint sein sollten. Erklärungsbedürftig bliebe hingegen, warum dem „Haus Josef" neben Manasse und Efraim ausgerechnet der Stamm Dan als einziger hinzugezählt werden sollte.

Wollte man demzufolge auch die Danitennotiz aus dem Grundbestand ausscheiden, hätte man zwischen vv. 30-33 und vv. 34.35a allerdings noch einmal literargeschichtlich zu differenzieren. Dies machten nicht nur die oben beschriebenen stilistischen Unterschiede zwischen vv. 34f. und den vorangehenden Versen notwendig, sondern ebenso die Tatsache, daß in vv. 34.35a anstelle der in vv. 30-33 stereotyp als Vorbewohner des Landes genannten Kanaaniter nun unvermittelt die *Amoriter* auftreten.[226]

---

224 S. u. Kap. 7.3.
225 Vgl. 2Sam 19,21; Am 5,6; Ob 1,18.
226 Die Verwendung von „Amoritern" oder „Kanaanitern" zur Bezeichnung der Landesbewohner galt lange als wichtiges quellenkritisches Argument; die Rede von den „Kanaanitern" wurde für ein Kennzeichen von J gehalten, hingegen ordnete man die Bezeichnung „Amoriter" E (bzw. D) zu. So nach Wellhausen schon Meyer, Kritik 121f.: „Den letzten Zweifel [über die Scheidung von J + E in den Landnahmeberichten] hebt die Thatsache, dass der Völkername Amoriter ausschließlich dem Elohisten, wie Kana'anaeer ausschließlich dem Jahvisten angehört. Beide Namen decken sich nach Begriff und Umfang vollständig und bezeichnenen die gesamte vorisraelitische Bevölkerung Palästinas." Während Meyer vv. 34f. dementsprechend aus dem von ihm rekonstruierten in Ri 1 erhaltenen „jahvistischen Bericht" ausschied, wobei er die Danitennotiz dann freilich nicht für ein

2.4. Sebulon, Asser, Naftali, Dan und die Fronpflicht der Kanaaniter 69

Gegen die Zugehörigkeit der Danitennotiz zum Grundbestand sprächen die in v. 34 genannten Amoriter hingegen nicht. Denn zwar ist auch in vv. 27.29 ausschließlich von den Kanaanitern als den Vorbewohnern des Landes die Rede, aufs Ganze gesehen kennt der Grundbestand von Ri 1 jedoch von Anfang an neben den Kanaanitern auch Perisiter (v. 4), Jebusiter (v. 21) und Hetiter (v. 26) als Vorbewohner des Landes, so daß mit den in v. 34f. genannten Amoritern die Reihe der in den Völkerlisten des Alten Testaments genannten Fremdvölker nur weiter vervollständigt wäre.

Und es gibt weitere gute Gründe, die Danitennotiz für den Grundbestand von Ri 1 beizubehalten, auch wenn der Umstand, daß das „Haus Josef" sich unter dieser Voraussetzung als Inklusion allein auf die Stämme Manasse, Efraim und Dan bezieht, zunächst irritiert. Von Bedeutung ist hier vor allem die Tatsache, daß Ri 1,34f. die spätere Nordwanderung des Stammes Dan (Ri 18), dem Stand der Dinge im Geschichtsverlauf entsprechend, noch nicht voraussetzt – die in v. 35a genannten, nicht von den Daniten in Besitz genommenen Städte liegen allesamt im ursprünglichen Stammesgebiet Dans. Dieser Umstand ist zunächst im Hinblick auf die geographische Anlage der zweiten Kapitelhälfte im Ganzen zu bedenken: Das ursprüngliche, d.h. das in Jos 19,40-46 definierte Stammesgebiet der Daniten schließt im Norden an das efraimitische Territorium an. Das bedeutet jedoch, daß die den Stämmen Manasse, Efraim und Dan zugewiesenen Gebiete ineinander übergehen. Von daher erscheint es in geographischer Hinsicht durchaus angemessen, nach Juda und Benjamin diese drei Stämme unmittelbar nacheinander zu verhandeln.[227] Dabei schreiten vv. 27.29.34f. von Manasse über Efraim nach Dan klar von Norden nach Süden fort, während die umgekehrte Ordnung der Stämme von Süden

---

E-Fragment, sondern schlicht für einen „späteren Zusatz" hielt, behielt Budde die Verse für J in Ri 1 bei. Wohl erkannte Budde den je unterschiedlichen Völkernamen als quellenkritisches Argument grundsätzlich an, „da sie [vv. 34f.] sich aber sonst in allen Stücken an die übrigen Bestandtheile des Capitels anschliessen, so liegt die Annahme nahe, dass ursprüngliches הכנעני in אמרי verwandelt worden ist" (Budde, Richter 14, vgl. auch ders., Bücher 15ff.).
Anders ging man davon aus, die Danitenüberlieferung in Ri 1,34f. reflektiere mit der Rede von den Amoritern spezielle historische Gegebenheiten. So zuerst Alt, der die Nennung der Amoriter in Ri 1,34f. (u.ö) etwa mit „der Abwanderung von Teilen der Herrschicht des mittelsyrischen Reiches von Amurru bei dessen Untergang" begründete (s. Alt, Völker, 37 Anm. 1).
Zur Systematisierung von „Kanaanitern" und „Amoritern" insgesamt s. Niemann, Daniten, 15f. Anm. 29 mit Lit.

227 Daß v. 34a das Patronymicum בני anstelle des – im Falle Manasses und Efraims verwendeten – Gentilnamens gebraucht, läßt sich im Hinblick auf Jos 19,40.48; Ri 18,2.16.22f.25f.29f. verstehen.

nach Norden in der vorliegenden Textgestalt der zweiten Kapitelhälfte inkonsequent bleibt.[228]

Hinzu kommt eine grundsätzliche Überlegung, die sich auf die besondere Funktion der vv. 34f. im Zusammenhang der Erzählfunktion des Kapitels insgesamt bezieht. Setzt nämlich die Danitennotiz auf der Erzählebene die spätere Ansiedlung der Daniten nördlich des oberen Jordangrabens auch noch nicht voraus, so ist sie doch ohne Zweifel bereits daraufhin angelegt.[229] Denn so wie auch Jos 19,47a der Schilderung des späteren Erfolges der Daniten im Norden die Nachricht über den Verlust[230] des früheren Stammesgebietes voraussetzt, läßt sich Ri 1,34f. als erzählerische Vorgabe für die Schilderung der Einnahme Lajisch/Dans in Ri 18 verstehen.[231]

Es bedarf dann keiner literar- oder textgeschichtlichen Zusatzannahmen, um zu begründen, warum das Dilemma, in das die Daniten mit dem Verlust ihres Stammesgebietes geraten, nicht bereits in Ri 1 selbst, sondern erst am Ende des Richterbuches seine Auflösung findet. Denn die auf diese Weise erzeugte Spannung fügt sich genau der erzählerischen Absicht des Kapitels insgesamt.[232] Motiviert nämlich Ri 1 die in den nachfolgenden Richtererzählungen überlieferten Erfolgsgeschichten grundsätzlich negativ, indem der Verfasser sie implizit nur als Folge der im Bereich der Nordstämme unvollständig verlaufenen Landnahme zu verstehen gibt, dann läßt sich Ri 1,34f. dementsprechend als negative Ätiologie der späteren Eroberung Lajisch/Dans auffassen. Das bedeutet: ebenso wie es niemals zur Schandtat von Gibea hätte kommen müssen, wenn die Benjaminiten die Jebusiter vollständig vernichtet hätten, wären die Bemühungen der Daniten um einen neuen Wohnsitz – ganz gleich, ob diese nun am Ende erfolgreich waren oder nicht – von vornherein gar nicht erst notwendig geworden, wenn die Daniten sich während der Landnahme nicht von den Amoritern aus ihrem eigentlichen Stammesgebiet hätten verdrängen lassen.

---

228 S. o. 30f.
229 Ohne ihre spätere Auflösung in Ri 18 macht die Danitennotiz keinen Sinn. Eine Nachdatierung von Ri 18 gegenüber Ri 1,34f. kann deshalb von vornherein ausgeschlossen werden und ist mit Recht bislang – jedenfalls in redaktionsgeschichtlicher Hinsicht – auch nicht vertreten worden.
230 Zur entsprechenden Übersetzung von √יצא und gegen alle Vorschläge zur Emendation des ויצא zu ויצר, ויאץ oder (ויצק) s. v.a. Dillmann, Josua, 567 und später Noth, Josua, 118 mit Eißfeldt, Hexateuch-Synopse 241*.283*.
231 Sieht man Ri 1,34 und Ri 18 – unter der Voraussetzung der Priorität von Ri 18 einerseits und der literargeschichtlichen Zusammengehörigkeit von v. 34 und v. 35b andererseits – in dieser Weise direkt aufeinander bezogen, dann läßt sich die Tatsache, daß das Motiv der Nachlässigkeit bei der Landnahme in Ri 18,9 wiederkehrt, nebenbei als Bestätigung für die oben vertretene Interpretation von √כבד in v. 35b auffassen.
232 Vgl. Lindars, Judges, 68f.

2.4. Sebulon, Asser, Naftali, Dan und die Fronpflicht der Kanaaniter

Dabei gibt Ri 1,34 die spätere Erzählung über die Inbesitznahme Lajischs/Dans, die ja keine „Richter"-Erzählung im eigentlichen Sinne ist, doch von vornherein als eine solche zu verstehen. Ist nämlich in Ri 1,34 von der „Verdrängung" der Daniten durch die Amoriter die Rede, so gebraucht der Verfasser hier mit √לחץ qal das gleiche, ansonsten eher seltene Verb, das in den Rahmenstücken des Richterbuches[233] die gottgesandte Bedrängung Israels durch seine Feinde bezeichnet.[234] So wie die Bedrängnisse Israels mit der Erweckung der einzelnen Richter durch JHWH immer wieder ein Ende finden, läßt sich unter der Voraussetzung von Ri 1,34 nun die Wohnsitznahme der Daniten in Ri 18 als Rettung aus der die Richterzeit bis dahin überdauernden Bedrängung durch die Amoriter verstehen – und damit die Erzählung selbst als „Richtererzählung".

Anders als der Richterrahmen, der die jeweilige Bedrängnis der Israeliten ein ums andere Mal auf den Abfall von JHWH in der Richterzeit zurückführt, verlagert Ri 1,34 das für die „Bedrängung" durch die Amoriter verantwortliche schuldhafte Verhalten der Daniten zurück in die Landnahmezeit. Diese Verschiebung in der heilsgeschichtlichen Gesamtkonzeption ist nicht nur hier zu beobachten, sondern für die Erstfassung von Ri 1 grundsätzlich charakteristisch[235]. Die Danitennotiz liegt somit auch konzeptionell ganz auf der Linie des Kapitelgrundbestandes, und so spricht insgesamt mehr für als gegen ihre Zusammengehörigkeit mit vv. 27.29.35b.[236]

Abschließend ist nun noch ein Blick auf das Verhältnis von Ri 1,34f. zu Jos 19,47 zu werfen. Wie im Falle der vv. 30-33 fehlt auch für vv. 34f. eine direkte Parallele im Josuabuch. Doch berichtet Jos 19,47 immerhin davon, daß der Stamm Dan seinen Gebietsanspruch nicht durchsetzte, sondern seinen Landanteil vielmehr „verlorengehen"[237] ließ, und stimmt

---

233 Ri 2,18; 4,3; 6,9; 10,12.
234 Daneben steht √לחץ qal v.a. für die Bedrängung der Israeliten in Ägypten: Ex 3,9; 1Sam 10,18; vgl. Dtn 26,7. Auch mit dieser Assoziation paßt Ri 1,34 ganz in den Grundbestand von Ri 1: so wie v. 35b die Fronpflicht der Israeliten insgesamt (s. o. 31) interpretiert Ri 1,34 hier die auf das Versagen der Daniten folgende Bedrängung durch die Amoriter nicht nur als negative Voraussetzung zur Richterzeit, sondern damit zugleich als „Rückkehr nach Ägypten".
235 S. u. 123.
236 V. 34b sieht freilich nach einem nachträglich erläuternden Zusatz aus. Darauf könnte etwa auch der Numeruswechsel, d.h. die Pronominalisierung der בני־דן aus v. 34a im Singular (נתנו) hindeuten, wobei dies jedoch vor allem deshalb kein zwingender Grund für einen literarkritischen Eingriff zu sein scheint, weil auch zwischen den unzertrennlichen vv. 34a und 35a ein Numeruswechsel, hier im Hinblick auf die Amoriter, vorliegt (der sich allerdings leicht mit dem Vorbild der Wendung ויאל לשבת in v. 27b erklären ließe). Es hängt nichts an v. 34b, und so bleibe die Frage nach seiner literargeschichtlichen Stellung hier unentschieden.
237 Zur Übersetzung von √יצא in der Bedeutung „hinausgehen", „entschwinden" i.S. von „verlorengehen" s. Niemann, Daniten, 21 Anm. 50 mit Lit.

darin grundsätzlich mit Ri 1 überein. Darüberhinaus ist eine auffällige Parallele zu Ri 1,34f. in der vom MT erheblich differierenden LXX-Version Jos 19,47a-48a überliefert. Sie weicht in Jos 19,47 ebensosehr vom MT ab, wie sie umgekehrt in höherem Maße mit Ri 1,34f. übereinstimmt: wie die Danitennotiz in Ri 1 kennt Jos 19,47a-48a die Amoriter als Gegner der Daniten und weiß davon, daß diese den Daniten den Zugang zur Ebene verwehrten. Parallel zu Ri 1,35a verzeichnet Jos 19,48a LXX sodann das Wohnenbleiben der Amoriter in Ελωμ (= Ajalon) und Σαλαμιν (= Schaalbim)[238], und auch die spätere Fronpflicht wird abschließend erwähnt, wobei hier an die Stelle der „Hand des Hauses Josef" allerdings die „Hand Efraims" tritt.[239]

Auld begründet die größere Nähe der LXX-Fassung zu Ri 1 auch hier mit der textgeschichtlichen Priorität der LXX einerseits und der literargeschichtlichen Priorität der Josuastelle gegenüber Ri 1 andererseits; d.h. für ihn verläuft die Reihenfolge der Entstehung von Jos 19,47a-48a LXX über Ri 1,34f. nach Jos 19,47 MT.[240]

Demgegenüber hat *Niemann* mit guten Gründen die Priorität des MT in Jos 19,47f. nachgewiesen.[241] Er faßt Jos 19,47a-48a LXX insgesamt als sekundäre Erweiterung der Ortsliste in vv. 41-46 auf, hält vv. 47a-48a aber auch ihrerseits nicht für einheitlich. Auf Diachronie weist für ihn hier zum einen die stilistische Verschiedenheit zwischen dem sparsam formulierten v. 48 und den umgebenden deutlich ausführlicheren vv. 47a.48a hin, zum anderen das auffällige Interesse an den Amoritern, das sowohl v. 47a als auch v. 48a bestimmt, in v. 48 jedoch vergessen ist. So sieht in einem ersten Schritt v. 48 LXX nachgetragen, und zwar in direkter Abhängigkeit von Jos 19,47b MT.[242] Als überzeugendes Argument für die Priorität von Jos 19,47b gegenüber Jos 19,48 LXX führt er u.a. an, „daß sich eine Verlesung des seltsamen, ja unsinnigen Λασενδακ am besten aus dem *nur* Jos 19,47b MT belegten לשם דן erklären läßt"[243]. Vv. 47a.48a gibt er dann

---

238 Har-Heres fehlt gegenüber Ri 1,34, was Niemann als entscheidendes Argument gegen die Annahme Aulds, Jos 19,47a-48a LXX habe der Danitennotiz in Ri 1,34f. als Vorbild gedient, wertet. Doch die Tatsache, daß „jener Text [sc. Ri 1,34f.] mit ‚Har-Heres' ein von diesem [sc. Jos 19,48a LXX] nicht ableitbares Plus enthält" (Niemann, Daniten, 25) läßt sich, auch wenn Niemann im Ergebnis gegen Auld Recht zu geben ist, kaum mit eindeutiger Konsequenz gegen das höhere Alter von Jos 19,48a LXX einwenden (s. u. 72).
239 Den ausführlichen Vergleich von Ri 1,34f. und Jos 19,47a-48a LXX und dessen insgesamt überzeugende Auswertung s. bei Niemann, Daniten 18-25.
240 Auld, Judges I, 278.
241 Niemann, Daniten, 20f. Ähnlich sieht auch Lindars, Judges, 67-69 in Jos 19,47f. LXX nicht mehr als „further stages of the Hebrew text, which has begun already in MT with the addition of Josh 19,47 on the basis of Judges 18 and is completed with the aid of Judg 1.34-35" (ebd., 69).
242 So schon Noth, Josua 123, vgl. Becker, Richterzeit, 30.
243 Niemann, Daniten, 20 (Hervorh. H. M. Niemann).

2.4. Sebulon, Asser, Naftali, Dan und die Fronpflicht der Kanaaniter 73

umgekehrt als nachträgliche Rahmung von v. 48 zu verstehen, wobei er hier – und das ist das für uns Entscheidende – Ri 1,34f. für die maßgebliche Vorlage hält. Es sind im wesentlichen zwei Gründe, die ihn die Abhängigkeit in dieser Richtung bestimmen lassen. Zum einen argumentiert er, daß Ri 1,35 mit dem Ortsnamen ‚Har-Heres', der in Jos 19,48 LXX fehlt, ein von dort „nicht ableitbares Plus enthält"[244] und somit älter sein müsse. Zum anderen stellt er fest, daß das erzählerische Interesse an den Amoritern im Zusammenhang von Ri 1 begreiflich ist, sich mit Jos 19,40-47 jedoch kaum verbinden läßt. Der erste Grund ist weniger überzeugend als der zweite, denn daß die *lectio brevior* mit größerer Wahrscheinlichkeit den jüngeren Text repräsentiert, ist kaum so selbstverständlich, wie es bei *Niemann* erscheint. Plausibler wird diese Argumentation erst unter der – von *Niemann* allerdings nur anmerkungsweise[245] als Möglichkeit geäußerten – Zusatzannahme, daß Jos 19,48a LXX von Ri 1,35 *LXX* abhängig ist, wo Har-Heres ebenfalls fehlt. Allein im Hinblick auf das Vorkommen des Ortsnamens Har-Heres läßt sich mit eindeutiger Konsequenz allerdings wohl weder in die eine noch in die andere Richtung argumentieren.

Doch ist das Amoriter-Argument bereits für sich betrachtet hinreichend aussagekräftig, um den unmittelbaren Einfluß von Ri 1 auf Jos 19,47a.48a LXX zu belegen. So ist die größere Übereinstimmung zwischen der LXX-Fassung von Jos 19,47f. und Ri 1,34f. insgesamt nicht damit zu erklären, daß sie dem Verfasser als Textgrundlage diente, sondern kann auf die hier wie auch sonst zu beobachtende Tendenz der LXX zurückgeführt werden, die in Betracht kommenden Jos-Stellen mit Ri 1 zu harmonisieren[246].

Dafür liefert die voranstehende Analyse schließlich noch ein weiteres Argument: in Jos 19,48a LXX ist unmißverständlich von der späteren Frongewalt der Israeliten (hier: Efraims) über die Kanaaniter die Rede. Geht diese Sicht der Fronverhältnisse in Ri 1,35b jedoch erst auf eine spätere Nachinterpretation der zweiten Kapitelhälfte zurück, kann Ri 1,34f. unmöglich von Anfang an unter dem Einfluß von Jos 19,47a-48a LXX gestanden haben.

---

[244] Niemann, Daniten, 25.
[245] Niemann, Daniten, 19 Anm. 43.; s. auch 22 Anm. 56.
[246] So bereits Noth, Studien, 253 Anm. 65; vgl. Niemann, Daniten, v.a. 20-22; Becker, Richterzeit, 31.

3. „Schreiende Widersprüche" in Ri 1,1-21

So übersichtlich dem Leser Ri 1,21.27ff. auf den ersten Blick als „negatives Besitzverzeichnis" entgegentritt, so schwer durchschaubar stellt sich auf der anderen Seite die erste Kapitelhälfte mit vielfachen erzählerischen Brüchen und sachlichen Widersprüchen dar.

Die „schreienden Widersprüche"[247] in Ri 1,1-21 sind bereits von *Studer* ausführlich bemängelt und mit ersten literarkritischen Operationen bearbeitet worden. Im Zusammenhang der Quellentherorie hat man sie später auf den mehrfachen redaktionellen Umgang mit dem Material des jahwistischen Landnahmeberichtes zurückgeführt, den man Ri 1 zugrundeliegen sah. So fehlte es zunächst nicht an Versuchen, diesen Bericht mit den Mitteln der Literarkritik wieder zu dem wohlgeordneten Ganzen zusammenzusetzen, das er einmal gewesen sein sollte. Inzwischen ist die erste Kapitelhälfte jedoch literarkritisch weitgehend aus dem Blick geraten. Dies ist in erster Linie als Folge der Annahme eines „negativen Besitzverzeichnisses" in der zweiten Kapitelhälfte zu verstehen. Denn damit verband sich bald die Auffassung, daß Ri 1 insgesamt nicht mehr als ein „Konglomerat von alten Überlieferungsfragmenten"[248] bietet. Von diesen Überlieferungsfragmenten schien das „negative Besitzverzeichnis" besonderer Beachtung wert, alles übrige in Ri 1 blieb demgegenüber als dürftige Zusammenstellung nach Herkunft und Alter unbestimmter Einzelüberlieferungen dahingestellt. Das Voranstehende hat jedoch ergeben, daß wir es in vv. 21.27ff. nicht mit einem literarisch isolierbaren Überlieferungsstück zu tun haben. Der rekonstruierte narrative Grundbestand der zweiten Kapitelhälfte steht also nicht auf sich, sondern bedarf notwendig seines literarischen Kontextes, ist also prinzipiell im Zusammenhang mit der ersten Kapitelhälfte zu sehen.

Völlige Klarheit über die offensichtlich komplizierten literargeschichtlichen Vorgänge in Ri 1,1-20 ist in allen Einzelheiten allerdings wohl kaum zu gewinnen. Dennoch soll im Folgenden der Versuch unternommen werden, eine mögliche ursprüngliche Textgestalt der ersten Kapitelhälfte zu rekonstruieren, die einerseits einen passenden Vortext für vv.

---

247 Studer, Richter, 19.
248 Noth, ÜSt, 7.

21*.27*.29.34f. hergibt und andererseits die „schreienden Widersprüche" im Erzählverlauf des jetzigen Textes noch nicht kennt.

3.1. Die Probleme im Erzählverlauf

Sieht man von dem chronologischen Dilemma, in das Ri 1,1aα jenseits der Kapitelgrenzen führt, ab, leiten vv 1f. das nachfolgende Geschehen schlüssig ein. Den Schlußkapiteln des Josuabuches bzw. dem, was ihm davon bereits vorlag, entnahm der Verfasser von Ri 1 offenbar selbstverständlich, daß sich mit der Entlassung der einzelnen Stämme ihr Auftrag verbinden mußte, den von Josua erfolgreich begonnenen, jedoch noch nicht vollendeten Kampf gegen die Vorbewohner des Landes nach seinem Tod im je eigenen Gebiet fortzusetzen. Mit einer Gottesbefragung am Anfang läßt er das Geschehen daraufhin seinen Lauf nehmen.

Wie hier in der Form √שאל + ב + יהוה/אלהים steht die Gottesbefragung ausschließlich in den Rahmenkapiteln des Richterbuches und in den Samuelbüchern (mit Chr)[249], zum ersten Mal in Ri 1 unmittelbar nach dem Tod Josuas, zum letzten Mal in 2Sam 5, wo sie kurz vor der Überführung der Lade nach Jerusalem die Verteidigung des neugewonnenen davidischen Königtums gegen die Philister sichert. Das bedeutet, sie übernimmt die Funktion, den Geschichtsverlauf an entscheidenden – und das heißt in den meisten Fällen *militärisch* entscheidenden[250] – Stellen ad hoc zu legitimieren, allein innerhalb der Zeitspanne, deren geschichtliche Kontinuität weder durch die personale Autorität eines Mose oder Josua noch durch die Institution des davidischen Königtums gesichert ist.[251]

Dabei formuliert die Gottesbefragung hier keine Alternativ-, sondern eine Auswahlfrage.[252] Denn in Frage steht in v. 1 nicht, ob der Kampf gegen die Kanaaniter überhaupt aufgenommen werden soll, sondern vielmehr, wer ihn „an erster Stelle" für die Israeliten führen wird. *Becker* teilt die Mehrheitsmeinung, wenn er annimmt, daß „die präpositionale Wendung בתחלה kaum im Sinne einer zeitlichen Reihenfolge gemeint" ist,

---

249 Ri 20,23.27; 1Sam 10,22; 22,10; 23,2.4; 28,6; 30,8; 2Sam 2,1; 5,19.23 stehen wie hier mit יהוה; Ri 18,5; 20,18; 1Sam 14,37; 22,13 und auch die Chr-Parallelen zu 2Sam 5 in 1Chr 14,10.14 haben אלהים. Vgl. als Polemik auch Hos 4,12 mit עץ und Ez 21,26 mit den תרפים als befragtes Objekt. Eine eingehende formale Untersuchung der שא״ל-Befragungen s. bei Veijola, David, 6-19.
250 Von daher hat man zumeist auf ihren vorliterarischen „Sitz im JHWH-Krieg" (Fuhs, Art. שָׁאַל, 921) geschlossen.
251 Dazu paßt, daß sie auch nur in den Rahmenkapiteln des Richterbuches, nicht aber in den Erzählungen über die temporär wirkenden Richter selbst begegnet.
252 Sonst nur noch in Ri 20,18 und in 2Sam 2,1.

sondern „eher die Suprematie Judas gegenüber dem Norden"²⁵³ markiert. Der Konkordanzbefund spricht jedoch gegen die qualitative Interpretation des בתחלה. Denn an allen anderen Stellen²⁵⁴ (mit Ausnahme von Ri 20,18²⁵⁵) hat die Wendung eindeutig die zeitliche Reihenfolge im Sinn.²⁵⁶ Andererseits ist Ri 1 insgesamt so auffällig an der „Suprematie Judas" interessiert, daß man eine entsprechende Konnotation des בתחלה tatsächlich kaum ausschließen möchte. Vielleicht ist an eine ähnliche Bedeutungserweiterung zu denken, wie sie im Falle des griechischen ἄρχειν stattgefunden hat: primär ist ἄρχειν in der Bedeutung „anfangen, beginnen", später jedoch auch im Sinne von „führend sein, herrschen"²⁵⁷ belegt.

In jedem Fall zielen Frage und Antwort unverkennbar darauf, Juda von Anfang an in den Mittelpunkt des Geschehens zu rücken. Das vorangestellte לו macht freilich deutlich, daß Juda dabei zugleich als Repräsentant ganz Israels gedacht bleibt.

Auf den Gottesbescheid folgt in v. 2b eine Übereignungsformel²⁵⁸. Objekt der Übereignung sind hier nicht wie sonst üblich die zu bekämpfenden Feinde, sondern das „Land". Dies ist ansonsten nur in Jos 2,24 und Ri 18,10 der Fall; hier stellt die Übereignungsformel das ermutigende Votum der zurückgekehrten Kundschafter dar. Anders als in Jos 2,24 und Ri 18,10, wo der Bezug unmittelbar klar ist, bleibt das einzunehmende „Land" in Ri 1,2 merkwürdig unbestimmt – geht es um das ganze Land oder doch nur um den judäischen Anteil daran?

Vor dem gebotenen Aufstieg gegen die Kanaaniter trifft Juda in *v. 3* mit Simeon das Abkommen, einander im Kampf um das je eigene Stammesgebiet²⁵⁹ Beistand zu leisten. Dabei ist v. 3 in mehrfacher Hinsicht auffällig. Wo immer einzelne Stämme sonst Handlungsträger sind, läßt sich der genannte Stammesname als Kollektiv verstehen. Hier agiert Juda als „Bruder" Simeons und vor allem mit der an Simeon gerichteten wörtli-

---

253 Becker, Richterzeit, 36.
254 Gen 13,3; 41,21; 43,18.20; 2Sam 17,9; 2Kön 17,25; Jes 1,26; Am 7,1; Dan 8,1; 9,23; Esr 4,6.
255 Dazu s. u.140 Anm. 440.
256 Vgl. Budde, Richter, 3.
257 Vgl. Frisk, Wörterbuch, 159. Eine entsprechend zweideutige Interpretation von √חלל legt sich vor allem auch in Ri 11,18 nahe.
258 Zur Übereignungsformel s. Richter, Untersuchungen, 21ff.; Plöger, Untersuchungen, 61ff.; Lipinski, Art. נתן, 699. Gegen die Klassifizierung des Ausdrucks נתן ביד als „Formel" s. Labuschange, Art. נתן, v.a. 135.142.
Im Zusammenhang einer Orakelbefragung begegnet die Übereignungsformel auch in Ri 20,28; 1Sam 23,4 und 1Kön 22,6.15; vgl. Veijola, David, 14.
259 Wie Jos 16,1; 17,14.17; 18,11; 19,1.10.17.24.32.40; 21,4.20.40 bezeichnet גורל auch hier nicht das Los selbst, sondern im übertragenen Sinne den (durch das Los zugewiesenen) Landanteil. Dazu s. de Vos, Los, 103-106 mit Lit.

3.1. Die Probleme im Erzählverlauf

chen Rede jedoch eindeutig als Person.[260] Nach vv. 1f. sollte man ohnehin erwarten, daß die Judäer ihrem Auftrag unmittelbar Folge leisten und sogleich den Aufstieg beginnen. Stattdessen modifiziert Juda mit seinem eigenmächtig getroffenen Abkommen das gebotene JHWH-Wort und scheint damit dessen unbedingte Autorität zunächst zu ignorieren.[261] Hinzu kommt, daß die in v. 3 beschlossene Allianz zwischen Juda und Simeon vom weiteren Erzählverlauf zunächst in keiner Weise gedeckt ist. Denn bis v. 17 ist von einer Beteiligung Simeons am judäischen Feldzug keine Rede mehr. Dieser Widerspruch zeigt sich unmittelbar deutlich bereits am Übergang von v. 3 zu v. 4; nachdem v. 3b mit den Worten endete: „...und Simeon zog mit ihm", setzt *v. 4*a an: „Und Juda zog hinauf..."

Daß der hier begonnene Aufstieg siegreich enden wird, stellt v. 4bα unter erneuter Verwendung einer Übereignungsformel sicher. Hier steht sie, wie gewöhnlich, mit den Feinden als Objekt der Übereignung. V. 4bβ notiert dann einen ersten Erfolg: „Und sie schlugen sie in Besek, zehntausend Mann".

Der Ortsname Besek ist rätselhaft, denn ein Ort dieses Namens läßt sich dort, wo man ihn als Ausgangspunkt einer Einnahme des judäischen Stammesgebietes vermuten sollte, nicht finden. Zwar berichtet auch 1 Sam 11,18 von einem Besek, das 40 km nördlich von Jerusalem auf dem Weg von Sichem nach Beth-Schean lokalisiert wird[262], doch kommt dieser Ort hier genausowenig in Frage wie *Tell Bezka*[263] in der Nähe von Geser.[264] Einen Hinweis darauf, wo der Leser sich den Ort Besek zu denken hat, gibt jedoch möglicherweise der Text selbst: vv. 4f. nennen als Gegner der Judäer in Besek neben den Kanaanitern auch die Perisiter. An den beiden einzigen weiteren Stellen, an denen Perisiter allein neben Kanaanitern genannt werden (Gen 13,7; 34,30), bezeichnen sie die Bewohner des

---

260 Allenfalls in Ri 20,23.28; 21,6 treten die israelitischen Stämme in vergleichbarer Weise personifiziert auf (vgl. Lindars, Judges, 13), doch nicht mit gleicher Eindeutigkeit. Überdies dürfte das grammatisch unpassende (da auf die בני־ישראל bezogene) אחי bzw. אחיו an diesen Stellen nachträglich aus Ri 1 übernommen sein.
261 Klein, Triumph, 23 vermutet, daß dieser Planbruch bewußt und von Anfang an als solcher konzipiert sei, um bereits hier die für das Richterbuch bezeichnende „implicite difference in perception between Yahweh and Israel an Israel`s insistence on following human perception" vorzubilden. Doch abgesehen davon, daß die selbstgewählte Allianz mit Simeon an keiner Stelle wirklich ausdrücklich negativ bewertet wird, stünde eine derartige Belastung gerade Judas der übrigen Konzeption des Kapitels diametral entgegen. Selbst ein späterer Nachtrag des Verses ließe sich kaum in dieser Weise motivieren. Denn wenn der Bearbeiter einerseits ein so scharfes Gegenbild von Juda besaß, warum sollte er es dann andererseits nur so undeutlich in das Kapitel eingezeichnet haben?
262 *Ḫirbat Ibzīq* (1881.1971).
263 Zur Lokalisierung s. Lindars, Judges, 17.
264 Gegen die seit Euseb (s. de Lagarde, Onomastica, 237 Anm. 52) vorgeschlagene Identifizierung Beseks mit *Ḫirbat Ibzīq* s. schon Moore, Judges, 15: „Ibzīq lies wholly outside of this sphere of action, and in an opposite direction."

efraimitischen Gebirges nördlich von Jerusalem zwischen Bethel und Sichem, so daß mit der auffälligen Erwähnung der Perisiter vor allem die gedachte Lage Beseks ebendort angedeutet sein könnte. Sichem (Jos 24) als Ausgangspunkt des Aufstiegs wäre damit hier bereits vorausgesetzt.[265]

Das Geschehen in Besek ist mit der zehntausendfachen Erfolgsbilanz in v. 4bβ nicht beendet. In *v. 5* treffen die Judäer unvermittelt auf Adoni-Besek. Noch einmal werden im Kampf Kanaaniter und Perisiter geschlagen, nicht aber Adoni-Besek selbst, dem in *v. 6* zunächst die Flucht gelingt. Unverzüglich nehmen die Judäer seine Verfolgung auf und machen ihn schließlich mit der Amputation seiner Daumen und Zehen handlungs-, d.h. vor allem kampfunfähig.

In *v. 7* deutet Adoni-Besek sein eigenes Schicksal: „Siebzig Herrscher mit abgehauenen Daumen an Händen und Füßen haben aufgelesen unter meinem Tisch; wie ich getan habe, so hat mir Gott vergolten." Dieser merkwürdige Sinnspruch spricht vor allem zweierlei aus: die einst große Macht Adoni-Beseks – und die noch größere, nun durch die Überlegenheit Judas vermittelte Macht Gottes.[266]

Die Realisierung der Figur des Adoni-Besek ist mindestens ebenso problematisch wie die Lokalisierung des Ortes Besek. Der Gedanke liegt nahe, daß der eine Name lediglich aus dem anderen abgeleitet worden sein könnte. Demnach hätte entweder der Ortsname Besek den Verfasser von Ri 1 zu einer Anekdote über den einstigen Herrscher dieser Stadt inspiriert und „Adoni-Besek" wäre nicht in erster Linie als Eigenname, sondern als Funktionsbezeichnung, „Herrscher von Besek", zu verstehen.[267] Oder aber erst die überlieferte Gestalt eines mächtigen Adoni-Besek hätte umgekehrt dem fiktiven Kriegsschauplatz später seinen Namen gegeben. Die Möglichkeit, Adoni-Besek als Eigennamen aufzufassen, legt sich vor allem bei Kenntnis von Jos 10,1.3 nahe. Denn dort tritt Adoni-*Zedek* als König von Jerusalem auf, d.h. hier steht eine vergleichbare Konstruktion eindeutig an der Stelle eines Eigennamens oder vielleicht Titel des Bezeichneten, kann jedenfalls nicht im Sinne einer bloßen Funktionsbezeichnung gemeint sein.

Die Namensähnlichkeit zwischen Adoni-Besek und Adoni-Zedek hat darüberhinaus Anlaß zu der Überlegung gegeben, ob nicht ohnehin ursprünglich beide Male von der gleichen Gestalt die Rede ist und der eine

---

[265] So dürfte es zwar in der Tat „müßig sein, nach einem ‚Besek' in Juda zu suchen" (Becker, Richterzeit, 38), doch nicht weil „der Redaktor kaum mehr konkrete Vorstellungen davon hatte" (ebd.), sondern vielmehr, weil seine Vorstellungen nicht unbedingt mit realen topographischen Gegebenheiten korrelierten, sondern in erster Linie erzählerisch motiviert waren.

[266] Vgl. Niditch, Story, 199: „The story here seems to say that power is ephemeral; kings come and kings go."

[267] אדני mit hireq compaginis, vgl. GK §90*k*. Dagegen Budde, Richter, 3f.

3.1. Die Probleme im Erzählverlauf

Name erst nachträglich, mit[268] oder ohne Absicht, in den anderen verschrieben wurde. Die Gleichsetzung von Adoni-Besek und Adoni-Zedek drängt sich umso mehr auf, als auch Ri 1 einen mittelbaren Zusammenhang zwischen Adoni-Besek und der Stadt Jerusalem herstellt. Denn v. 7b berichtet davon, daß Adoni-Besek im Anschluß an seine letzten Worte zunächst nach Jerusalem verbracht wird und erst dort stirbt. Diese Überführung Adoni-Beseks nach Jerusalem macht ohne die Annahme, daß man Adoni-Besek für den König Jerusalems hielt, tatsächlich wenig Sinn. Allerdings bleibt sie auch dann merkwürdig genug. Denn warum hätten die Judäer dem besiegten Feind die Schande[269] ersparen sollen, als König außerhalb der eigenen Stadt sein Grab zu finden?

*Budde*s Einspruch, in v. 7b könne nicht mehr an die Judäer gedacht sein, denn „natürlich bringen nicht die Sieger den Verstümmelten nach Jerusalem"[270], vielmehr sei hier gemeint, Adoni-Besek werde *von den Seinen* nach Hause gebracht, überzeugt wohl in der Sache, hat jedoch keinerlei Anhalt im Text.

Die Adoni-Besek-Episode bleibt in der vorliegenden Textgestalt insgesamt undurchsichtig. Meist begnügt man sich deshalb damit, sie als Traditionsfragment zu beschreiben, das allenfalls ein „schönes Präludium für die Einnahme der Stadt Jerusalem"[271] abgibt. Doch wäre es eine merkwürdige Verkehrung der Verhältnisse, wenn ein so ausführliches und individuelles Vorspiel lediglich auf einen so wenig inspirierten und formelhaft gehaltenen Bericht hinauslaufen sollte, wie er sich im anschließenden Vers zu lesen gibt – auch oder gerade wenn es dabei um die Eroberung Jerusalems geht.

Denn *v. 8* hat kaum mehr zu bieten als das „,klassische' Ensemble der Kriegsterminologie (לחם nif / לכד / נכה / שלח בָּאֵשׁ)"[272]. Auffällig ist dabei zunächst die Verwendung der Langform בני יהודה als Subjekt, die in Ri 1 nur noch unmittelbar daraufolgend in v. 9 und dann wieder in v. 16 begegnet. Bemerkenswert ist jedoch vor allem die syntaktische Inversion in v. 8b: ist die unspezifische Renominalisierung Jerusalems als „die Stadt" schon für sich betrachtet merkwürdig, so erst recht ihre syntaktische Inversion, die darauf noch besonderen Nachdruck legt. Mit der Nachricht von der judäischen Eroberung Jerusalems gerät v. 8 schließlich insgesamt in einen doppelten Widerspruch zu v. 21; wird hier doch mit der Notiz

---

268 So hält zuerst Burney, Judges, 4f. „Adoni-Zedek" für die ursprüngliche, dabei theophore („lord of rightousness") Namensform und „Adoni-Besek" für deren Verballhornung, wobei er mit בזק syr. *bezka* bzw. aram. *bizka* = „Kieselstein" assoziiert sieht.
269 Vgl. etwa die Drohungen gegen Jojakim in Jer 22,19; 36,30!
270 Budde, Richter, 5.
271 Becker, Richterzeit, 38.
272 Becker, Richterzeit, 38f.

vom Verbleib der Jebusiter in Jerusalem gerade auf die höchstens unvollständige Einnahme der Stadt hingewiesen und diese in die Verantwortung nicht Judas, sondern Benjamins gestellt.

V. 9 markiert dann einen deutlichen Gliederungseinschnitt. Nach v. 1aα setzt dieser Vers die einzige Zeitmarke (ואחר) innerhalb des Kapitels. Liest man zugleich ירדו als semantisches Gegenstück zu ויעל in v. 4, so ergibt sich mit v. 9 eine Zweiteilung der ersten Kapitelhälfte: ein „Aufstieg", der in v. 4a beginnt und auf die Eroberung Jerusalems in Ri 1,8 zielt, und ein anschließender „Abstieg", dessen Einzugsbereich v. 9b mit ההר והנגב והשפלה einleitend in den Blick nimmt. Diese Trias gliedert das Land Juda in seine drei natürlichen Gebiete: das judäische Gebirge, das Steppenland südlich von Hebron und das zum Meer hin abfallende Hügelland (vgl. etwa. die Gebietsbeschreibungen in Dtn 1,7; Jos 9,1; 10,40; 12,8; Jer 17,26; 32,44; Sach 7,7).

Dieser geographischen Vorschau auf den weiteren Verlauf des judäischen Feldzuges entsprechend nimmt Juda im Folgenden zunächst das judäische Gebirge in Angriff. So berichtet *v. 10*a vom Angriff Judas gegen die Bewohner der Stadt Hebron/Kirjat-Arba, v. 10b zeigt mit dem Schlagen „Scheschais, Ahimans und Talmais" den Erfolg dieser Aktion an. Die bei diesen Namen genannten Verlierer bleiben hier ansonsten völlig unbestimmt, sie sind allerdings bereits aus Num 13,22 und Jos 15,13 als Anaksöhne und damit als Vorbewohner Hebrons bekannt.

In *v. 11* führt der Weg von Hebron nach Debir/Kirjat-Sefer. Die mit der Einnahme der Stadt verbundene, in *vv. 12-15* ausführlich erzählte Kaleb-Othniel-Achsah-Episode erscheint im Zusammenhang von Ri 1 überdimensioniert. Dabei ist alles, was hier über die Eroberung Debirs erzählt wird, bereits aus dem Josuabuch bekannt, denn eine beinahe wörtliche Parallele dazu liegt in Jos 15,15-19 vor. Trotz nahezu vollständiger Übereinstimmung beider Fassungen kommt es in Ri 1,12-15 allerdings zu einer Verschiebung gegenüber Jos 15. Das Subjekt des Vorgehens gegen Debir wird in beiden Fällen nicht ausdrücklich genannt, sondern ist hier wie dort aus dem Kontext zu erschließen. Dabei wird wie in Ri 1 auch in Jos 15 von der Eroberung Debirs direkt im Anschluß an eine Notiz über die erfolgreiche Einnahme der Stadt Hebron berichtet. Die Eroberung Hebrons schreibt Jos 15,12 indes anders als Ri 1,10 nicht dem Stamm Juda, sondern dem Kundschafter Kaleb gut. Aufgrunddessen kommt in Jos 15 auch im Hinblick auf die Eroberung Debirs niemand außer Kaleb in Frage, während sich Ri 1,11 nur so lesen läßt, als sei hier weiterhin von Juda die Rede. Die Frage, welche Alternative den ursprünglichen Zusammenhang darstellt, läßt sich relativ schnell entscheiden. Denn während die Kaleb-Erzählung in Jos 15 reibungslos fortfährt, wird der implizite Austausch von Kaleb durch Juda im Verlauf von Ri 1,10f. bereits in v. 12

3.1. Die Probleme im Erzählverlauf

problematisch: dem Wortlaut von Jos 15,15-19 weiter folgend ergreift auch hier Kaleb das Wort. Doch während Kalebs Engagement für die Stadt Debir in Jos 15 durch seinen vorangegangenen Erfolg in der Nachbarstadt Hebron hinreichend motiviert ist, tritt er in Ri 1,12 völlig unvermittelt auf. Diese Spannung deutet darauf hin, daß die Episode ihren Platz ursprünglich nicht im Kontext von Ri 1, sondern in Jos 15 gehabt haben dürfte.[273]

Andererseits geht Ri 1,11 par. Jos 15,15 für sich genommen Ri 1,10a.17a auffällig parallel und scheint dem Kontext von Ri 1 überhaupt so eng verwandt, daß der Vers eher hierher als dorthin zu gehören scheint.

Beides zusammengenommen, die augenscheinliche Priorität der eigentlichen Kaleb-Othniel-Achsah-Episode in Jos 15 auf der einen Seite und die Zusammengehörigkeit der einleitenden Notiz Ri 1,11 par. Jos 15,15 mit Ri 1 auf der anderen, ist nur damit zu erklären, daß Ri 1,12-15 Jos 15 entstammt, Ri 1,11 hingegen primär in den Zusammenhang von Ri 1 gehört. Dazu stimmt, daß die Notiz über den Zug Kalebs gegen die Bewohner Debirs/Kirjat-Sefers im Zusammenhang von Jos 15 mindestens verzichtbar, wenn nicht sogar störend ist: warum sollte Kaleb die Eroberung der Stadt noch zur Disposition stellen, nachdem er bereits selbst gegen „die Bewohner Debirs"[274] gezogen war? Da Ri 1,11 aufgrund der Spannung im Übergang zu v. 12 dann kaum allererst zum Zweck der Anfügung von vv. 12-15 verfaßt worden sein kann, ergäbe sich damit zugleich bereits hier, daß Ri 1,12-15 nicht nur Jos 15,15-19 gegenüber, sondern auch im Zusammenhang von Ri 1 als sekundär anzusehen ist.[275]

Nach der Inbesitznahme der Gebirgsstädte wird die in v. 9 entworfene Totalansicht auf das Land Juda weiter vervollständigt. So spielen sich vv. 16f. im Negev ab, die in v. 18 eroberte Philisterebene läßt sich geographisch zumindest teilweise noch zur Schefela zählen. Vv. 16ff. stehen

---

273 Zumindest eher in diese Richtung weisen auch zwei kleinere Überschüsse in Ri 1,15, die offenbar der näheren Verdeutlichung dienen sollen: anders als in Jos 15,19 wird Kaleb in Ri 1,15a als Gegenüber Achsas pronominalisiert (לו) und in Ri 1,15b dann noch einmal explizit als Subjekt beim Namen genannt.
Alle übrigen Unterschiede zwischen beiden Fassungen lassen sich für die Frage der Priorität kaum unmittelbar auswerten (vgl. die synoptische Übersicht bei Becker, Richterzeit, 40).
274 Nicht etwa „gegen Debir" im Sinne eines schlichten Ortswechsels.
275 Der Nachtrag der Kaleb-Episode in Ri 1 setzt dann möglicherweise bereits chronistische Vorstellungen voraus. Denn eine spezifische Leistung der chronistischen Juda-Genealogie besteht in der vollständigen Integration Kalebs in den Stamm Juda: als Sohn Hezrons und „Enkel" Perez' ist Kaleb in 1Chr 2 „Urenkel" Judas. Rechnete der Bearbeiter von Ri 1 Kaleb nun ebenso wie der Chronist dem Stamm Juda zu, erscheint der unvermittelte Auftritt Kalebs in v. 12 weit weniger problematisch. Denn unter der Voraussetzung, daß Kaleb ohne weiteres als Judäer gelten konnte, muß es weit weniger befremdlich erscheinen, daß er hier im Zusammenhang einer judäischen Aktion ungefragt das Wort ergreift.

jedoch insgesamt nur undeutlich in Zusammenhang miteinander und geben auch sonst ein höchst uneinheitliches Bild ab.

V. 16 berichtet zunächst vom Zug der Judäer gemeinsam mit den בני קיני in den מדבר יהודה „im Südland Arads"[276], d.h. den südöstlichen Negev. Der Vers erscheint von Anfang bis Ende kritikbedürftig. Schon die Form בני קיני ist so, wie sie da steht, unverständlich. Denn als nomen rectum ließe קיני entweder die Determination durch den Artikel erwarten oder müßte unter Wegfall der Zugehörigkeitsendung als Eigenname (קין) aufgefaßt werden. Einen voraufgehenden Eigennamen verlangt auch die appositionelle Näherbestimmung חתן משה.[277] Beide Formen, sowohl הקיני als auch קין, stehen in Ri 4,11 nebeneinander. Ist das einfache קיני in Ri 1,16 grammatisch nicht einwandfrei, so irritiert hier die bis zur Unverständlichkeit ausdifferenzierte genealogische Einordnung Hebers: „der Keniter, abgesondert von Kain, verschwägert mit Mose". Das eine wie das andere dürfte am ehesten damit zu erklären sein, daß Ri 1,16 und 4,11 sich mit der Zeit gegenseitig verkompliziert haben.[278]

Als Ausgangspunkt des judäisch-kenitischen Aufstiegs nennt v. 16a die „Palmenstadt"; ob damit wie in Dtn 34,4; IIChr 28,15 Jericho gemeint ist[279] oder ob dafür aufgrund der Abseitigkeit Jerichos vom judäischen Stammesgebiet nicht vielmehr „ursprünglich sehr wahrscheinlich die Stadt Thamar, die im Süden des judäischen Stammesgebietes lag, einen Fußmarsch südöstlich Arad"[280] in Frage kommt, ist hier nicht zu entscheiden.

Der Aufstieg endet in v. 16b damit, daß die Keniter sich „mit dem Volk" niederlassen. Von einer kriegerischen Auseinandersetzung mit den Vorbewohnern des Landes ist hier keine Rede. Dabei lesen die meisten Exegeten für das unklare העם aufgrund von 1Sam 15,6 ursprünglich העמלקי, woraus erst durch zufällige Verderbnis oder in der Absicht, „die Keniter von der Gemeinschaft mit den verhaßtesten Feinden Israels (Ex

---

276 Zur problematischen Übersetzung der Ortsangabe מדבר יהודה בנגב ערד s. Budde, Richter, 9.
277 LXX^A ergänzt Ιωβαβ zwischen οἱ υἱοὶ und τοῦ Κιναίου mit bestimmtem Artikel („Die Söhne Hobabs, des Keniters"). Dieser Lesart sind die meisten Exegeten gefolgt (vgl. Mittmann, Ri 1,16f., 214 mit Lit.), und zwar vor allem mit Hinweis auf die Glosse Ri 4,11, die Hobab nennt, ansonsten jedoch auf das Vorbild von Ri 1,16 zurückgeführt wird. Dagegen mit Recht Becker, Richterzeit, 42.
278 Überzeugend etwa der Rekonstruktionsvorschlag von Becker, Richterzeit, 42: in Ri 1,16 habe zunächst die Form בני קין gestanden. Unter dem Einfluß der Glosse in 4,11 sei diese dann zunächst in „grammatisch korrekter Weise durch חתן משה näherbestimmt" worden, und „ein Späterer hätte schließlich (ebenfalls aufgrund von 4,11?) den Eigennamen קין in den Gattungsbegriff קיני umgewandelt". Als Reaktion auf diese Gleichsetzung ist dann wiederum möglicherweise die nachgetragene Differenzierung קין נפרד in Ri 4,11 zu verstehen.
279 Vgl. etwa Budde, Richter, 8; Lindars, Judges, 37.
280 Hertzberg, Bücher, 151 mit Auerbach, Untersuchungen, 286ff. Die alternativen Lokalisierungen s. etwa bei Soggin, Judges, 28.

3.1. Die Probleme im Erzählverlauf 83

17 8ff. Dtn 25 17ff.) zu reinigen"[281], später העם geworden sei. Dieser Eingriff hat jedoch keinen Textzeugen wirklich auf seiner Seite: zwar bieten auch einige LXX-Handschriften Αμαληκ, doch nicht anstelle, sondern nach μετὰ τοῦ λαοῦ; die Vetus Latina sieht mit dem „Volk" die Keniter gemeint und liest den Amalekiter folglich als Satzsubjekt: *et habitavit cum eo Amalec*. Vorerst hat man sich wohl mit Lindars zu begnügen: „The text, though manifestly unsatisfactory, should be accepted without emendation"[282].

Die singularischen Verbformen in v. 16b schließlich passen weder zu den בני קיני noch zu den בני יהודה aus v. 16a, sind jedoch erst recht nicht, immerhin soviel ist sicher, auf beide zugleich zu beziehen.

In *v. 17* bildet Juda erneut eine Allianz: erst hier kommt das in v. 3 geschlossene, bislang jedoch bedeutungslos gebliebene Abkommen mit Simeon zum Tragen. Gemeinsam ziehen beide Stämme nun gegen die nur hier bekannte Stadt Zefat. Die Bewohner der Stadt werden getötet, die Stadt selbst wird gebannt. Daraufhin erhält sie den Namen „Horma", das in Jos 15,30 Juda, in Jos 19,4 Simeon zugeschlagen wird. Wurde der Leser auch im Falle Hebrons/Kirjat-Arbas und Debirs/Kirjat-Sefers (vgl. auch v. 23b) auf den früheren Namen der Stadt hingewiesen[283], so wird die Umbenennung hier ausdrücklich mit der erfolgreichen Eroberung in Zusammenhang gebracht. Dabei konserviert der Name „Horma", den die besiegte Stadt Zephat in v. 17b erhält, etymologisch den Bann (חרם), mit dem sie zuvor belegt wurde (vgl. Num 21,3).

V. 18 hakt schließlich die erfolgreiche Eroberung der philistäischen Küstenebene ab. Die (unvollständige) Aufzählung der Philisterstädte ist ähnlich stereotyp verfaßt wie die negativen Besitzanzeigen in der zweiten Kapitelhälfte. Verständlicherweise kommt die LXX deshalb (und möglicherweise auch aufgrund von Jos 13,3 und Ri 3,3) auf den Gedanken, der Vers gehöre sachlich eher dorthin, so daß sie ihn vv. 21.27-33 auch sprachlich angleicht: gegen MT setzt sie die Negation und verwendet zudem hier wie dort das Verb κληρονομεῖν, während MT √לכד in v. 18 von √ירש in vv. 21.27-33 unterscheidet. Die Abweichungen der LXX sind leicht als sekundäre Anpassung erklärlich, somit ist der MT als ursprüngliche Lesart beizubehalten.[284] Daß v. 18 MT dabei auch die lectio difficilior bietet, wird spätestens in *v. 19* deutlich. Denn: „v. 18 steht in ebenso grellem Widerspruch mit v. 19 wie v. 8 mit v. 21"[285].

---

281 Budde, Richter, 9.
282 Lindars, Judges, 40.
283 Zur Umbenennung eroberter Städte als „imperialistische Praxis" s. Keel, Orte, 301-305.
284 Vgl. Weinfeld, Period, 94f.; ders.; Judges 1.1-2:5, 395; Becker, Richterzeit, 44f.
285 Budde, Richter, 10.

V. 19a faßt mit den Worten: „Und JHWH war mit Juda, und es nahm das Gebirge ein" das Ergebnis des in v. 4 begonnenen Aufstiegs Judas interpretierend zusammen, scheint damit jedoch von den gerade berichteten Erfolgen in der Philisterebene nichts zu wissen. Dieser Widerspruch wird in v. 19b explizit, denn hier wird die Einnahme der Ebene dann definitiv ausgeschlossen. Die grammatisch ungeläufige Wendung כי לא להוריש wird meist durch eine textkritische Entscheidung gegen den MT umgangen. *Soggin* vermutet eine Dittographie des zweiten ל[286], am häufigsten vertreten wird die – in der Tat gut bezeugte – Ergänzung einer flektierten Verbform von יכל, die dem ursprünglichen Text durch Haplographie[287] oder bewußte Tilgung[288] verlorengegangen sei. Die lectio difficilior des MT ist jedoch keineswegs unmöglich, wie die Konkordanz (zusammen mit GK § 114 *k-l*) zeigt: auch Am 6,10 (hier ebenfalls mit vorausgehendem כי); 1Chr 5,1; 15,2; Dan 6,9.16[289] kennen die Konstruktion eines verneinten infinitivus constructus ohne übergeordnete flektierte Verbform, die am ehesten quasi-gerundivisch aufzufassen ist. Die Motivation der auf diese Weise unpersönlichen Formulierung („und nicht waren die Bewohner der Ebene zu vernichten") ist im Kontext von Ri 1 leicht festzustellen: „This formulation uses an infinitive without specifying the special verbal agent of the verb because it was impossible to relate failure and lack of success explicitly to Judah"[290].

Der in v. 19 angenommenen Beschränkung der Erfolge Judas auf das Gebirge steht dann nicht nur v. 18 im Wege, sondern damit gerät v. 19 als Resümee verstanden zugleich in Spannung zu der in v. 9 entworfenen Totalansicht auf Juda und stellt so die daran orientierte Gliederung der ersten Kapitelhälfte insgesamt in Frage.

V. 20 schlägt den Bogen schließlich zurück zu der bereits in v. 10 verhandelten Stadt Hebron. Anders als in v. 10 wird hier ein durch mosaische Autorität legitimiertes Anrecht Kalebs auf die Stadt vorausgesetzt. Darin stimmt Ri 1,20 vor allem mit Jos 14,6.13f. überein (vgl. Jos 15,13f.). Dabei ist die Vorstellung einer späteren Übergabe Hebrons an Kaleb nach der vorherigen Einnahme der Stadt durch Juda, wie sie der Erzählverlauf vorgibt, für sich genommen keineswegs widersprüchlich, erst die doppelte Vernichtung der Anaksöhne in v. 10b und v. 20b spielt beide Verse gegeneinander aus.

---

286 Soggin, Judges, 24.
287 Lindars, Judges, 45.
288 Budde, Richter, 10; Auld, Judges I, 273; Becker, Richterzeit, 45.
289 Daß die Konstruktion gleich zwei Mal innerhalb des biblisch-aramäischen Textbestandes vorkommt, ist auffällig und weist möglicherweise auch hier auf aramisierenden Sprachgebrauch hin.
290 Weinfeld, Judges 1.1-2:5, 396.

Über allen Unstimmigkeiten im Einzelnen lassen sich drei Hauptprobleme festhalten, die der Text der ersten Kapitelhälfte aufwirft: Erstens die Frage des Einzugsbereichs der judäischen Landnahme – geht es um Jerusalem auf der einen und das Land Juda in der klassischen Gliederung „Gebirge, Südland und Hügelland" auf der anderen Seite (vv. 8f.16f.), oder ist allein die Gebirgsregion Ziel des judäischen Aufstiegs (v. 19)?

Zweitens die Frage, in wessen Zuständigkeitsbereich die Städte Jerusalem und Hebron fallen – waren dafür die Judäer verantwortlich (vv. 8.10), oder war es im Falle Jerusalems Benjamin (v. 21), der hier allererst sein Besitzrecht hätte durchsetzen sollen, und im Falle Hebrons Kaleb (v. 20), der sich um die Vernichtung der Anakiter verdient machte?

Hier schließt sich dann drittens die Frage an, wer an der Landnahme im judäischen Stammesgebiet insgesamt beteiligt war – allein Juda im engeren Sinn (vv. 2.10f.19), oder assoziierte der Verfasser ausschnittweise auch Simeon, Kaleb, Othniel und die Keniter (vv. 3.12-17)?

3.2. Rekonstruktion des Grundbestandes

Vv. 1f. sind erzählerisch grundlegend und als Erzähleröffnung ohne Alternative.[291] An ihrer Zugehörigkeit zum Grundbestand von Ri 1 kann kein Zweifel bestehen.[292]

Der in v. 2a autorisierte Aufstieg Judas (יהודה יעלה) kommt in v. 4aα zur Ausführung (ויעל יהודה). V. 3 hingegen unterbricht in beschriebener Weise den Zusammenhang zwischen der JHWH-Befragung und ihrer Befolgung. Daß die Allianz zwischen Juda und Simeon in diesem Planbruch nicht als „basic structure"[293] des Kapitels angelegt ist, sondern v. 3 vielmehr eine sekundäre Nachinterpretation[294] darstellt, zeigt sich darin, daß das hier getroffene Abkommen im Folgenden zunächst ohne Belang bleibt: zwar zieht Juda v. 17 zufolge zusammen mit Simeon gegen Zefat/Horma, bis dahin ist von einer Beteiligung Simeons am eigentlichen judäischen Feldzug umgekehrt jedoch keine Spur.

Auf einer Höhenlinie mit v. 4aα befinden sich die verba movendi in vv. 9.10.11.16.17. Sie führen den in v. 4 begonnenen Aufstieg über die

---

291 Auf die besondere Problematik von v. 1aα ist hier noch nicht einzugehen. Dazu s. u. Kap. 7.2.
292 Allein die gegenüber v. 4aβ modifizierte Übereignungsformel in v. 2b stellt hier möglicherweise einen Nachtrag dar, der dann bereits vorwegnimmt, was sich erst am Ende von Ri 1 ergeben wird: das vollständig eingenommene Land umfaßt am Ende nur den judäischen Anteil daran – und damit liegt das Land von Anfang an ganz in Judas Hand.
293 So Auld, Judges I, 275. Ähnlich legt es die Übersicht über den Textaufbau bei Webb, Judges, 90 und Younger, Judges I, 77 nahe.
294 Nach oder jedenfalls im Einklang mit Jos 19,1b.

Einzelepisoden hinweg weiter fort. Dabei wird Juda in vv. 10.11.17 wie in der Erzähleröffnung als Singularkollektiv renominalisiert, vv. 9.16 haben jedoch die בני־יהודה als Subjekt. Während man in v. 16 schnell bereit ist, diese Differenz als literarkritisches Argument gelten zu lassen, um den in mehrfacher Hinsicht problematischen Kenitervers als späteren Zusatz aus dem Grundbestand von Ri 1 auszuscheiden, bedarf dies in v. 9 einer längeren Erklärung.

Die Gliederungsfunktion, die v. 9 übernimmt, indem er vv. 10ff. als Abstieg von dem in v. 4 begonnenen Aufstieg unterscheidet, ist allein vor dem Hintergrund der unmittelbar vorausgehenden Eroberung Jerusalems sinnvoll. Allein unter geographischem Gesichtspunkt leuchtete kaum ein, daß ausgerechnet der anstehende Weg ins Gebirge als „Abstieg" eingeleitet werden sollte. Doch „ירד‎' ist von Jerusalem her stets gebräuchlich"[295], und so gliedert v. 9 die erste Kapitelhälfte in der vorliegenden Textgestalt nicht nur in einen Auf- und einen Abstieg, sondern orientiert sich dabei zugleich an dem „üblichen Paar Jerusalem und Juda"[296]. V. 9 setzt v. 8 also notwendig voraus.

Nun steht die Notiz von der Eroberung Jerusalems in der vorliegenden Textgestalt nicht für sich, sondern v. 8 bildet zugleich den Abschluß der Adoni-Besek-Episode. Deren Ende ist jedoch insgesamt nicht ganz reibungslos: sachlich gibt die Überführung des besiegten Adoni-Beseks nach Jerusalem in v. 7b zu denken, formal ist in v. 8a die Verwendung der Langform בני־יהודה auffällig, syntaktisch irritiert die unmotivierte Inversion in v. 8b. Dabei stellt ihr problematisches Ende nicht die einzige Schwierigkeit der Adoni-Besek-Episode dar. Einer literarkritischen Erklärung bedarf darüberhinaus vor allem die doppelte Nachricht vom Schlagen der Kanaaniter und Perisiter in v. 4b und 5b, die den Erzählverlauf der Episode insgesamt durcheinanderbringt. Vor v. 9 und v. 8 sind also zunächst vv. 4-7 zu klären.

Der in v. 4b berichtete Sieg der Judäer stößt sich nicht nur an seiner Dublette in v. 5b, sondern nach v. 4b kommt auch das Zusammentreffen mit Adoni-Besek in v. 5a verspätet. So wird v. 4a seine ursprüngliche Fortsetzung entweder nur in v. 4b oder in v. 5 gefunden haben. Mit v. 5 hätte man allerdings auf die Adoni-Besek-Episode insgesamt zu verzichten, denn die Flucht Adoni-Beseks läßt sich ohne die Vorbereitung in v. 5a nicht an v. 4 anschließen. Stünde wiederum die nachfolgende Adoni-Besek-Episode nicht da, bliebe die Bedeutung Beseks als Ort des Geschehens völlig unklar. So ist der ursprüngliche Anschluß an v. 4a insgesamt nicht in v. 4b, sondern in v. 5 zu suchen.

---

295 Vgl. Budde, Richter, 5.
296 Levin, Verheißung, 175.

3.2. Rekonstruktion des Grundbestandes

Einer kleinen Auffälligkeit in v. 4a läßt sich ein Hinweis auf die erzählerische Absicht der späteren Dublette in v. 4b entnehmen: הפרזי steht hier, anders als הכנעני (und anders als הפרזי in v. 5b), ohne nota accusativi. Dies könnte auf einen Nachtrag der Perisiter in v. 4a hindeuten, der sich leicht als Angleichung an v. 5b erklären ließe. Ohne v. 4b einerseits und ohne die Perisiter andererseits gibt v. 4a sich jedoch weniger als Einleitung der Adoni-Besek-Episode zu verstehen, sondern scheint vielmehr in unmittelbarer Korrespondenz zu v. 2a den Aufstieg Judas insgesamt zusammenfassend in den Blick zu nehmen:

> ¹Und [nach dem Tod Josuas] befragten die Israeliten
> JHWH folgendermaßen: „Wer wird für uns als erster
> zum Kanaaniter aufsteigen, um gegen ihn zu kämpfen?"
> ²ªUnd JHWH sprach: „Juda wird aufsteigen!"
> ⁴ªUnd Juda stieg auf, und JHWH gab den Kanaaniter in
> ihre Hand.

Mit dem Einschub der zweiten Vershälfte ist v. 4 hingegen erzählerisch in sich abgeschlossen und stellt auf diese Weise der eigentlichen Adoni-Besek/Jerusalem-Episode ein Geschehen in Besek voran, das in 4a seinen Anfang nimmt und in v. 4b bereits zu einem ersten Abschluß kommt.

Diese Verschiebung im Erzählverlauf wird vom Ende der Episode her erklärlich. Das Ende der Adoni-Besek-Episode in Jerusalem steht, wie gezeigt, insgesamt auf unsicheren Füßen. Da sich v. 8b mit der einerseits merkwürdig unbestimmten, andererseits besonders betonten Rede von der „Stadt" als nur halbwegs passender Abschluß der Notiz von der Eroberung Jerusalems gezeigt hat, ist zu überlegen, ob v. 8b zwar möglicherweise von Anfang an den Abschluß der Adoni-Besek-Episode darstellte, ursprünglich jedoch nicht auf Jerusalem, sondern auf Besek gemünzt war. Freilich läßt v. 8b sich nicht an v. 7 anschließen. Doch die abschweifende Theodizee aus dem Mund Adoni-Beseks hört sich ohnehin nicht recht nach dem ansonsten so wenig ausdrücklich theologischen ersten Verfasser von Ri 1 an. Klammert man v. 7 zusammen mit v. 8a aus dem Grundbestand aus, bietet sich mit v. 6 jedenfalls ein passender Anschluß für v. 8b und damit ein schlüssiges Ende der Adoni-Besek-Episode:

> ⁵Und sie trafen auf Adoni-Besek in Besek, und sie
> kämpften gegen ihn, und sie schlugen den Kanaaniter
> und den Perisiter.
> ⁶Aber Adoni-Besek floh, und sie setzten ihm nach, und
> sie ergriffen ihn, und sie hieben ihm die Daumen seiner
> Hände und Füße ab, ⁸ᵇdie Stadt aber beschickten sie
> mit Feuer.

Die Überführung Adoni-Beseks nach Jerusalem wäre demnach erst nachträglich konstruiert worden, um die Eroberung Jerusalems am Beginn des judäischen Feldzuges unterzubringen. Ihre unmittelbare Verbindung mit der Adoni-Besek-Episode könnte sich damals schon aus der Identifizierung Adoni-Beseks mit Adoni-Zedek, König von Jerusalem, in Jos 10 hergeleitet haben. Aus dem Munde eines Königs von Jerusalem gedacht macht jedenfalls auch v. 7 erst Sinn, denn die hier ausgesprochene einst übergroße Macht Adoni-Beseks wäre wohl bei keinem Geringeren als dem Herrscher einer Stadt vom Rang Jerusalems glaubhaft.

Mit v. 8a an ihrem Ende zielt die Adoni-Besek-Episode insgesamt auf die Eroberung Jerusalems. Eben daraufhin dürfte der Einschub von v. 4b und הפרזי in v. 4a erfolgt sein, der v. 4 als selbständig gegen vv. 5-8 abschließt und so zuallererst das Geschehen in Besek zu einem guten Ende bringt.

Da nun ohne die voranstehende Nachricht von der Einnahme Jerusalems die durch v. 9 markierte Zweiteilung der ersten Kapitelhälfte in einen Auf- und einen Abstieg sinnlos wird, ist der Widerspruch zwischen der in v. 9 entworfenen Totalansicht auf Juda und der Beschränkung der judäischen Erfolge auf das Gebirgsland für den Grundbestand zugunsten von v. 19a zu lösen. Ohnehin wäre eine spätere Dezimierung des Juda zugewiesenen Gebietes schwerer einsichtig zu machen als dessen nachträgliche Erweiterung. Überdies korrespondiert v. 19a direkt mit vv. 2.4[297], während sämtliche Verse, die eine Totalansicht Judas voraussetzen (vv. 8f.16-18), sich schon je für sich als problematisch erwiesen haben. V. 19b reagiert mit der Rechtfertigung der judäischen Erfolge allein im Gebirge offensichtlich bereits auf den Widerspruch zwischen v. 19a und der mit v. 9 in Aussicht gestellten totalen Inbesitznahme Judas und ist damit späterer Nachtrag.

Anders als vv. 16ff. fügt der Weg ins Gebirge in vv. 10f. sich einwandfrei in das erzählerische Grundgerüst der vv. 1f.4a.19a ein. Beide Verse setzen das ויעל aus v. 4 mit וילך geradewegs fort, אל־הכנעני היושב בחברון (v. 10) bzw. אל יושבי דביר (v. 11) detaillieren אל־הכנעני als Zielangabe aus v. 1. Die jeweils am Ende bemerkte Umbenennung der Städte scheint deren Eroberung implizit vorauszusetzen. Davon abgesehen blieb der Ausgang des Angriffs gegen Hebron bzw. Debir zunächst offen, denn ebenso wie die Kaleb-Othniel-Aksah-Episode in vv. 12-15 dürfte auch der glossenhafte Hinweis auf die erschlagenen Anakiter in v. 10b ursprünglich nicht hier gestanden haben. Die fehlenden Erfolgsmeldungen stellen jedoch unter der Voraussetzung, daß alles, was zwischen v. 15 und v. 19 steht, ebenfalls nachträglich ist, keinen Mangel mehr dar. Denn so laufen

---

297 Vgl. Budde, Richter, 10.

3.2. Rekonstruktion des Grundbestandes

die vv. 10f. direkt auf v. 19a hinaus und finden dort ihren angemessenen Abschluß.

Mit dem Ausfall von v. 8a und v. 10b führen vv. 20f. nicht mehr zu „schreienden Widersprüchen". Dennoch stellt v. 20 keine gute Fortsetzung des Resümees in v. 19a dar, das am Ende der ersten Kapitelhälfte wohl zunächst einmal das letzte Wort haben sollte. Hier ist eher an einen späteren Ausgleich mit Jos 14f. zu denken. Dabei ist der Nachtrag von v. 20 vermutlich vor dem Einschub der vv. 12-15 und 16-18 erfolgt. Denn in entsprechend größerer Nähe zu v. 10a erscheint der Hinweis auf die Übergabe Hebrons an Kaleb weit weniger deplaziert als in der vorliegenden Textgestalt.

Aus der Sekundarität von vv. 19b.20 folgt, daß v. 19a ursprünglich v. 21 unmittelbar vorausging. Und tatsächlich schließen beide Verse als Kontrastpaar sinnvoll aneinander an: ואת־היבוסי ישב – ...ויורש את־ההר ירושלם לא הורישו. So klärt v. 21 im Nachgang das in der ersten Kapitelhälfte offengebliebene Schicksal Jerusalems und bleibt damit als konzeptioneller Ausgangspunkt der zweiten Kapitelhälfte zugleich auf den Juda-Teil des Kapitels eng bezogen.

Somit ergibt sich bis hierher folgender Grundbestand in Ri 1,1-21:

> ¹Und [nach dem Tod Josuas] befragten die Israeliten JHWH folgendermaßen: „Wer wird für uns als erster zum Kanaaniter aufsteigen, um gegen ihn zu kämpfen?"
> ²ᵃUnd JHWH sprach: „Juda wird aufsteigen!"
> ⁴ᵃUnd Juda stieg auf, und JHWH gab den Kanaaniter in ihre Hand.
> ⁵Und sie trafen auf Adoni-Besek in Besek, und sie kämpften gegen ihn, und sie schlugen den Kanaaniter und den Perisiter.
> ⁶Aber Adoni-Besek floh, und sie setzten ihm nach, und sie ergriffen ihn, und sie hieben ihm die Daumen seiner Hände und Füße ab, ⁸ᵇdie Stadt aber beschickten sie mit Feuer.
> ¹⁰ᵃUnd Juda ging zum Kanaaniter, der in Hebron wohnte; und der Name Hebrons war früher Kirjat-Arba.
> ¹¹Und es ging von dort zu den Bewohnern Debirs; und der Name Debirs war früher Kirjat-Sefer.
> ¹⁹Und JHWH war mit Juda, und es nahm das Gebirge ein.
> ²¹Den Jebusiter aber, den Bewohner Jerusalems, vernichteten die Benjaminiten nicht, und der Jebusiter wohnte mit den Benjaminiten in Jerusalem bis zu diesem Tag.

Charakteristisch für die in Ri 1,1-19a* konstruierte Landnahmedarstellung sind der Primat Judas einerseits und die programmatische Beschränkung der judäischen Erfolge auf das Bergland andererseits. Inwiefern der Text der ersten Kapitelhälfte sich dergestalt zur zweiten fügt, ist in Kap. 5 zu zeigen. Zuvor steht jedoch die Analyse der vv. 22-26 aus.

4. Die Einnahme Bethels (Ri 1,22-26)

Zwischen Benjamin- und Manasse-Notiz erzählt Ri 1,22-26 von der Eroberung Bethels/Lus'[298] durch das „Haus Josef". Die Einnahme der Stadt gelingt mithilfe eines Verbündeten: ein Mann, der von den שמרים beim Verlassen der Stadt beobachtet wird, willigt ein, ihnen um den Preis seiner Verschonung einen günstigen Zugang zur Stadt zu zeigen. Die Stadt wird geschlagen, den Mann und seine Sippe lassen die Josefiten vereinbarungsgemäß ziehen. Der Mann gründet daraufhin im „Land der Hetiter" eine neue Stadt[299], auch diese erhält den Namen Lus.

Die Bethel-Episode wird meist als Einschub eines ursprünglich selbständigen Erzählstückes aufgefaßt.[300] Andererseits ist mehrfach auf die integrale Erzählfunktion der vv. 22-26 im Kapitelkontext hingewiesen worden. *Becker* verbindet beide Ansichten, indem er die kontextabhängigen Erzählelemente auf v. 22 beschränkt sieht und von daher annimmt, „v.22 sei dem älteren Stück v.23-26 zum Zwecke der Einfügung in den jetzigen Zusammenhang vorangestellt worden"[301].

Doch versteht sich die literarische Isolierung der Bethel-Episode als Erzählstück nur solange von selbst, wie man die Existenz eines durch sie

---

[298] Auch Jos 16,1f. zählt Bethel zum Stammesgebiet Josefs. Jos 18,13 zufolge gilt Bethel als Grenzstadt Benjamins. Beide Zuordnungen schließen sich nicht unbedingt aus, kann Bethel doch als josefitische Stadt durchaus an der Grenze zu Benjamin liegen. (Den Versuch einer historischen Erklärung der s. E. schwankenden Zuordnung s. demgegenüber etwa bei Koenen, Bethel, 12-14.)
Wie Ri 1,23 setzt auch Jos 18,13 Bethel mit Lus gleich. In Jos 16,2 hingegen scheinen beide Orte zwar dicht beieinander zu liegen, werden jedoch noch voneinander unterschieden (falls die Endung ה als ה-lokale und nicht, wie LXX mit Βαιθηλ Λουζα nahelegt, als Femininendung des Ortsnamens aufzufassen ist; vgl. Kallai, Geography, 130). Wenn Bethel nicht tatsächlich unter zwei Namen bekannt war (so Koenen, Bethel, 25), könnte die unmittelbare Nachbarschaft des Heiligtums „Bethel" mit der Ortschaft Lus später ihre Identifizierung nahegelegt haben (so Noth, Bethel, 215f.). Eine Lokalisierung Lus' ist allerdings bis heute nicht gelungen.
Die Gleichsetzung Bethels mit Lus in Gen 28,19b und Gen 35,6 ist sekundär (vgl. Levin, Jahwist, 222 mit Gunkel, Genesis, 320), Ri 1,23 vermutlich davon abhängig.
[299] Ebenso wie Lus ist auch „Neu-Lus" nicht nachgewiesen.
Aus neuassyrischen und neubabylonischen Texten ist das „Land der Hetiter" als Bezeichnung für Syrien bekannt (vgl. Lindars, Judges, 55). Jos 1,4, der einzige weitere biblische Beleg, zählt die ארץ החתים zum verheißenen Land.
[300] Anders v.a. Lindars, Judges, 50f.; s. auch Fritz, Besitzverzeichnis, 381.
[301] Becker, Richterzeit, 47 mit Verweis auf Eißfeldt, Hexateuch-Synopse, 83.252*.

gestörten „negativen Besitzverzeichnisses" oder jedenfalls einen ursprünglichen literarischen Zusammenhang der vv. 21.27-35 voraussetzt. Andernfalls besteht dafür, wie sich hier und im nächsten Kapitel zeigen wird, kein zwingender Grund.

Trotzdem behält *Becker* insoweit Recht, als die Erzählfunktion der Bethel-Episode im vorliegenden Textzusammenhang tatsächlich vor allem in ihrem Einleitungsvers ins Auge fällt: v. 22 leitet das Folgende deutlich erkennbar als erzählerisches Gegenstück zum Feldzug Judas ein.[302] Wie Juda in v. 4 steigt in v. 22a das Haus Josef hinauf. Das nachgestellte גם־הם hebt die Parallelität beider Aktionen noch besonders hervor. Daß diese Parallelisierung nicht nur vv. 22-26 selbst, sondern alles bis einschließlich v. 35 Folgende im Blick hat, darauf läßt die erneute Erwähnung des בית־יוסף in v. 35b schließen, die zur semantischen Inklusion der vv. 22-35 führt.[303] Den Eindruck nicht nur formaler, sondern auch ideeller Gleichwertigkeit der aufeinanderfolgenden Aktionen Judas und Josefs bewirkt schließlich die Feststellung des göttlichen Beistands in v. 22b, die unmittelbar dem in v. 19aα resümierten Mit-Sein JHWHs auf dem judäischen Feldzug korrespondiert.[304]

Mit v. 22 an seinem Anfang steht der Aufstieg des Hauses Josef also zunächst unter ähnlich positiven Vorzeichen wie die judäische Inbesitznahme des Landes nach vv. 2.4. Angesichts dessen, wie ihn vv. 27-35 im Einzelnen ausgehen lassen, ist dies allerdings eher überraschend. Zugleich sind nun in vv. 22f. auch für sich betrachtet eine Reihe von Auffälligkeiten zu bemerken.

Irritierend ist zunächst, daß auf Lus als früheren Ortsnamen Bethels nicht, wie zu erwarten wäre, im Anschluß an die erstmalige Erwähnung Bethels in v. 22a hingewiesen wird, sondern erst am Ende von v. 23. Daß sowohl Bethel als auch das Haus Josef hier erneut beim Namen genannt werden, obwohl beide im unmittelbar vorangehenden Vers erst namentlich eingeführt wurden, wäre ohnehin nicht unbedingt zu erwarten. Dabei fällt die Renominalisierung Bethels in v. 23 umso mehr ins Auge, als Bethel in den darauffolgenden Versen nirgends mehr ausdrücklich benannt wird, sondern ausschließlich als „die Stadt" zur Sprache kommt. Auf die Differenz im Sprachgebrauch zwischen עם in v. 22b und את in v.

---

302 Vgl. Auld, Judges I, 267.276; Becker, Richterzeit, 47; Lindars, Judges, 49-51.
Besondere Beachtung hat die sich daraus ergebende zweigeteilte Struktur des Kapitels in der endtextorientierten Exegese gefunden; vgl. Webb, Judges, 92-96; Younger, Judges 1:1-36; O'Connell, Structure, 65-67.
303 S. o. 62.68f.
304 Dabei ist jedoch die jeweils unterschiedliche Formulierung einmal mit את und einmal mit עם zu bedenken.

4. Die Einnahme Bethels (Ri 1,22-26)

19a wurde bereits hingewiesen. Singulär ist schließlich die Konstruktion von √חור mit ב in v. 23a.

Zunächst jene freilich am wenigsten gravierende Auffälligkeit, damit zugleich aber auch alle vorgenannten Schwierigkeiten lassen sich ausräumen, indem man בבית־אל als Präpositionalobjekt nicht auf ויתירו in v. 23a, sondern auf ויעלו in v. 22a bezieht und alles dazwischen Stehende als nachträglichen Einschub ausscheidet. Anders als im Falle der literarkritischen Differenzierung zwischen v. 22 und v. 23 im Ganzen bliebe hier mit v. 22aα die Anschlußfähigkeit der Bethel-Episode im Kontext von Ri 1 gewahrt, deren literarische Selbständigkeit wäre allein von daher nicht mehr notwendig vorauszusetzen.

Ein derartiger literarkritischer Eingriff verlangt eine besondere erzählerische Motivation. Für den Nachtrag des גם־הם und der Beistandszusage in v. 22aβb ist diese nicht schwer zu finden. Hier wird zweifellos das Interesse einer – dann nachträglichen – „Parallelisierung der Eroberungsaktion des Hauses Josef mit der Judas"[305] deutlich. Weniger selbstverständlich ist das Anliegen der Ergänzung von ויתירו in v. 23aα. Es wird jedoch im Hinblick auf Jos 2; 6 deutlich.

Die oft bemerkte thematische Nähe der Bethel-Episode zur Rahab-Erzählung in Jos 2; 6 ist unübersehbar: hier wie da wird ein Abkommen geschlossen, das den Israeliten am Ende die Einnahme der Stadt und dem/der Kollaborateur/in im Gegenzug den חסד der Israeliten sichert.[306] Ein Bewußtsein für die dem post-dtr Leser selbstverständliche Ambivalenz dieses Verfahrens läßt die Rahab-Erzählung nicht erkennen. Zwar scheint auch die erfolgreiche Eroberung Bethels auf den ersten Blick erst im Schatten der vv. 27ff. an Glanz einzubüßen, genauer betrachtet wird ihre Ambivalenz jedoch bereits im Erzählverlauf selbst mit zwei Abweichungen gegenüber Jos 2; 6 unterstrichen. Während nämlich die Übereinkunft der Kundschafter mit Rahab erstens aus der Not geboren ist und sich zweitens dem Angebot Rahabs verdankt, wird das Abkommen zwischen den שומרים und dem Bethelbewohner von den Josefiten selbst initiiert, und zwar ohne erkennbare Notwendigkeit. Indem Ri 1,22-26 auf diese Weise die Eigeninitiative der Josefiten gegenüber Jos 2; 6 hervorkehrt, rückt die Bethel-Episode in doppelter Hinsicht ins Zwielicht: das in Ri 1,23 getroffene Abkommen läßt sich den Josefiten nicht nur als Bünd-

---

305 Becker, Richterzeit, 47.
306 Eine Übersicht der Parallelen im Einzelnen s. bei Webb, Judges, 97.
Auf die Literargeschichte von Jos 2; 6 muß hier nicht weiter eingegangen werden (eine eingehende Analyse der Rahab-Erzählung s. v.a. bei Bieberstein, Josua, 101-135; 287ff.; 301ff.; 258-373; 398ff.; 420), da Ri 1 die entscheidenden Entwicklungsstufen inklusive des (sekundären) Motivs der Verschonung Rahabs (Jos 6,25 → 2,12 → 6,22f.) bereits voraussetzen dürfte.

nis mit jedenfalls einem Vorbewohner des Landes vorwerfen, sondern die dabei waltende Eigenmächtigkeit der Josefiten gerät zudem – anders als das schicksalhaft zustande gekommene Bündnis mit Rahab – in Konkurrenz zum geschichtsmächtigen Eingreifen JHWHs, wie es nach vv. 1f. die judäischen Erfolge implizit begleitet.

Die Ambivalenz der josefitischen Eroberungstaktik spitzt sich mit v. 26 endgültig zum Negativen hin zu. Durch die Verschonung des Kollaborateurs kommen nicht nur er selbst und seine Familie mit dem Leben davon, sondern auch die Stadt Lus hat ein Nachleben in ihrer neugegründeten Namensschwester im Hetiterland. V. 26 mag einen ätiologischen Hintergrund haben, im Zusammenhang von Ri 1 ist der Hinweis auf Neu-Lus jedenfalls kaum unideologisch gemeint: „It is not just a man and his family that survive to flourish again (25c), but Canaanite culture in a very tangible form – a city."[307] In diesem Sinne fügt v. 26 sich dem Grundbestand der Bethel-Episode als negative Pointe – mindestens erzählerisch[308] – unmittelbar an.

Dem pejorativen Hintersinn der Bethelepisode wirkt v. 22aβb klar entgegen. Doch nicht nur die explizite Parallelisierung mit dem judäischen Aufstieg und der Nachtrag des göttlichen Beistands lassen sich in dieser Weise interpretieren, sondern ebenso die Notiz der Erkundung Bethels am Beginn von v. 23. Denn mit ויתרו gibt v. 23a die nachfolgende Handlung von vornherein als Kundschaftererzählung zu verstehen, und als Kundschafterstrategie dürfte das zweifelhafte taktische Vorgehen der Josefiten weniger anstößig erscheinen als im Erwartungshorizont einer prompten Einnahme der Stadt, wie ihn die erste Kapitelhälfte vorgibt. Erst das kausative ויתרו[309] legt dem Leser schließlich auch die שמרים in v. 24a in der Bedeutung „Kundschafter" nahe. An keiner anderen Stelle wird √שמר in diesem Sinne gebraucht[310] – und ursprünglich wohl auch hier nicht.

---

307 Webb, Judges, 94.
Besondere Schärfe gewinnt der implizite Vorwurf der Neugründung Lus' von Jos 6,26 her gelesen, wenngleich der hier ausgesprochene Fluch genaugenommen nicht die Josefiten selbst, sondern zunächst den verschonten Bethel-Bewohner treffen müßte!
308 Ob v. 26 sich deshalb auch literargeschichtlich mit den vorangehenden Versen auf einer Ebene befinden muß, kann nicht sicher entschieden werden. Möglich ist es jedoch allemal. Vgl. Lindars, Judges, 55: „Though this verse has been regarded as a gloss, it coheres well with the narrative motif".
309 Nur hier ist √תור im hif. belegt (der Text in Spr 12,26 ist unsicher); dazu s. Lindars, Judges, 53.
310 Gesenius gibt neben Ri 1,24 ohne erkennbare Notwendigkeit auch Jer 51,12 als Belegstelle für שמרים im Sinne von „Spähern" an.
Bezeichnenderweise schmückt Budde, Richter, 11 die שמרים in Ri 1,24, offenbar als Kompromiß zwischen dem Wortsinn und ihrer hier erkennbaren Funktion, als „Beobachter, die im Versteck auf der Lauer liegen" aus.

4. Die Einnahme Bethels (Ri 1,22-26)

So ist folgender Grundbestand der Bethelepisode anzunehmen:

> ²²Und das Haus Josef zog hinauf ²³ᵃgegen Bethel, und der Name der Stadt war früher Lus. ²⁴Und die Wachen sahen einen Mann, der aus der Stadt hinausging. Und sie sagten zu ihm: „Zeige uns doch den Zugang zur Stadt, dann werden wir dir Gnade erweisen!" ²⁵Und er zeigte ihnen den Zugang zur Stadt, und sie schlugen die Stadt mit der Schärfe des Schwertes, den Mann aber und seine ganze Sippe ließen sie ziehen. ²⁶Und der Mann ging ins Land der Hetiter, und er baute eine Stadt, und er nannte ihren Namen Lus, dies ist ihr Name bis zu diesem Tag.

Die Bethelepisode zeigt sich thematisch durch Jos 2; 6 inspiriert, im Grundbestand will sie jedoch, möglicherweise von Ri 18 her, in erster Linie auf ihre negativen Implikationen hin gelesen werden. Erst nachträglich wird mit vv. 22aβb.23a (ohne בבית־אל) einerseits der Aktion des Hauses Josef zu ähnlichem Ansehen verholfen wie dem judäischen Aufstieg und andererseits das ambivalente Vorgehen der Josefiten als Kundschaftertaktik „legalisiert".

5. Zwischenergebnis: Der Grundbestand von Ri 1 – Textzusammenhang und Darstellungsinteresse

Als Zwischenergebnis ist der in den vorangehenden Kapiteln rekonstruierte Grundbestand von Ri 1 nun insgesamt in den Blick zu nehmen und zunächst für sich betrachtet auf seine erzählerischen Motive zu untersuchen.[311]

Im Unterschied zur vorliegenden Textgestalt des Kapitels gibt sich der Grundbestand von Ri 1 (Ri 1*) insgesamt als *Erzähltext* zu verstehen. Vor allem mit dem Wegfall der syntaktisch unabhängigen vv. 30-33, aber auch mit der Reduktion der in v. 27 genannten Städte verliert sich der Eindruck, man habe in der zweiten Kapitelhälfte einen bloßen Vezreichnistext vor sich. Komplementär dazu hat sich ergeben, daß die erste Kapitelhälfte von v. 4 an ursprünglich erheblich knapper abgefaßt war als ihr jetziger Textbestand. Auf diese Weise kommen vv. 4-20 und vv. 21.27ff. einander im Darstellungsmodus insgesamt näher; die in der vorliegenden Textgestalt herrschende Diskrepanz zwischen beiden Kapitelhälften, die zur Annahme eines literarischen Eigen- oder Vorlebens der vv. 21.27ff. im Sinne eines „negativen Besitzverzeichnisses" geführt hat, ist im Grundbestand noch nicht festzustellen.

Die Kohärenz von Ri 1* bestätigt sich in einer nachvollziehbaren, intentional schlüssigen Textstruktur. Diese gestaltet sich in erster Linie durch das Gegenüber von Juda-Teil (vv. 4-20) und Josef-Teil (vv. 22-35). Beide zeigen sich mit ויעל an ihrem Anfang unmittelbar durch die Erzähleröffnung (vv. 1f.) motiviert. Zwar zielt v. 2 zunächst allein auf den judäischen Aufstieg, doch impliziert die vorangehende Frage der Israeliten, wer *„als erster"* aufsteigen werde, daß auf diesen ersten Aufstieg noch mindestens ein weiterer folgt.

Episodisches und summarisches Erzählmaterial ist in Juda- und Josef-Teil dann ursprünglich etwa gleichmäßig verteilt. Am Beginn steht jeweils eine Einzelepisode (vv. 5-8* bzw. vv. 22-26*), die von summarischen Notizen gefolgt ist (vv. 10f. bzw. vv. 27*.29.34.35a), am Ende nimmt hier wie dort ein Resümee (v. 19a bzw. v. 35b) das Voranstehende abschließend in den Blick.

---

311 Dazu s. den Grundbestand von Ri 1 (Ri 1*) im Textanhang.

5. Zwischenergebnis: Der Grundbestand in Ri 1

Die formale Parallelität zwischen Juda- und Josef-Teil ist in erster Linie als Mittel ihrer inhaltlichen Kontrastierung zu verstehen: Dem Fortschritt des judäischen Feldzuges in vv. 10f. steht in vv. 27ff.* das Scheitern der Stämme Manasse, Efraim und Dan gegenüber. Entsprechend bilanziert v. 35b anstelle des positiven Resümees am Ende des Juda-Teils den nachlässigen Eroberungswillen des Hauses Josef (ותכבד יד בית־יוסף) und als dessen Folge die politische Übermacht der zuvor nicht vollständig vernichteten Vorbewohner des Landes (ויהיו למס).

Erzählerisch angelegt ist diese Gegensatzrelation von Juda- und Josefteil bereits in der jeweiligen Eingangsepisode. So wie die Verschonung des Bethel-Bewohners im Nachhinein der vv. 27ff.* als Exempel für die „Nicht-Vernichtung" aller übrigen im Land verbliebenen Vorbewohner verstanden werden kann, scheint sich umgekehrt mit den summarisch festgestellten Erfolgen in Hebron und Debir das radikale Vorgehen der Judäer gegen Adoni-Besek unmittelbar fortzusetzen. Gilt für den Josef-Teil: „Verses 27-35 drive home the lesson of the ‚anecdote' provided in vv. 22-26."[312], ließe sich Entsprechendes also auch über das Verhältnis der Adoni-Besek-Episode zu vv. 10f.19a sagen. Im Einzelnen geht die Gegenläufigkeit beider Eingangsepisoden aus dem direkten Vergleich von vv. 5-7* und vv. 24f. hervor – die folgende synoptische Übersicht spricht hier beinahe für sich:

⁵Und sie trafen auf Adoni-Besek in Besek,	²⁴Und die Wachen sahen einen Mann, der aus der Stadt hinausging.
und sie kämpften gegen ihn, und sie schlugen den Kanaaniter und den Perisiter.	Und sie sagten zu ihm: „Zeige uns doch den Zugang zur Stadt, dann werden wir dir Gnade erweisen!"
⁶Aber Adoni-Besek floh,	²⁵Und er zeigte ihnen den Zugang zur Stadt,
und sie setzten ihm nach, und sie ergriffen ihn, und sie hieben die Daumen seiner Hände und seiner Füße ab, ⁸ᵇdie Stadt aber beschickten sie mit Feuer.	und sie schlugen die Stadt mit der Schärfe des Schwertes, den Mann aber und seine ganze Sippe ließen sie ziehen.

Am Beginn des Aufstiegs steht sowohl für Juda als auch für das Haus Josef die Begegnung (√מצא in v. 5a bzw. √ראה in v. 24a) mit einem einzelnen Landesbewohner. Am Ende gelingt in beiden Fällen die Einnahme einer Stadt (v. 8b bzw. 25aβ). Die Unterschiede im Erzählverlauf bis dahin

---

312 Webb, Judges, 101.

sind jedoch bezeichnend: Wo Juda die Begegnung mit Adoni-Besek zum Anlaß nimmt, sofort den Kampf gegen ihn und alle „Kanaaniter und Perisiter" zu eröffnen, tritt das Haus Josef aus eigenem Antrieb in Kontakt mit dem zunächst bloß „gesehenen" Mann und verspricht ihm „Gnade" für Verrat. Daß v. 24b dieses Abkommen in wörtlicher Rede wiedergibt, verleiht ihm erzählerisch besonderes Gewicht. In v. 25 kommt das Einvernehmen dann zum Tragen: der Mann verschafft dem Haus Josef den Zugang zur Stadt, daraufhin lassen ihn die Josefiten unversehrt entlaufen.

Für sich betrachtet scheint die Verschonung einer Einzelperson gegenüber dem Gewinn einer ganzen Stadt kaum ins Gewicht zu fallen. Doch die Adoni-Besek-Episode gibt mit v. 6 einen anderen Maßstab vor: die Judäer begnügen sich nicht damit, das Heer von „Kanaanitern und Perisitern" geschlagen zu haben (v. 5b), sondern setzen alles daran, auch den zunächst dem Angriff entflohenen Adoni-Besek nicht entkommen zu lassen. So ist es die ausnahmslose Radikalität im Vorgehen gegen die Bewohner des Landes, die den judäischen Aufstieg von Anfang an gegenüber demjenigen des Hauses Josef auszeichnet, und von daher gibt die Bethel-Episode dem Resümee der Trägheit (√כבד) Josefs in v. 35b seinen ersten Grund. Umgekehrt scheint die Begegnung der Judäer mit Adoni-Besek als dem erstbesten Landesbewohner, der ihren Aufstieg quert[313], Paradigma für die erbarmungslose Behandlung auch aller übrigen Bewohner des Landes zu sein und die tadellose Einnahme des judäischen Gebirges somit deren lohnende Folge.

Außerhalb des Gegenübers von Juda und Haus Josef steht in Ri 1 allein die Benjaminnotiz. Deshalb hat man v. 21 meist entweder dem „negativen Besitzverzeichnis" zugeschlagen, wovon die Notiz erst durch den Einschub der vv. 22-26 isoliert worden sei, oder aber als sekundäre Korrektur von v. 8 und somit als Appendix zur ersten Kapitelhälfte aufgefaßt. Die Sonderstellung Benjamins zwischen Juda und dem Haus Josef in Ri 1 bedarf jedoch keiner literarkritischen Erklärung. Sie ergibt sich vielmehr zunächst aus der Stämmegeographie: das benjaminitische Stammesgebiet liegt wie ein schmaler Riegel zwischen Juda im Süden und Ephraim im Norden. Diese Mittelstellung hatte nach Darstellung der Geschichtsbücher dann ein Schwanken in der politischen Loyalität zur Folge[314]: unterstellte der Stamm Benjamin sich anfangs mit Gilead und den Nordstämmen dem Schattenkönigtum Eschbaals (2Sam 2,9), so folgte er bei der Reichsteilung als einziger neben Juda dem Königtum des Davididen Rehabeam (1Kön 12,21). Ob Benjamin eher Juda oder dem Haus Josef zu-

---

313 Sieht der Verfasser Besek im ephraimitischen Gebirge angesiedelt (s. o. 78), so läßt er den Kampf gegen Adoni-Besek nicht im judäischen Stammesgebiet stattfinden, sondern offenbar bereits auf dem Weg dorthin unmittelbar zu Beginn des Aufstiegs.
314 Dazu s. Schunck, Benjamin, 139ff.

zuordnen ist, bleibt aufs Ganze gesehen also unentschieden, und im Hinblick darauf ist seine Zwischenstellung in Ri 1* durchaus angemessen.

Von dieser Zwischenstellung kann in Ri 1* freilich nur auf der Textoberfläche die Rede sein, dem Inhalt nach fällt v. 21 ganz vv. 27ff. zu. Als einziger Vers in Ri 1* ist die Benjaminnotiz dabei auf das Vorbild ihrer Josuaparallele (Jos 15,63) zurückzuführen. Indem Jos 15,63 jedoch offensichtlich nicht nur für v. 21 selbst, sondern ebenso für vv. 27.29 Vorbild stand, ist die Benjaminnotiz als Ausgangspunkt der zweiten Kapitelhälfte von Ri 1* insgesamt aufzufassen. So trägt Ri 1* zwar im Textaufbau der unentschiedenen Positionierung Benjamins Rechnung, läßt jedoch zugleich keinen Zweifel daran, wie die Zugehörigkeit Benjamins in Wahrheit zu entscheiden ist: Benjamin wird dem Haus Josef nicht nur an die Seite gestellt, sondern tritt in Ri 1* mehr noch als dessen Protagonist auf.

Allerdings bleibt die Benjaminnotiz auch auf den Juda-Teil von Ri 1* unmittelbar bezogen. Indem nämlich v. 21 statt der בני־יהודה die בני־בנימן für den Verbleib der Jebusiter in Jerusalem verantwortlich macht, läßt der Verfasser von Ri 1* den Juda-Teil ohne ein Wort über das Schicksal Jerusalems ausgehen. Dies geschieht allerdings von Jos 15,63 her zugunsten Judas, und so pflichtet die Benjaminnotiz der ungebrochen positiven Bilanz des Juda-Teils auf ihre Weise direkt bei.

Die Ausnahme Jerusalems von den Erfolgen Judas in Ri 1* ist dabei mehr als eine logische Folge aus der generellen Beschränkung der judäischen Landnahme auf das Gebirgsland (vv. 10f.19). Daß der Verfasser allein die südlichen Gebirgsstädte Hebron und Debir in judäischen Besitz gelangen läßt, Jerusalem hingegen – ohne Judas Dafürkönnen – mindestens teilweise in den Händen der Jebusiter beläßt, ist vielmehr der gleichen erzählerischen Absicht geschuldet: in dieser Version bringt Ri 1* die judäische Landnahme in direkte Kontinuität zur Entstehung des davidischen Königtums. Die als sekundär erkannten Notizen von der Eroberung Jerusalems (v. 8) und der philistäischen Küstenebene (v. 18) führen nicht nur innerhalb des Kapitels zu Widersprüchen, sondern sind darüberhinaus mit der Vorstellung unvereinbar, daß sowohl Jerusalem als auch die Philisterstädte nicht vor den Eroberungen Davids unter israelitische Kontrolle gerieten[315]. Ri 1* läßt Juda hingegen anstelle einer – an Jos 15 gemessen – vollständigen Inbesitznahme seines Territoriums das Land zunächst gezielt nur „auf Lücke" einnehmen: einerseits bleiben mit Jerusalem und der Philisterebene die Bereiche ausgespart, in denen David später die entscheidenden militärischen Erfolge erlangen wird (2Sam 5), andererseits wird der Etablierung seines judäischen Teilkönigtums der

---

315 Dementsprechend kann Jerusalem auch in Ri 19,11 noch als „Stadt der Jebusiter" bezeichnet werden!

Boden bereitet, das 2Sam 2 zufolge sein Zentrum in Hebron hat. Unterstrichen wird diese Korrespondenz zwischen Ri 1 und 2Sam 2; 5 dadurch, daß wie der Aufstieg Judas in Ri 1 auch die Niederlassung Davids in Juda bzw. Hebron in 2Sam 2,1[316] und schließlich ebenso sein Sieg über die Philister in 2Sam 5,19.23 durch eine Befragung JHWHs in der Form שאל/√ ביהוה לאמר initiiert wird. Dies um so mehr, als Ri 1* die allererste sämtlicher שאל-Befragungen in den Geschichtsbüchern schildert und 2Sam 5 die letzte, so daß beide Texte den Zeitraum zwischen Landnahme und davidischem Königtum insgesamt zu umklammern scheinen.

Allerdings sucht nicht erst Ri 1 den Ausgleich der Landnahmedarstellung mit 2Sam 5. Bereits Jos 15,63 gibt im Nachtrag die Vernichtung der Jebusiter in Jerusalem für Davids Eroberungen frei. Doch was in Jos 15,63 nicht mehr als eine Glosse ist, wird in Ri 1* zum Programm. Ri 1,21 will nicht allein den Tatbestand der in Jerusalem verbliebenen Jebusiter feststellen, vielmehr macht der Verfasser den dafür verantwortlichen Umstand ihrer „Nicht-Vernichtung" zum Thema des Kapitels. Dabei setzt Ri 1* anders als Jos 15,63 die theologische Problematisierung des „uneroberten Landes" und der „übriggebliebenen Völker" bereits im Wesentlichen voraus.[317] Das dementsprechende theoretische Schuldbewußtsein einerseits und der projudäische Standpunkt des Verfassers andererseits mußten ihn dann dazu veranlassen, die Verantwortung für den Verbleib der Jebusiter in Jerusalem anstelle Judas den Benjaminiten zuzuschreiben – wozu er sich immerhin durch Jos 18,28 legitimiert sehen konnte.

Nach dem Vorbild von Jos 15,63 lastet Ri 1* dann auch dem Haus Josef entsprechende Lücken in der Landnahmebilanz an. Die Auswahl der betroffenen Städte hat offenbar ebenso wie v. 21 einerseits den weiteren Geschichtsverlauf im Blick: Die Wahl Bethels als Ausgangspunkt des josefitischen Aufstiegs wird nicht allein der Tatsache geschuldet sein, daß die Stadt sich in geographischer Hinsicht dafür eignete, sondern die Bethel-Episode bereitet auch den ambivalenten Status der Stadt von Anfang ihrer israelitischen Geschichte an vor. Geser fällt 2Sam 5,25 zufolge erst im Zuge der siegreichen Philisterkämpfe Davids in die Hand der Israeliten, konnte also ebenso wie Jerusalem mit gewissem Recht von den Landnahmeerfolgen ausklammert werden.[318] Das durchweg negative Ergebnis der danitischen Landnahme schließlich ist als notwendige

---

316 Zur besonderen formalen Verwandtschaft von Ri 1,1f. und 2Sam 2,1 vgl. Veijola, David, 14.
317 S. u. Kap. 6.3.und 7.3.
318 1Kön 9,16 läßt die Stadt erst als Geschenk des Pharao an Salomo gehen, 1Kön 9,15ff. wird von Ri 1* jedoch noch nicht vorausgesetzt.

5. Zwischenergebnis: Der Grundbestand in Ri 1

Voraussetzung der verspäteten Ansiedlung des Stammes Dan in Ri 18 zu verstehen.[319]

Vor allem aber scheint diese Städteauslese insgesamt darauf angelegt, das palästinische Kernland, genauer den späteren „Rumpfstaat Efraim", der nach der ersten Eroberungswelle durch Tiglat-Pileser III. im 8. Jh. dem Nordreich als selbständiges Gebiet erhalten blieb, nach allen Seiten negativ zu umgrenzen: nämlich mit Bethel nach Südosten, mit Har-Heres, Ajalon und Schaalbim nach Südwesten, mit Geser gegen die philistäische Küstenebene; die Städte Megiddo und Dor stehen möglicherweise für die später nach ihnen benannten Provinzen im Norden und Nordwesten Israels, Jibleam schließlich markiert etwa den südlichsten Punkt der Nordgrenze. *Innerhalb* dieses Gebietes ist keine einzige Stadt genannt.

Ri 1* bringt in den Problemhorizont der unvollständigen Landnahme die genaue Lokalisierung der nach der Landnahme noch im Land befindlichen Vorbewohner ein – mit dem zunächst wichtigsten Ergebnis, daß allein Benjamin und das „Haus Josef" entsprechende Lücken im Landbesitz zu verantworten haben, nicht aber Juda, dessen auf das Gebirgsland beschränkter Eroberungszug sich in Ri 1* planmäßig ergibt. Indem der Verfasser dabei die weiterhin von Kanaanitern und Amoritern bewohnten Städte gerade entlang der *Grenzen* des josefitischen Kerngebietes ansiedelt, entsteht der Eindruck, als definiere das Scheitern der Israeliten diese Grenzen ebendort überhaupt erst; als seien die genannten Städte also nicht etwa Enklaven in ansonsten rundherum israelitischem Territorium, sondern vielmehr ‚räumliche Präzedenzfälle', jenseits derer Kanaaniter und Amoriter ihre Macht weiter behaupten konnten und die auf diese Weise das eigentlich israelitische Territorium auf ein Gebiet weit unterhalb seiner Idealmaße begrenzten. Aus diesem Grund war der Landanteil der galiläischen Stämme in Ri 1* dann auch keiner Erwähnung mehr wert. Läßt bereits Jos 13,2ff. (vgl. Ri 3,3) nachträglich „eine (weitläufige) Peripherie um das Hauptsiedlungsgebiet der Stämme unerobert"[320], so beginnt diese „Peripherie" Ri 1* zufolge bereits jenseits des efraimitischen Gebirges.

---

319 S. o. 70f.
320 Blum, Knoten, 185.

6. Der Auftritt des מלאך יהוה in Ri 2,1-5

6.1. Ri 1 und Ri 2,1-5

Der Auftritt des מלאך יהוה in Ri 2,1-5 scheint im vorliegenden Textzusammenhang vor allem den erzählerischen Rahmen für die noch ausstehende theologische Interpretation des ersten Kapitels abzugeben. Denn die Mahnworte des מלאך יהוה lassen sich unmittelbar auf die in Ri 1 beschriebenen, dort jedoch nicht weiter kommentierten Verhältnisse rückbeziehen: die in v. 2a genannten ישבי הארץ scheinen mit denjenigen Vorbewohnern des Landes identisch, deren Verbleiben im Land in Ri 1,21.27ff. eben erst festgestellt worden war, und das in der Anklage zitierte Bündnisverbot scheint im Hinblick auf Ri 1 synonym für das Verbot jeglicher Koexistenz mit den Bewohnern des Landes zu stehen.

Daß Ri 2,1-5 sich als theologischer Kommentar des ersten Kapitels auffassen läßt, ist meist so gedeutet worden, daß das Interpretament sein Interpretandum auch literargeschichtlich voraussetzt, daß also Ri 2,1-5 nur jünger als oder höchstens ebenso alt wie Ri 1 sein kann.[321]

Grundsätzliche Abweichungen im Sprachgebrauch[322] wie in der Sache[323] machen einen gemeinsamen Verfasser allerdings unwahrscheinlich, und ebensowenig ließe sich denken, daß Ri 1 einmal ohne Ri 2,1-5 als notwendige theologische Brücke zum Richterrahmen am Übergang vom Josua- zum Richterbuch gestanden haben könnte. So bot sich nach der quellenkritischen[324] vor allem eine überlieferungsgeschichtliche Erklärung an, d.h. die Annahme, der (dtr) Verfasser von Ri 1,1-2,5 habe mindestens das in Ri 1* verarbeitete Material[325], möglicherweise aber auch Ri 2,1-5 –

---

321 Anders v.a. Blum, Knoten, 187f.: „Der Mal'ak-Abschnitt Ri 2,1-5 soll als Teil des Richterbuches wohl von Ri 1 her gelesen werden, ist aber nicht daraufhin formuliert."
322 V.a.: √ירש hi. in Ri 1 gegen √גרש pi. in Ri 2,1-5.
323 Während Ri 1 zwischen Juda und den Nordstämmen qualitativ unterscheidet, läßt Ri 2,1-5 ganz Israel (עם vv. 4a.6a; כל ישראל v. 4b) als eine unter der Anklage vereinte Schicksalsgemeinschaft auftreten.
324 Seit Wellhausen und Kuenen war man zumeist der Ansicht, daß vv. 1a.5b dem gleichen Zusammenhang wie c. 1 (→ J) enstammen, vv. 1b-5a hingegen auf einen deuteronomistischen Redaktor zurückgehen, der den Abschnitt damit in den Dienst seiner Gesamtsicht der Richterüberlieferung stellte.
325 Schmitt etwa (Frieden, 79; s. auch ebd., 40f.) sieht mit Ri 2,1-5 die gängige Geschichtsbetrachtung der späteren Zeit, die den Menschen schuldig spricht, Gott aber rechtfertigt, an

6.1. Ri 1 und Ri 2,1-5

als isolierte Überlieferungseinheit[326], als „eigenständige Tradition"[327] oder jedenfalls im Sinne einer darin verarbeiteten Vorlage[328] – im Kern bereits vorgefunden, er selbst habe den Abschnitt jedoch erst im Ganzen konzipiert und dem Richterbuch vorangestellt. Allein diese Annahme erlaubte es, Ri 2,1-5 insgesamt als literarische Reaktion auf Ri 1 zu verstehen, dabei Ri 1 und Ri 2,1-5 im Wesentlichen unterschiedlichen Händen zuzuweisen und dennoch beide Stücke für redaktionsgeschichtlich gleichaltrig zu erklären.

Im Voranstehenden hat sich jedoch ergeben, daß Ri 1 kein selbständiger Text von hohem überlieferungsgeschichtlichen Alter zugrundeliegt. Das Kapitel läßt eine dementsprechende doppelte Datierung also nicht zu. Im Übrigen sind die Bezüge von Ri 2,1-5 auf Ri 1 keineswegs so deutlich, wie man sie im Falle einer direkten Kommentierung erwarten dürfte.[329] Nicht nur, daß die Rede des מלאך יהוה jede direkte Bezugnahme auf Ri 1 vermissen läßt, auch der Szenenrahmen von Ri 2,1-5 steht in keinerlei Verbindung zur Handlung des ersten Kapitels. Viel ist es ohnehin nicht, was der Leser in Ri 2,1 zur Einleitung des folgenden Geschehens erfährt: Der Rede des מלאך יהוה geht sein Aufstieg „von Gilgal nach Bochim" voran, über diese vage Lokalisierung hinaus wird die Szene nicht weiter

---

das erste Kapitel herangetragen. Ri 1 selbst stelle hingegen von Hause aus keine Anklage, sondern eine Verteidigung Israels dar und wolle gewissermaßen als „Rechenschaftsbericht" „die Anwesenheit von Kanaanäern inmitten Israels erklären und entschuldigen".

326 Rudolph, Elohist, 273; Noth, ÜSt, 9; ähnlich Perlitt, Bundestheologie, 22 Anm. 1; Smend, Gesetz, 160 mit Fragezeichen.
327 Halbe, Privilegrecht, 358. Halbe sieht Ri 2,1-5 in vv. 1b-3 allererst ein „rib-Wort kultischen Ursprungs" (ebd., 385) zugrundeliegen, das sich auf die traditionelle Konstitution eines Privilegverhältnisses zwischen JHWH und Israel bezieht. Dessen Sitz im Leben werde in vv. 4-5 als Klage- und Bußfeier reflektiert (ebd., 367), und in dieser Weise eingebunden habe es der Legitimation Bochims „als eine[r] dem Heiligtum Gilgal unter- und zugeordnete[n] Klagestätte, an der sich in Lagen öffentlicher Not das im normalen kultischen Leben auf Gilgal zentrierte ‚Israel' zur not-wendigen Bußfeier versammelte" (ebd., 384) bereits in vorstaatlicher Zeit gedient.
Was die Verbindung von Ri 2,1-5 mit Ri 1 angeht, sei es „einfacher, damit zu rechnen, Ri 1 und Ri 2,1-5 wurden seit alters gemeinsam tradiert, als damit, jedes für sich wäre frei herumgelaufen, und erst in letzter Minute hätten sich beider Wege gekreuzt" (ebd. 388). So versteht Halbe diese frühe Verbindung von Ri 1 und Ri 2,1-5 als kritische Reaktion auf die Staatenbildung, die den bislang allein durch die privilegrechtliche Bindung an JHWH definierten Personenverband in die Krise gebracht habe. Im Zusammenhang beider Texte sah er aus „reaktionären" Kreisen der davidisch-salomonischen Integrationspolitik das Gericht angesagt, die dem „sich bald bedenklich genug demaskierenden Einfluß des kanaanäischen Elements in einer Gemeinschaft, die an religiös nationaler Einheit verloren hatte, was sie an territorialer gewann" (ebd., 389) Raum gab und damit das alte Privilegrecht JHWHs verletzte.
328 Otto, Mazzotfest, 280ff.
329 Vgl. Marx, Forme, 346; Becker, Richterzeit, 49.

präzisiert.³³⁰ Damit setzt sie einen anschlußfähigen Vortext erzählerisch notwendig voraus. Dies um so mehr, als die Angabe מגלגל eingangs nicht den Schauplatz des Geschehens selbst bezeichnet, sondern die Szene mit Gilgal als dem bisherigen Aufenthaltsort des מלאך יהוה in Verbindung bringt – was erwarten läßt, daß dieser Ort unmittelbar zuvor eine Rolle gespielt hat. Doch wenn Ri 1 auch über dreißig Orte nennt, von Gilgal ist dort keine Rede.

Zentrale Bedeutung hat der Ort Gilgal hingegen in Jos 4-11³³¹: in Gilgal schlagen die Israeliten nach der Jordanüberschreitung ihr Lager auf (Jos 4,19), und dieses bleibt von da an Ausgangspunkt der Eroberung des Landes.³³² Die Ortsmarke מגלגל bringt Ri 2,1-5 also weniger mit Ri 1 als mit der Landnahmedarstellung des Josuabuches in Verbindung.³³³ Zusammen mit den angedeuteten Aporien einer Nachdatierung von Ri 2,1-5 gegenüber Ri 1 provoziert dies den Verdacht, daß über Ri 1 – und dann auch die Abschiedsreden Josuas und die Landverteilung – hinweg ursprünglich ein literarischer Zusammenhang zwischen Ri 2,1 und Jos 1-11* bestand.³³⁴

Ob dieser Primärverdacht den literarischen Befund trägt, wird sich daran entscheiden, inwieweit es möglich ist, eine dementsprechende relative Frühdatierung nicht nur für den Szenenrahmen, sondern auch für die Rede des מלאך יהוה zu vertreten.³³⁵ Dies wiederum hängt vor allem von der literargeschichtlichen Koordinierung der Rede mit ihren Querbezügen ab: beinahe alles, was Ri 2,1b-3 dem מלאך יהוה in den Mund legt, ist in gleicher oder ähnlicher Weise bereits an früherer Stelle gesagt worden. Sollte sich ergeben, daß Ri 2,1-5 jünger als seine Paralleltexte ist, wird es schwierig sein, alles, was zwischen Jos 1-11 und Ri 2,1-5 steht, für noch jünger zu erklären, d.h. in diesem Fall wäre die Hypothese eines ursprüng-

---

330 Gilgal kann nicht sicher lokalisiert werden, möglicherweise ist der mit Ausnahme von Jos 5,9 durchgängig determinierte Ort überhaupt fiktiv. Einen Überblick über die unterschiedlichen Lokalisierungsversuche s. immer noch einschlägig bei Otto, Mazzotfest, 12-19; auch ders., Gilgal, 268ff.; außerdem Bächli, Lage, 64-71; Soggin, Gilgal, 264; Weippert, Palästina, 101.104f.
Zu Bochim s. u. 118.
331 Jos 4,19.20; 5,9.10; 9,6; 10,6.7.9.15.43; 14,6; s. auch Dtn 11,30 und dann Ri 3,19. In Gilgal spielt auch Jos 14,6-13; diese jüngste der Kaleberzählungen ist jedoch jünger als der Grundbestand von Jos 23f. und kann deshalb hier vernachlässigt bleiben.
332 Wie in Ri 2,1a der מלאך יהוה so kann in Jos 10,7 auch Josua von Gilgal aus „aufsteigen"!
333 Vgl. Blum, Studien, 367; ders., Knoten, 187f.; Aurelius, Zukunft, 179 Anm. 181.
334 Vgl. Blum, Knoten, 187f.
335 Die literarkritische Scheidung zwischen Rahmen und Rede, wie sie im Anschluß an Wellhausen, Composition, 210 und Budde, Bücher, 20; vgl. ders., Richter, 17 vertreten wurde, war nur unter den entsprechenden quellenkritischen Voraussetzungen haltbar; ansonsten ist die Selbständigkeit von Ri 2,1a.5b undenkbar. Grundsätzlich dagegen Halbe, Privilegrecht, 355: „Ohne v. 1b-3 ist v. 1a.4-5 keine ‚Rahmenschicht', sondern nichts als der Rand eines Lochs."

lichen literarischen Zusammenhangs zwischen der Landnahmeerzählung des Josuabuches und Ri 2,1-5 kaum haltbar. Umgekehrt wird man dann, wenn die Rede des מלאך יהוה sich als älter als ihre Seitenreferenten darstellen sollte, nicht zugleich ihre Nachdatierung Ri 1 gegenüber vertreten können.

6.2. Die Rede des מלאך יהוה und ihre Querbezüge

Im Mittelpunkt der Rede des מלאך יהוה steht das Verbot, ein Bündnis[336] mit den Bewohnern des Landes einzugehen (Ri 2,2a). Diese ברית verbieten neben Ri 2,2 auch Ex 23,32 im Anhang zum Bundesbuch, Ex 34,12.15 im sog. „Privilegrecht JHWHs" und Dtn 7,2 im Zusammenhang der Forderung einer bedingungslosen Vernichtung der Vorbewohner im Zuge der Landnahme.[337]

Die Aufgabe, Ri 2,1-5 zu diesen Texten literargeschichtlich ins Verhältnis zu setzen, stellt sich als ausgesprochen schwierig dar. Denn Herkunft und Alter dieser Texte, insbesondere das Verhältnis der quasi-dtr Tetrateuchtexte zur dtn/dtr Literaturbildung, sind mindestens ebenso unsicher und strittig wie die literargeschichtliche Beurteilung von Ri 2,1-5 selbst.[338] Ihrem Kontext gegenüber stellen sie sich alle als mehr oder we-

---

336 Zur Bedeutung von ברית s. grundlegend Kutsch, Verheißung, v.a. 11f. (vgl. ders., Art. בְּרִית; ders., Art. Bund); Schmitt, Frieden, 7 Anm. 1.43-45 und den ausführlichen forschungsgeschichtlichen Überblick bei Preuß, Theologie Bd. 1, 77-84 mit weiterer Lit. ebd., 77f. Anm. 219.
337 Num 33,55f. als weiterer Bezugstext kann im Folgenden ausgeklammert bleiben; nicht nur weil das Bündnisverbot hier fehlt, sondern vor allem deshalb, weil der Abschnitt mit sowohl priesterschriftlichen als auch dtr Voraussetzungen weithin unumstritten der jüngste der in Frage stehenden Texte ist.
338 Beispielhaft sind etwa Lohfink und Halbe auf der einen, Blum auf der anderen Seite zu nennen:
Lohfink führt der Sprachvergleich von Ex 23; 34 und Dtn 7 zu dem Ergebnis, daß wir statt mit literarischer Abhängigkeit „mit einer gemeinsamen Wurzel aller drei Texte rechnen [müssen]", und erst „im Laufe der Entwicklung der drei Texte vielleicht auch mit gegenseitiger Beeinflussung" (Lohfink, Hauptgebot, 176f.). Der Bundestext, in der diese Texte derweise verwurzelt seien, sei „in seinem Hauptgebot offensichtlich als Eroberungstext formuliert" worden. So gibt er ihm den Arbeitsnamen „Gilgalbundestext" (ders., ebd. 178) und führt darauf dann „ohne Vermittlung des Dtn" auch Ri 2,1-5 zurück.
Die traditionsgeschichtliche Deutung ist weiterhin v.a. von Halbe, Privilegrecht, entfaltet worden. Halbe sieht den verwandten Texten privilegrechtliche „Bundesworte" zugrundeliegen, deren Text „schriftlich, doch nicht rein literarisch, sondern auch mündlichen Vortrag hin gestaltet" (Halbe, Privilegrecht, 316) am vollständigsten in Ex 34,11b-26 bewahrt sei und für die auf je eigene Weise auch Ex 23,20-33; Ri 2,1-5 und Jos 9 Zeugnis ablegten. Die Bundesworte selbst datierten in früheste vorstaatliche, die sie tradierenden Texte in die späte vorstaatliche (Jos 9,3-15a*; Ri 2,1-5) oder frühstaatliche (Ex 23,20-33; Jos 9,16-27*; Ri 1,1-2,5) Zeit. Die unübersehbare Affinität der Texte zur dtn-dtr Literatur sei mit einem

niger eigenständig dar. Dabei zeigen sie sich sämtlich mehrfach bearbeitet, so daß die primäre Textbasis des literargeschichtlichen Vergleichs von vornherein unsicher bleibt. Verkompliziert wird die Verhältnisbestimmung der Texte schließlich dadurch, daß sie sich nicht allein in dem Verbot, mit den Bewohnern des Landes ein Bündnis einzugehen, überschneiden, sondern neben dem Bündnisverbot eine Reihe weiterer Parallelen aufweisen, die jedoch nicht regelmäßig kombiniert sind und somit auf ein vielschichtiges Abhängigkeitsverhältnis hinweisen. So kennt außer Ri 2,1 auch Ex 23,20.23 den מלאך יהוה als Führungsgestalt; dabei kann kein Zweifel daran bestehen, daß beide Male die gleiche Gestalt gemeint ist: „der Engel wird in Ex 23,20-22 so eingeführt, wie er in Ri 2,1-5 effektiv handelt"[339]. Wie Ri 2,2 argumentiert auch Ex 23,21f. mit der Wendung שמע√ בקול. Das Gebot, die fremden Altäre niederzureißen (נתץ√), steht vor Ri 2,2 auch in Ex 34,13 und Dtn 7,5, an beiden Stellen ist darüber hinaus vom Zerbrechen (שבר√) der מצבת die Rede, was wiederum in Ex 23,24 eine Parallele hat. Das Bild des מוקש gebraucht nicht nur Ri 2,3, sondern auch Ex 23,33 und Ex 34,12, wobei es in Ex 34 freilich die Bewohner des Landes selbst sind, die den Israeliten zur Falle werden, in Ri 2 deren Götter, in Ex 23 erst ihre Verehrung. Mit dem Bündnisverbot verbindet sich dann schließlich sowohl in Ex 34,16 als auch in Dtn 7,3 das Mischehenverbot.

Es ist hier nicht möglich, aber auch nicht notwendig, die Entstehung und den komplizierten literargeschichtlichen Hintergrund der in Frage stehenden Pentateuchtexte insgesamt zu klären. Die folgende Analyse konzentriert sich vielmehr hauptsächlich auf das Bündnisverbot, das einerseits die sachliche Mitte der Rede des מלאך יהוה und andererseits den größten gemeinsamen Nenner ihrer Bezugstexte darstellt. Dabei sind die Texte zunächst je für sich auf die Verankerung und die spezifische Motivation des Bündnisverbotes im jeweiligen Textzusammenhang zu befragen.

Aufleben des alten Privilegrechts Jahrhunderte später im Zuge der deuteronomischen Reform zu erklären.

Blum zeigt hingegen, daß die Bezüge zwischen den spezifischen מלאך-Texten (Ex 14,19a; 23,20ff.; 32,34aβ; 33,2.3b; 34,11-27; Ri 2,1-5) über traditionsgeschichtliche Beziehungen hinausgehen und nur als literarische Verweiszusammenhänge zu verstehen sind. Diese Verweisstruktur führt er auf eine übergreifende „Mal'ak-Schicht" zurück, der er alle betreffenden Texte „als auf ihre Kontexte hin gebildete Abschnitte" (Blum, Knoten, 193) zugehörig sieht und „KD", d.h. die vorpriesterliche Pentateuchkomposition bereits voraussetzt (vgl. Blum, Studien, 365-377; ders., Knoten, 189-194.; zu Ex 34,11-26 s. auch ders., „Privilegrecht").

339 Halbe, Privilegrecht, 376 Anm. 31; vgl. Blum, Knoten, 190. Zur Gestalt des מלאך יהוה s. Neef, „Ich selber bin in ihm", 54-59 mit Lit. ebd., 56 Anm. 1.

6.2. Die Rede des מלאך יהוה und ihre Querbezüge

6.2.1. Das Bündnisverbot in Ex 23,20-33

Ex 23,20-33 bildet einen selbständigen Anhang zum Bundesbuch[340], dessen privilegrechtliche[341] Forderungen das letzte Wort vor dem Bundesschluß am Sinai in Kap. 24 haben. Er ist mit dem eigentlichen Gesetzesteil nur lose verknüpft und zielt im Vorausblick auf die Landnahme deutlich über den Erzählzusammenhang der Sinaiperikope hinaus. An seinem Beginn steht JHWHs Zusage, Israel durch den מלאך vom Sinai bis an den von ihm bestimmten Ort zu bringen, beinahe an seinem Ende formuliert v. 32 das Bündnisverbot. Und tatsächlich scheint das Bündnisverbot das meiste von dem, was zwischen beidem steht, auch vorauszusetzen.

Die Führungsverheißung in v. 20 und die damit verbundenen vv. 21f.*[342] machen unbestritten den ältesten Textbestand des Abschnitts aus, der ansonsten „schwerlich aus einem Guß ist, sondern allmählich zu seinem überlieferten Bestand angewachsen zu sein scheint"[343]. Auch das Bündnisverbot wird meist zur ursprünglichen Textgestalt von Ex 20,20-33 gerechnet.[344] Doch die Verknüpfung des Bündnisverbotes mit vv. 20-22 setzt die Identifizierung der zunächst noch unspezifischen איבך und צרריך aus v. 22b mit den Fremdvölkern voraus und diese ergibt sich allererst aus dem sekundären[345] Zusammenhang von vv. 20ff. mit v. 23: v. 23 ist am wohl ehesten als eine darauf angelegte Reformulierung von v. 20b zu verstehen.[346] Die Vorstellung, daß es sich bei den Feinden der Israeliten um die Fremdvölker handelt, die den Israeliten später als Vorbewohner des Landes begegnen, bleibt von da an beherrschend. Allein v. 27 kehrt zur unspezifischen Rede vom כל־העם und den איבך zurück. Da sich die hier ausgesprochene Verheißung des Gottesschreckens, der die Feinde vor Israel her vertreiben wird, problemlos und sinnvoll an v. 22 anschließen läßt, spricht nichts dagegen, v. 27 ebenfalls zum Grundbestand von Ex 23,20-33 zu zählen. V. 28 ersetzt den Gottesschrecken aus

---

340 S. etwa Noth, Exodus, 140; Perlitt, Bundestheologie, 157 Anm. 6; Achenbach, Israel, 259f.
341 Zum Begriff s. u. 109 Anm. 352.
342 Ohne die Pl.-Anrede (לפשעכם) in v. 21bα. Zur literarkritischen Signifikanz des Numeruswechsels der Anrede innerhalb von Ex 20,22-23,33 s. Osumi, Kompositionsgeschichte, 38ff.
343 Noth, Exodus, 156. Ältere Lit. wird von Halbe, Privilegrecht, 32 Anm. 53 typologisiert.
344 Vgl. etwa Halbe, Privilegrecht, 485f.; Osumi, Kompositionsgeschichte, 66-68.
345 Osumi kann nur deshalb einen ursprünglichen Zusammenhang zwischen v. 23a und dem Voranstehenden annehmen, weil er statt v. 23b v. 24 hier für die ursprüngliche Fortsetzung hält. Diese Entscheidung setzt jedoch die etwas künstlich wirkende grundsätzliche Ausscheidung des militärischen Motivs aus dem Grundbstand ebenso voraus, wie sie diese dann begründen soll (vgl. Osumi, Kompositionsgeschichte, 64ff.), und vollzieht damit einen Zirkelschluß.
346 V. 23b ist mit der Anrede in der 2. Pers. Pl. der ersten Vershälfte gegenüber vermutlich sekundär.

v. 27 dann durch die rätselhafte הצרעה³⁴⁷ und das כל־העם bzw. die
איביך durch eine (beispiellos verkürzte³⁴⁸) Fremdvölkerliste, bringt der
Sache nach jedoch v. 27 gegenüber nichts Neues. Damit verhält sich v. 28
zu v. 27 ähnlich wie v. 23 zu v. 20.

V. 32 ließe sich nun direkt mit v. 28 verbinden, die Fremdvölker in v.
28 liefern dem להם in v. 32a das notwendige Bezugswort. Freilich bietet v.
31b den passenderen Vordersatz zum Bündnisverbot³⁴⁹. Denn anders als
in v. 28 sind in v. 31bβ die Israeliten selbst Subjekt der Vertreibung der
Völker, und so erscheint diese als positive Alternative zum daraufhin verbotenen Bündnis. Hingegen wird „das Verbot, mit ihnen zu paktieren...
aber unnötig, wenn vorausgesetzt wird, daß JHWH die Kanaanäer vertreibt"³⁵⁰.

Allerdings redet v. 31bα Israel im Plural an, während v. 32 und v.
31bβ bei der 2. Pers. Sg. bleiben. Dabei ist v. 31bβ ohne v. 31bα nicht
lebensfähig, und v. 31b kann insgesamt nicht an v. 28 angeschlossen haben. In dem Fall, daß das Bündnisverbot von Anfang an nicht schon mit
v. 28, sondern erst mit v. 31b zusammengehörte, setzte es also auch einen
Grundbestand der vv. 29-31a voraus und wäre folglich zum jüngsten Bestand in Ex 23,20-33 zu zählen.

6.2.2. Das Bündnisverbot in Ex 34,10-26

Zum Abschluß der Bundeserneuerung am Sinai holt zum sog. „kultischen
Dekalog"³⁵¹ aus, dem in vv. 11-16 zunächst das „Privilegrecht JHWHs"³⁵²

---

347 Die Bedeutung der צרעה, die sonst nur noch Dtn 7,20 und Jos 24,12 als göttliche Waffe erscheint, ist etymologisch nicht geklärt. Nach Targum Onkelos (ערעיתה), LXX (σφηκία), Vulgata (*crabro*) und der jüdischen Tradition (vgl. Levy, Wörterbuch Bd. 4, 220) wäre mit „Hornisse" zu übersetzen. Lit. s. bei Achenbach, Israel, 266 Anm. 195f.
348 Schmitt, Landtag, 28 Anm. 50 erklärt sie als „resumptive repetition": „V. 28 ist eben deshalb so ungewöhnlich kurz, weil V. 23 schon vorausging und die paar herausgegriffenen Namen nur V. 23 wiederaufnehmen sollten."
349 Zur engen Zusammengehörigkeit von v. 31b mit v. 32 s. Wellhausen, Composition, 91; Lohfink, Hauptgebot, 175; Halbe, Privilegrecht, 483f.
350 Osumi, Kompositionsgeschichte, 66 Anm. 156 wendet dieses Argument gegen die Zusammengehörigkeit von v. 32 mit v. 31b, hat dabei aber offensichtlich nur v. 31bα bedacht.
351 Nicht nur die Datierung, sondern auch Form und literarische Beschaffenheit des „kultischen Dekalogs" – und damit die Angemessenheit dieser im Anschluß an Wellhausen, Composition, 85.329-334 gebrauchten Bezeichnung – sind umstritten (einen ausführlichen Überblick über die ältere Lit. s. bei Halbe, Privilegrecht, 13-55). Sah Alt (Ursprünge, 317 Anm. 1) Ex 34,10-26 „sowohl durch sein literarisches Verhältnis wie durch seine gattungsmäßige Beschaffenheit als sekundäres Mischgebilde erwiesen" (für späten literarischen Ursprung plädierten dann auch Kutsch, Erwägungen, 5-7 und Rudolph, Elohist, 59), so führte Noth (Exodus, 214-218) die ältere Quellenkritik weiter, indem er vv. 11a. 14a als ursprüngliche Einleitung einer festen Gebotsreihe extrahierte, die einst die Grundlage der

6.2. Die Rede des מלאך יהוה und ihre Querbezüge

voransteht. Gleich zwei Mal findet darin das Bündnisverbot Platz. Zunächst schließt es sich in v. 12a an die Verheißung JHWHs an, die Vorbewohner des Landes zu vertreiben, in der sich die einleitende Bundeszusage aus v. 10 konkretisiert. Begründet wird das Bündnisverbot in v. 12b mit der von den Landesbewohnern ausgehenden Gefahr, die im Bild des מוקש versinnbildlicht wird. Damit verknüpfen sich in v. 13 der Befehl zur Zerstörung der heidnischen Kultstätten und in v. 14 das Abgöttereiverbot, das in der Formulierung an den Dekalog erinnert und mit Ex 20,5; Dtn 5,9 (vgl. 6,15) auch den anschließenden Hinweis auf den אל קנא teilt. V. 15a setzt dann erneut mit dem Bündnisverbot ein. „Dabei ermöglicht es die Wiederaufnahme von v. 12a in v. 15a..., in didaktischer Breite die Folgen einer Fraternisierung mit den Völkern zu entfalten. M.a.W., v. 15b.16 *explizieren* v. 12b".[353] An erster Stelle wird hier die Gefahr einer heidnischen Opfergemeinschaft vorhergesehen, an zweiter das Konnubium, das der Verfasser ebenfalls im gemeinsamen Dienst an den fremden Göttern enden sieht.

Der Polemik gegen die Folgen des Konnubiums schließt sich in v. 17 das Verbot der Herstellung von Gußbildern an. Dieses Bilderverbot bildet das unverzichtbare Gelenkstück zwischen vv. 10-16 und der sich daran dann anschließenden künstlichen Reihung einzelner Kult- und Festgesetze.[354] Denn es läßt sich ebenso mit dem Abgöttereiverbot assoziieren, wie es sich nach Form und Inhalt bereits den kultischen Einzelgesetzen zuordnen ließe. Vor allem aber stellt v. 17 den Ankerpunkt des gesamten Komplexes im literarischen Zusammenhang der Sinaiperikope dar. Denn das hier formulierte Bilderverbot weist direkt auf die Erzählung vom Abfall der Israeliten zum gegossenen Kalb in Ex 32 zurück: Objekt des Verbotes ist hier weder der פסל aus Ex 20,4 und Dtn 5,8 noch sind es die אלהי כסף ואלהי זהב aus Ex 20,23 sind, sondern es ist die מסכה, die auch in Ex 32,4.8 das corpus delicti bezeichnet.

---

jahwistischen Sinaierzählung gebildet habe und später dtr überarbeitet worden sei (ähnlich Beyerlin, Sinaitraditionen, 90-104; Lohfink, Hauptgebot, 177). Gegen Noth (und mit Alt) s. dann Perlitt, Bundestheologie, 203-232, der ebd., 223 annimmt, „daß der ganze Zusammenhang Ex 32-34 ein vielseitiges und theologisch kunstvoll angereichertes Lehrstück bietet, das im Umkreis der dt Bewegung und spätestens in der Zeit Josias seine Heimat hat". Daß in Ex 34,11-26 „trotz Goethe, Wellhausen und v28 kein alter Dekalog unter allerlei Zusätzen vergraben" liegt, zeigt auch Aurelius, Fürbitter, 119ff., der hier insgesamt mit (spät-)dtr Abfassung rechnet.
352 Der Begriff wurde von Horst, Privilegrecht, zuerst für Dtn 12-18 eingeführt. Im Hinblick auf Ex 34,10-26 wird er auf den Abschnitt im Ganzen oder exklusiv auf vv. 11-16 in Abgrenzung gegen die ab v. 17 folgenden Kult- und Festgesetze angewendet.
353 Blum, Studien, 373.
354 Vgl. Osumi, Kompositionsgeschichte, 77.

V. 17 ließe sich als Übergangsvers zu vv. 18-26 ebenso gut an die erste wie an die zweite Fassung des Bündnisverbotes und seiner Begründung anschließen. Nur eine von beiden wird im Zusammenhang von Ex 34,11-16 jedoch ursprünglich sein. Es liegt nahe, das ausführlicher begründete Verbot in vv. 15f. insgesamt für eine sekundäre Nachinterpretation von v. 12 zu halten. Behielte man demzufolge v. 12 allein für den Grundbestand bei, bliebe allerdings eine weitere Schwierigkeit im Textzusammenhang von Ex 34,11b-16 bestehen: zweifach ergeht eine paränetische Einleitung mit √שמר im Imperativ, in v. 12a in der vor allem im Deuteronomium belegten Form השמר לך פן[355], zuvor jedoch bereits in v. 11 mit √שמר im qal und dem summarischen Relativsatz את אשר אנכי מצוך היום als Objekt.[356] Obwohl sie sich einmal als Einleitung der nachfolgenden Gebote im Ganzen und einmal als Einleitung speziell des Bündnisverbotes verstehen läßt, ist die doppelte Gebotseinleitung auffällig. Denn auf v. 11a folgt nicht sogleich der Wortlaut der im Relativsatz zusammenfassend vorweggenommenen Weisungen JHWHs, sondern zunächst die Verheißung der Völkervertreibung.[357] Dabei läßt v. 11b sich nicht einfach als Nachinterpretation aus dem Zusammenhang herausstreichen, denn dann folgten beide Gebotseinleitungen unmittelbar aufeinander. Möglich wird die Ausscheidung von v. 11b nur dann, wenn man zu diesem Nachtrag auch die wiederholte Gebotseinleitung in v. 12aα selbst noch hinzuzählt. Denn so wird diese als verkürzte Wiederaufnahme von v. 11a verständlich, welche sich erst mit der sekundären Zuspitzung der zuvor verheißenen נפלאת JHWHs auf die Vertreibung der Völker in v. 11b ergab.

Demzufolge setzte das Bündnisverbot ursprünglich in v. 12aα² direkt mit פן, d.h. ohne spezielle Einleitung und unter Voraussetzung eines bloß „virtuellen regens"[358] ein. In dieser Form wird es später in v. 15a wörtlich wiederholt, da sich v. 15b als neuerliche Begründung nicht ohne weiteres in den Zusammenhang der vv. 12-14 einfügen ließ. V. 13 ist aufgrund der von v. 12 abweichenden Verwendung des Plurals nicht nur in der Anrede, sondern auch in der Pronominalisierung der Vorbewohner[359] sekundär.

---

355 Dtn 4,23; 6,12; 8,11; 11,16; 12,13.19.30; 15,9; sonst nur Gen 24,6; 31,24.
356 Der Einfluß der deuteronomischen Paränese auf Ex 34,11-14 ist unverkennbar. Dennoch bewahrt der Verfasser einen eigenen Sprachstil. Über die singuläre Gebotseinleitung in v. 11a hinaus (freilich lassen auch hier der Imperativ שמר לך einerseits und der Relativsatz andererseits je für sich die deuteronomische Paränese anklingen) gebraucht der Verfasser zur Bezeichnung der Vorbewohner des Landes anders als alle verwandten Texte den Singular, und der göttliche Eifer gilt hier nicht den vielen אלהים אחרים, sondern dem einen אל אחר, der nirgendwo sonst in der Einzahl genannt wird.
357 Anders als in Ex 23 und Dtn 7 ohne ein voraufgehendes „Element des Einzugs in das Land" (Osumi, Kompositionsgeschichte, 46).
358 GK §152w.
359 אשריו mit Sg.-Suffix ist nachträglich ergänzt. S. u.119 Anm. 383.

6.2. Die Rede des מלאך יהוה und ihre Querbezüge

V. 12aα².βb stellt somit im Anschluß an v. 11a und in v. 14 ursprünglich fortgesetzt die älteste Fassung des Bündnisverbotes in Ex 34,10ff. dar. Hier bildet es das Kernstück des gesamten Aussagezusammenhangs. In der Aufeinanderfolge von Bundesschluß und Bündnisverbot wird die Exklusivität der ברית JHWHs (v. 10) zur Bedingung ihrer Geltung gemacht. Deshalb verknüpft sich mit dem Bündnisverbot in v. 14 der Verweis auf den אל קנא und das Bilderverbot. Von daher erhalten jedoch auch alle folgenden Weisungen ihr systematisches Motiv: Sichert das Bündnisverbot den Lebensraum der neu gestifteten ברית JHWHs nach außen, so definieren die anschließenden Kult- und Festgesetze die Identität der „Kontrastgesellschaft"[360] Israel im Inneren.

6.2.3. Das Bündnisverbot in Dtn 7,1-6

Die Wahrung der Identität Israels als Volk JHWHs, als עם קדוש (Dtn 7,6) ist auch in Dtn 7 das Thema: Vv. 1-5 fordern beispiellos umfassend die Absonderung von den Vorbewohnern des Landes, die Begründung dieser Forderung gibt der Erwählungsgedanke in v. 6. Vv. 7-11 sind als dessen theologische Durchführung zu verstehen, und vv. 12-16 knüpfen an das Zusammenspiel von Erwählung und Gehorsam die Verheißung einer segensreichen Zukunft. Vv. 17-26 schließlich beenden das Kapitel mit einer paränetischen „Kriegsansprache"[361], die konsequent den Gedanken einer radikalen Vernichtung der Landesbewohner verfolgt.

In vv. 1-6* ist der älteste Bestand des Kapitels zu finden.[362] Hier richten vv. 1f. den Blick ausdrücklich auf die Situation der Landnahme[363], d.h. die nachfolgenden Anweisungen werden nicht erst für das Leben im Land, sondern bereits für den Vollzug der Landnahme selbst in Geltung gebracht. Das gilt auch für das Bündnisverbot, das in v. 2bβ nicht für sich steht, sondern systematisch dem Banngebot (v. 2bα) untergeordnet ist.

Dabei erscheint die Eroberung des verheißenen Landes in Dtn 7 als Vorgang, der zwar primär das Eingreifen JHWHs voraussetzt, zugleich jedoch die Kooperation der Israeliten verlangt.[364] So ist eingangs auch

---

360 Veijola, Deuteronomium, 195.
361 Vgl. von Rad, Krieg, 71ff; ders., Deuteronomium, 48f.
362 Vgl. Veijola, Deuteronomium,196ff.
   Achenbach, Israel, 213-222.238 rechnet zur Grundschicht in vv. 1-3a.6 auch vv. 12b-16aα hinzu. Doch zeigt die sachliche Wiederaufnahme von vv. 1-6 in v. 16b, die mit dem Stichwort des קש zugleich die Nähe von Dtn 7 zu Ex 23 und 34 rezipiert, daß die Verheißung des göttlichen Segens hier nachträglich in den seinerseits sekundären Zusammenhang von vv. 1-6 und vv. 17ff. eingeschoben ist.
363 Gegen Veijola, Deuteronomium, 195.
364 Vgl. Perlitt, Bundestheologie, 55 Anm. 1; Veijola, Deuteronomium, 197.

nicht von der „Vertreibung" oder „Vernichtung" der Völker durch JHWH die Rede, die jede weitere Maßnahme der Israeliten genaugenommen überflüssig machte, sondern Dtn 7,1-2aα zufolge wird JHWH die Fremdvölker zwar vor Israel „zu Fall bringen" (√נשל365) und „dahingeben" (נתן לפני), „schlagen" (√נכה), d.h. besiegen366 müssen die Israeliten sie jedoch selbst (v. 2aβ).

V. 2bα fordert dann, die Besiegten zu „bannen"367, und was das Banngebot näherhin bedeutet, erläutern vv. 2bβ.3a: „du sollst kein Bündnis mit ihnen schließen, und du sollst sie nicht verschonen, und du sollst dich nicht mit ihnen verschwägern." Gelegentlich wurde argumentiert368, daß Bündnis- und Konnubiumsverbot im Anschluß an das Banngebot überflüssig sind, da die Israeliten kaum mehr in Versuchung geraten konnten, sich mit den Bewohnern des Landes zu verheiraten, wenn diese durch den Bann bereits vollständig vernichtet waren. Doch sind vv. 2b.3a nicht im Sinne einer zeitlichen Reihenfolge zu lesen. Vielmehr ist die Trias von Bündnis-, Gnaden- und Verschwägerungsverbot über die Versgrenze hinweg insgesamt als Apposition zum Banngebot aufzufassen. Darauf weist auch der asyndetische Anschluß der einzelnen Glieder hin; לא־תכרת להם ברית ולא תחנם ולא תתחתן בם d.h.: החרם תחרים אתם. So steht das Bündnisverbot in Dtn 7 nicht für sich, sondern formuliert ebenso wie das Gnaden- und das Konnubiumsverbot einen konkreten Aspekt des Banngebotes. Damit ist es im Kontext von Dtn 7 sachlich vom Banngebot abhängig und diesem gegenüber subdominant. Umgekehrt läßt sich das Banngebot nicht als isoliertes Element aus dem Kontext von Dtn 7 herauslösen, „ohne daß der Sinn der folgenden Gebote zerfällt."369 Da das Banngebot selbst von der dtr Landnahmedarstellung noch nicht vorausgesetzt wird370, sondern diese erst sekundär kommentiert, läßt sich folglich

---

365 Mit den „Völkern" als Objekt sonst nur noch Dtn 7,22.
366 S. Conrad, Art. נכה, 450.
367 Zum religionsgeschichtlichen Hintergrund des Bannes s. Brekelmans, ḥerem, v.a. 128-145; Lohfink, Art. חרם, 202-206 (mit weiterer Lit.).
368 Hempel, Schichten, 125 und mit ihm Steuernagel, Deuteronomium, 77ff. scheiden v. 3 als sekundäre Ergänzung zu v. 2 aus, Nielsen, Deuteronomium, 95 hält umgekehrt allein v. 3 für ursprünglich. Dagegen jetzt auch Veijola, Deuteronomium, 198 Anm. 448: „Es handelt sich also in V. 2bβ.3 um keine *chronologische* Fortsetzung von V. 2ba, was in der Tat sinnwidrig wäre und zu literarkritischen Operationen nötigte" (Hervorhebung T. Veijola).
369 Achenbach, Israel, 253.
370 Die Belege für die Vollstreckung des Bannes im Zusammenhang der Landnahme (Num 21,2f.; Jos 2,10; 6,17.18.21; 7,1.11f.13.15; 8,26; 10,1.28.35.37.39.40; 11,11.12.20.21; 22,20; Ri 1,17; 21,11) sind sämtlich sekundär- bzw. nach-dtr. Eine ausführliche Begründung für die (mindestens literargeschichtliche) Spätdatierung des Banngebotes s. bei Achenbach, Israel, 240-249.

6.2. Die Rede des מלאך יהוה und ihre Querbezüge

auch für das Bündnisverbot in Dtn 7,2 keine ältere, gar dtn[371] Herkunft annehmen.

Die weiteren Ausführungen in vv. 3b.4 betreffen allesamt das Konnubiumsverbot. So wird zunächst die verbotene Verschwägerung genauer im Sinne einer Verheiratung der eigenen mit den fremden Kindern untersagt, woraufhin v. 4 die Gefahren vorhersieht, die den Israeliten aus der Mißachtung des Konnubiumsverbotes erwachsen: „er [d.h. der Landesbewohner, der auch in v. 3b im Singular pronominalisiert ist] wird deinen Sohn von mir abbringen, und sie werden anderen Göttern dienen, und der Zorn JHWHs wird über euch entbrennen, und er wird dich eilends vernichten." Mit diesen Nachbemerkungen wird das Verschwägerungsverbot stark akzentuiert, so daß sich der Ton innerhalb der ursprünglich gleichberechtigten Trias von Bündnis-, Gnaden- und Verschwägerungsverbot ganz auf das Verschwägerungsverbot verlagert und das Bündnisverbot (zusammen mit dem Gnadenverbot) nunmehr ebenso wie in den Tetrateuchtexten in erster Linie im Kontext des Verschwägerungsverbotes ausgelegt scheint.[372] Daß es sich bei dieser Akzentuierung um eine sekundäre Nachinterpretation des Zusammenhangs handelt, zeigt schon der Numeruswechsel in der Pronominalisierung der Landesbewohner in v. 3b.

Dabei hat das Konnubiumsverbot als die lebensnächste der erhobenen Forderungen offenbar mehr als einmal Anlaß zur nachträglichen Verdeutlichung gegeben, denn vv. 3b.4 erscheinen auch in sich nicht einheitlich. So ist allein v. 4a mit der Selbstbezeichnung מאחרי als JHWH-Rede formuliert, während in v. 4b bereits wieder vom „Zorn JHWHs" in der dritten Person die Rede ist. Dabei nennt v. 4a als Objekt der befürchteten Verführung nur den eigenen Sohn, nicht aber die in v. 3b zuvor ebenfalls genannte Tochter.[373] In v. 4b stehen dann nach der 2.sg.-Anrede in v. 3b Pluralanrede (בכם) und Singularanrede (והשמידך) nebeneinander, freilich ohne daß v. 4bα sich wirklich von v. 4bβ trennen ließe.[374]

---

371 So nach älteren Vorgängern Rose, 5. Mose, 332f., der Dtn 7,1-11 freilich insgesamt seiner deuteronomischen, in josianische Zeit datierenden „Schicht II" zuweist.
372 Die Verwendung des Bundesbegriffs im Bereich der Ehe belegt Mal 2,14.
373 V. 4a ist deshalb möglicherweise v. 3b gegenüber sekundär (s. auch u. 122).
 Gegen die umgekehrte Möglichkeit, daß v. 3b insgesamt v. 4a gegenüber sekundär ist, spricht, daß das 3.m.sg.-Subjekt in v. 4a, das wohl nicht den fremden Sohn, der den im Konnubium gezeugten Sohn verführt (so Rashi, z.St.; vgl. Veijola, Deuteronomium, 202 Anm. 476), sondern einfach wieder den Landesbewohner im allgemeinen im Blick hat, nur im Anschluß an dessen singularische Pronominalisierung auch in v. 3b verständlich ist. Die dritte theoretisch denkbare Lösung, daß nämlich auch in v. 3b ursprünglich nur von der Verheiratung des eigenen Sohnes mit der fremden Tochter, nicht aber vom umgekehrten Fall die Rede war, läßt sich formal nicht begründen.
374 Veijola nimmt den „unregelmäßigen Numerusgebrauch" (Deuteronomium, 201; vgl. 4) als Eigenart der von ihm in Anschluß an Levin angenommenen und auch hier identifizierten „bundestheologischen Bearbeitung" an. Achenbach, Israel, 218, gibt ebenfalls eine syn-

Die Zuspitzung des Konnubiumsverbotes auf das Fremdgötterverbot zieht in v. 5 die Anweisung zur Zerstörung der kanaanäischen Kultstätten und der פסלים[375] nach sich. Mit כי־אם־כה תעשו להם wird diese Forderung nachdrücklich als positive Alternative zu den vorherigen Verboten eingeleitet. V. 5 ist thematisch jedoch von v. 4a abhängig und deshalb kaum zum Grundbestand zu zählen, von dem die Anweisung sich überdies – ähnlich wie in Ex 34,13 – durch die Pluralanrede unterscheidet.

Die ursprüngliche Fortsetzung der vv. 1-3a ist somit erst in v. 6 zu finden. Die vorangehenden Verbote erhalten hier ihre theologische Begründung: in der Absonderung Israels von den Völkern realisiert sich die absolute Besonderheit Israels vor JHWH, der es als עם קדוש zu seinem עם סגלה erwählt hat und damit von allen גויים unterscheidet. Ob Israel zur geschichtlichen Verwirklichung seiner theologischen Bestimmung kommt, hängt deshalb von der strengen Einhaltung der Assimilationsverbote ab. Indem diese dann nicht erst für die Zeit im Land, sondern bereits für den Vollzug der Landnahme in Geltung gebracht werden, bleibt allein der Exodus unbedingte Heilstat JHWHs. Unmittelbar nach dem Überschreiten der Grenzen des verheißenen und zugeeigneten Landes bleibt Israel nach Dtn 7 die Aufgabe, sich im Vorgehen gegen die Landesbewohner seinerseits heilsgeschichtlich zu qualifizieren.

6.2.4. Das Bündnisverbot in Ri 2,1-5[376]

Dem vorrangig überlieferungsgeschichtlichen oder kompositionsgeschichtlichen Interesse an Ri 2,1-5 entsprechend hat die Forschung von einer literarkritischen Analyse der Rede des מלאך יהוה bisher abgesehen[377]. Im Folgenden wird sich jedoch ergeben, daß das Bündnisverbot auch hier am ehesten unter Annahme einer mehrfachen Nachinterpretation des Textzusammenhangs verständlich wird.

Ri 2,1-5 läßt sich in der vorliegenden Textgestalt in zwei Teilszenen gliedern. Die erste umfaßt den Auftritt und die Rede des מלאך יהוה vor

---

chrone Erklärung für den Numeruswechsel, „die das Phänomen aus dem wechselnden Inhalt der Bezugsgrößen erklärt: der Zorn Jahwes wird sowohl den Sohn treffen, der sich dem Götzendienst hingibt[,] als auch den Vater, der dem Sohn eine nicht-israelitische Tochter gegeben hat. Von daher erklärt sich die 2.pl., v. 4bβ wendet sich dann mit der Vernichtungsdrohung an den primär in v. 3b angesprochenen Familienvater und fällt damit in die 2.sg. zurück".

375 Diese Erweiterung Ex 34,13 gegenüber hat offensichtlich das dekalogische Bilderverbot im Blick (vgl. Veijola, Deuteronomium, 203).
376 Dazu s. die Übersicht über die Entstehung von Ri 2,1-5 im Textanhang.
377 Hier gilt also Ähnliches wie für Ri 1; s. o. 74.

den Israeliten. Die zweite, eingeleitet mit ויהי אחרי הדברים האלה in v. 4a, hat die Reaktion des Volkes, sein „Weinen" und die damit verbundene Ortsätiologie Bochims[378] zum Inhalt.

Die Rede des מלאך יהוה in vv. 1b-3 zentriert im Bündnisverbot in v. 2a. Daß es aus dem Textzusammenhang von Ri 2,1-5 nicht wegzudenken ist, bedarf keiner besonderen Begründung. Wie in den übrigen Texten ist das Bündnisverbot auch in Ri 2,1-5 unmittelbar heilsgeschichtlich motiviert, d.h. „Verheißung und Verpflichtung"[379] gehören auch hier unmittelbar zusammen. Auf die Hineinführung ins Land, die den Israeliten am Sinai und in Moab verheißen wurde, kann hier, am Ende der Landnahme, allerdings bereits zurückgeblickt werden. Deshalb ist von der Hinführung zum verheißenen Land in v. 1bβ folgerichtig in der narrativen Vergangenheit (ואביא) die Rede. Von der „Heraufführung" spricht der מלאך יהוה allerdings zuvor dennoch im durativen Imperfekt (אעלה). Dies bleibt ungewöhnlich, ist jedoch möglicherweise zum einen mit dem Vorbild von Ex 3,17 erklärlich, vor allem aber damit zu begründen, daß sich das Heilsgeschehen der „Heraufführung" insgesamt solange als andauernd betrachten ließ, wie der מלאך יהוה noch als Führungsengel auftrat.

Neben der Erinnerung an das geschichtliche Heilshandeln JHWHs steht in v. 1bγ das Zitat seiner Verheißung, den Bund mit Israel auf ewig nicht zu brechen.[380] Im vorliegenden Textzusammenhang gehört in dieses Zitat auch das anschließende Bündnisverbot hinein, d.h. auch v. 2a ist noch von der Redeeinleitung ואמר in v. 1bγ abhängig. Erst die Anklage ולא שמעתם בקלי in v. 2bα kehrt zur aktuellen Rede des מלאך יהוה zurück. Zwar gibt es keinen formalen Grund dafür, diesen Wechsel der Kommunikationsebene erst hier und nicht schon am Beginn von v. 2 anzusetzen. Doch die Anklage des מלאך יהוה kann kaum auf v. 1b rückbezogen werden und bliebe somit ohne die entsprechende Vordatierung des Bündnisverbotes unverständlich.

Demnach hat das Bündnisverbot im vorliegenden Textzusammenhang von Ri 2,1-5 nicht die Aufgabe, eine Mahnung für die Zukunft auszusprechen, sondern sein Zitat ruft den Israeliten in Erinnerung, daß ihnen die Absonderung von den Bewohnern des Landes bereits in der Ver-

---

378 Zu Bochim s. u. 118.
379 Perlitt, Bundestheologie, 216.
380 Den eigentlichen Ort dieser Bundeszusage sucht man im Hexateuch vergebens, die ברית עולם aus Gen 9,16; 17,7.19 kann hier noch nicht gemeint sein. Rückverweise ohne Belegstelle finden sich in den Geschichtsbüchern jedoch häufiger, später vor allem dort, wo es um die Legitimation der davidischen Dynastie geht: „immer wieder wird auf eine göttliche Willenskundgabe verwiesen, ohne dass man eine Stelle angeben könnte, die der Verfasser dabei im Sinn gehabt hätte" (Veijola, Dynastie, 79). Weitere Belege s. ebd., 113 Anm. 41. Vgl. Römer, Väter, 229 Anm. 1193.

gangenheit geboten war. Daß sie diese Weisung jedoch unbeachtet ließen, stellt v. 2b mit der Wendung ולא־שמעתם בקלי fest.

Das Zitat eines dritten JHWH-Wortes deutet schließlich die Antwort auf die bedeutungsschwere Frage מה־זאת עשיתם an, die sich in v. 2bβ mit dieser Anklage verbindet: zitiert wird hier die Ankündigung JHWHs, die Bewohner des Landes nicht vertreiben zu wollen. Auch wenn der Tun-Ergehens-Zusammenhang nicht ausdrücklich hergestellt wird, so erscheint die Erfüllung dieser negativen Verheißung doch als unmittelbare Konsequenz des zuvor angeklagten Ungehorsams. Ri 2,1b-3 zufolge führte die Mißachtung des Bündnisverbotes also schon in der Vergangenheit zur Bedrohung der nun unmittelbar bevorstehenden Zukunft Israels.

Es ist allerdings fraglich, ob sich mit dem Bündnisverbot in Ri 2,1-5 von Anfang an der Blick in die Vergangenheit verband. Denn der Textzusammenhang ist an mindestens zwei Stellen erklärungsbedürftig. Auffällig ist zunächst der umständliche Neueinsatz in v. 4. Zwar kann dieser durchaus als erzählerische Sollbruchstelle gelten, die den Abschnitt szenisch in den eigentlichen Auftritt des מלאך יהוה und die Ortsätiologie gliedert. Doch es bleibt merkwürdig, daß dabei das Weinen der Israeliten, das doch gewissermaßen die natürliche Reaktion auf die Anklage des מלאך יהוה darstellt, im Erzählverlauf dann so deutlich von der Rede des מלאך יהוה abgehoben wird. Dazu paßt, daß auch der Anschluß von v. 3 an v. 2b unnatürlich wirkt. Wohl muß nicht jedes וגם ein Indiz für literargeschichtliche Ungleichzeitigkeit sein, doch der Eindruck, daß damit hier ein Nachtrag eingeleitet wird, hat auch einen triftigen inhaltlichen Grund. Denn die zitierte Strafandrohung steht in kaum aufzulösender Spannung zu der vorangehenden unbedingten Heilszusage JHWHs in v. 2a. Die Motivation dieses Nachtrags liegt auf der Hand: dem Verfasser von v. 3 ging es offenbar vordringlich darum, daß den Israeliten nicht allein die Autorität des Bündnisverbotes, sondern auch die Strafe, die sie für dessen Mißachtung erwartete, längst bekannt war – daß sie also eigentlich genau hätten wissen können, „was sie taten". Deshalb ergänzte er mit v. 3 das Zitat des Bündnisverbotes um die entsprechende Unheilsankündigung.

Versteht man demzufolge v. 3 als späteren Einschub, erklärt sich auch der umschweifige Neueinsatz in v. 4a. Der Einschub von v. 3 unterbricht den ursprünglichen Zusammenhang zwischen der Anklage des מלאך יהוה und dem „Weinen" der Israeliten als eigentlich unmittelbare Reaktion darauf. In der vorliegenden Textgestalt erscheint die Klage der Israeliten, die in v. 5 zur kultischen Klage ausgebaut wird, jedoch in erster Linie als Antwort auf die sekundäre Strafandrohung in v. 3: das mit der Klage verbundene Opfer zeigt die erneute Hinwendung der Israeliten zu JHWH, mit der sich die angedrohte Strafe noch einmal abwenden lassen sollte. Der szenische Neueinsatz in v. 4a verleiht dem Klageopfer das entspre-

6.2. Die Rede des מלאך יהוה und ihre Querbezüge

chende erzählerische Gewicht. Daß v. 4a dabei von den בני ישראל, v. 4b hingegen vom עם spricht, mag zusätzlich ein Hinweis darauf sein, daß die erste und zweite Vershälfte nicht von gleicher Hand stammen. So sind zusammen mit v. 3 auch vv. 4a.5 auf eine Nachinterpretation des Textzusammenhangs zurückzuführen.

Die bemerkenswerte Spannung zwischen der unbedingten Heilszusage JHWHs in v. 1bβ und seiner unhintergehbaren Strafandrohung in v. 3 ist damit für die Erstgestalt des Textes beseitigt. Doch v. 1bβ bleibt auch dann noch problematisch. Denn abgesehen davon, daß die Bildung von ברית mit √פרר und JHWH als Subjekt in äußerst späte Zeiten weist[381] – was natürlich solange nichts besagt, wie der übrige Textbestand nicht datiert ist – tritt diese Zusage JHWHs argumentativ in Konkurrenz zu dem vorherigen Rückblick auf das Geschichtshandeln JHWHs in v. 1bα. Wie das betonte ואתם am Beginn von v. 2 deutlich macht, betrachtet der Verfasser die Forderung des מלאך יהוה, kein Bündnis mit den Bewohnern des Landes zu schließen, als Komplement zu JHWHs vorgängigem Handeln an Israel. Ähnlich bestimmte das Nacheinander von Verheißung und Verpflichtung auch die Position des Bündnisverbotes in den Paralleltexten. Während allerdings zwischen Landverheißung und Bündnisverbot ein unmittelbarer sachlicher Zusammenhang besteht – eine Mißachtung des Bündnisverbotes wirkte dem exklusiven Anspruch Israels auf das verheißene Land direkt entgegen – setzt v. 1bβ ein *systematisches* Ausschlußverhältnis zwischen dem Bund mit JHWH und dem Bund mit den Bewohnern des Landes voraus, das nicht in gleicher Weise selbstverständlich ist und seine Plausibilität vielmehr in erster Linie aus dem wiederkehrenden Bundesbegriff bezieht. Indem das Bündnisverbot jedoch im vorliegenden Textzusammenhang dem Zitat der Bundeszusage eingegliedert erscheint, ist es auch in erster Linie darauf bezogen, und so verliert es den argumentativen Zusammenhang mit v. 1bα. V. 1bβ tritt also in gewisser Weise an die Stelle von v. 1bα.

Damit stellt sich v. 1bβ als späterer Einschub innerhalb der vv. 1f.4b dar. Folglich geht die Rückdatierung des Bündnisverbotes erst auf eine sekundäre Bearbeitung der Rede des מלאך יהוה zurück. Da v. 2b diese Rückdatierung notwendig voraussetzt, fällt die hier dem מלאך יהוה in den Mund gelegte Anklage der Israeliten für den Grundbestand von Ri 2,1-5 dann ebenfalls aus.

Das bedeutet, daß der Auftritt des מלאך יהוה in Ri 2,1-5 sich ursprünglich auf vv. 1a.bα.2a beschränkte. Das Bündnisverbot formulierte hier zunächst ebenso wie in den Paralleltexten eine unmittelbare Mahnung. Erst eine spätere Bearbeitung fügte mit v. 1bβ das Zitat der unver-

---

381 Lev 26,44; Sach 11,10.

brüchlichen Bundeszusage JHWHs ein und formulierte damit die ursprüngliche Mahnung zur Anklage um, der in v. 4b dann das Weinen der Israeliten korrespondiert.

Erst auf eine zweite Bearbeitung geht hingegen das Zitat der Strafandrohung in v. 3 zurück, das in den Vordergrund der Anklage nun die darauf folgende Strafankündigung stellt. Daraufhin wurde aus dem „Weinen" der Israeliten in v. 5 die ätiologische Kultklage in Bochim[382].

6.2.5. Die Literargeschichte des Bündnisverbotes

Im Zusammenhang von Ri 2,1-5 verbinden sich mit dem Bündnisverbot anders als in den Paralleltexten weder Abgötterei- noch Verschwägerungsverbot. Es hat hier also gewissermaßen seine kürzeste Form, ebenso wie die anschließende Anweisung zur Zerstörung der Kultstätten, die sich in Ri 2,2b allein gegen die „Altäre" richtet.

Der folgende kurzgefaßte Überblick über die literargeschichtlichen Stationen des Bündnisverbotes soll auf der Grundlage der vorangegangenen Textanalysen wahrscheinlich machen, daß die lectio brevior auch in der Geschichte des Bündnisverbotes als die älteste Textfassung zu begreifen ist, daß also die Rede des מלאך יהוה in Ri 2,1b-3 nicht am Ende, sondern ganz am Anfang der Literargeschichte des Bündnisverbotes steht.

---

[382] Nach LXX (Καὶ ἀνέβη ἄγγελος κυρίου ἀπὸ Γαλγαλ ἐπὶ τὸν Κλαυθμῶνα καὶ ἐπὶ Βαιθηλ καὶ ἐπὶ τὸν οἶκον Ισραηλ, 2,1a) ist Bochim entweder in/bei Bethel zu suchen oder meint Bethel selbst (vgl. den מתחת לבית־אל gelegenen אלון בכות in Gen 35,8). Meistens wird Bochim mit Bethel gleichgesetzt; s. neben Wellhausen, Composition, 210 und der Mehrzahl der Kommentare insbesondere Veijola, Verheißung, 184-186.197-200.208f. und Amit, Bochim, 121.129. (Grundsätzlich kritisch gegen die Verbindung Bochims mit Bethel argumentiert hingegen Halbe, der Bochim für eine „dem Heiligtum Gilgal unter- und zugeordnete Klagestätte" (Halbe, Privilegrecht, 383) hält; anders bringt Marx, Forme, 341f. Bochim mit dem Heiligtum in Silo in Verbindung.) Wo man Bochim für Bethel stehen sieht, ist Ri 2,1-5 dann als Ätiologie für den Kult in Bethel während des Exils (Veijola, aaO.; s. auch Pfeiffer, Bethel, 96f.; Aurelius, Fürbitter, 78f.) oder nach dem Untergang des Nordreiches (Amit, aaO.) erklärt worden. Literarisch wird die Assoziation der Szene mit Bethel jedenfalls im Hinblick auf 20,18ff.; 20,26ff.; 21,2ff. einerseits und im Rückblick auf die paradigmatische Bethel-Episode in Ri 1,22-26 andererseits sinnvoll (auf der dritten Textstufe wird Ri 1 von Ri 2,1-5 vorausgesetzt; s. u. 123). In 2,1 wurde Bochim vermutlich erst im Zusammenhang der dritten Textstufe ergänzt (vgl. die Lücke im Codex Leningradensis B19A, im Codex prophetarum Cairensis, in der Editio Bombergiana und anderen Handschriften des MT). Überhaupt ist es ungewöhnlich, daß die Ätiologie den zu erklärenden Namen bereits vor der Schilderung des Geschehens, das allererst Grund der Namensgebung wird, nennt. Möglicherweise wurde אל־הבכים in 2,1 nachgetragen, um die Engelrede mit der eigentlichen Ätiologie enger zusammenzuschließen. Daß die Angabe des Zielpunktes nach der Konstruktion עלה√ + מן syntaktisch jedenfalls nicht notwendig ist, zeigen u.a. Gen 19,30; Ex 13,18; Jos 10,7.9; 1Sam 1,3; 1Sam 24,1.

6.2. Die Rede des מלאך יהוה und ihre Querbezüge   119

1. Ri 2,1a*[ohne אל־הבכים]bα.2a: Der Auftritt des מלאך יהוה kommentiert am Übergang vom Josua- zum Richterbuch die Wende von der Heilsgeschichte zur Geschichte des Abfalls. Die kurze Mahnrede auf der ersten Textstufe von Ri 2,1-5 gibt eine erste Antwort darauf, wie der verhängnisvolle regelmäßige Abfall von JHWH in der Richterzeit hätte verhindert werden können: zum Baalsdienst, wie er im Richterrahmen und hier zuerst in Ri 2,11 festgestellt wird, wäre es Ri 2,2a zufolge nicht gekommen, wenn die Israeliten nach Abschluß der Landnahme die Mahnung des מלאך יהוה befolgt hätten, d.h. wenn sie sich 1. nicht mit den ישבי הארץ eingelassen und 2. mit der Zerstörung der Altäre die verführerische fremdreligiöse Infrastruktur im Land beseitigt hätten. Um dieser Mahnungen willen tritt der מלאך יהוה nach Abschluß der Landnahme noch einmal von Gilgal als Ausgangspunkt der Landnahme her vor dem Volk auf, das im Begriff steht, seine Wohnsitze einzunehmen (Jos 24,28). Erst mit dieser paränetischen Entlassung, die den Abschiedsreden Josuas später Vorbild stand, ist der Führungsauftrag des מלאך יהוה beendet.

Das Bündnisverbot reagiert in Ri 2,2a auf das Problem der Vorbevölkerung des Landes, ohne deren fortdauernde Existenz im Land besonders zu reflektieren. Die Problematisierung ihrer unvollständigen Vernichtung ist in Ri 2,1a*.bα.2a noch nicht vorausgesetzt.

2. Dtn 7,1-3a.6 (+ Jos 23,12f.): Von Ri 2,2 aus fand das Bündnisverbot zuerst seinen Weg nach Dtn 7. Das sekundär-dtr Problem der nicht vertriebenen Völker ist hier bereits im Blick und stellt sich vor dem Hintergrund der ausdrücklichen Anweisung ihrer radikalen Vernichtung nun um so schärfer dar.

Der Verfasser von Dtn 7 hielt eine negative Einflußnahme der Fremdvölker im Falle einer Koexistenz offenbar für unvermeidbar. Deshalb ordnete er das aus Ri 2 übernommene Bündnisverbot neben Gnaden- und Verschwägerungsverbot hier systematisch dem Banngebot unter. Die kompromißlose Vernichtung der Vorbevölkerung während der Landnahme hätte jeden späteren Bundesschluß mit ihnen von vornherein ausgeschlossen.[383]

---

[383] Die in v. 5 gebotene Zerstörung nicht nur der Altäre, sondern auch der Ascheren, Mazzeben und Götzenbilder hätte dann auch jeglichen Fremdgötterkult gegenstandslos gemacht. Dtn 7,5 ist jedoch ebenso nachträglich wie Ex 34,13, Dtn 12,3 und 2Kön 23,14. Ri 2,2 geht dieser Reihe mit der einfachen Anweisung zur Zerstörung der Altäre voran. Ex 34,13 ergänzt die Altäre aus Ri 2,2 um die Mazzeben und Ascheren und steht dabei offensichtlich bereits unter dem Einfluß von 2Kön 23,14, Verb und Objekt der Zerstörung stimmt (nur) hier genau überein (neben מזבחת + נתץ√ (2Kön 23,13): מצבת + שבר√; אשרים + כרת√). Dtn 7,5 fügt dieser Aufstellung die Götzenbilder hinzu und hat damit offensichtlich das dekalogische Bilderverbot im Blick. Dtn 7,5 wird schließlich von Dtn 12,3 mit einer Erweiterung und einer Änderung übernommen: die Götzenbilder werden nach Dtn 7,25 um אלהיהם als nomen rectum ergänzt, und Ascheren und Götzenbilder tauschen im Hinblick

Die Zuspitzung des Bündnisverbotes auf den Landnahmevorgang dürfte erzählerisch durch Jos 9 motiviert sein[384]: von Dtn 7 her gelesen erscheint die Gibeonitenerzählung, die für sich betrachtet zunächst weder ein grundsätzliches Banngebot noch das Bündnisverbot voraussetzt, geradezu als Beispielerzählung für den Zusammenhang zwischen einer unbotmäßigen ברית mit der Vorbevölkerung und deren späterem Verbleib im Land. Nach Dtn 7 wäre mit der Beachtung des Bündnisverbotes also nicht erst der Abfall in der Richterzeit, sondern bereits das Problem der unvollständigen Landnahme zu vermeiden gewesen.

Gleichauf mit dem Bündnisverbot ordnet Dtn 7,3 dem Banngebot auch das Verschwägerungsverbot unter, das in diesem Zusammenhang zum ersten Mal Eingang in die deuteronomistische Darstellung findet. Hier wird es dann zunächst von Jos 23,12f. vorausgesetzt, wobei Jos 23,13b unter dem Stichwort des מוקש den Ton vor allem auf die „politische Gefahr"[385] legt, die den Israeliten aus der unüberlegten Vereinigung mit dem יתר הגוים האלה erwächst.

Das „Anhängen" (√דבק) an die Fremdvölker und die Verschwägerung mit ihnen bringt Jos 23,12 in unmittelbare Konkurrenz zu der im vorhergehenden Vers geforderten Liebe zu JHWH. In dieser theologischen Pointierung des Verschwägerungsverbotes spiegelt sich möglicherweise der Zusammenhang von Dtn 7 mit Dtn 6 wider.

3. *Ex 34,12aβb.14:* Daß die Vorbevölkerung den Israeliten zum מוקש werden kann, weiß nach Jos 23,13 auch Ex 34,12. Außer diesem Anklang an Jos 23 wird in Ex 34,12-14 vor allem der Einfluß von Dtn 7,1ff. erkennbar[386], freilich ohne daß die dtr Phraseologie genau übernommen worden wäre: anders als Dtn 7 nennt Ex 34,12 die Vorbewohner des Landes als Bündnispartner im Singular[387], und die Eifersucht JHWHs gilt hier nicht den geläufigen אלהים אחרים, sondern dem einen אל אחר, der nirgendwo sonst in der Einzahl genannt wird.

In Ex 34,14 wird das Bündnisverbot zum ersten Mal explizit auf das Abgöttereiverbot zugespitzt. Die Rede vom אל קנא im Umkreis des

---

auf 2Kön 23,6 die Verben. Ex 23,24 schließlich ist nur noch Stenogramm des Zusammenhangs von Dtn 7,1-5.

384 Vgl. Achenbach, Israel, 249-255.
   Gen 34 hingegen ist nach-priesterlich (vgl. Levin, Dina, 49f.) und setzt den Text von Dtn 7,2f. voraus (s. auch Achenbach, Israel 249 Anm. 130 mit Westermann, Genesis, 651-654).
385 Vgl. Aurelius, Zukunft, 173, der diesen Beleg des מוקש deshalb – zu Recht – für den ältesten unter den verwandten Texten hält.
386 Vgl. den genauen synoptischen Vergleich bei Achenbach, Israel, 276.
387 Nicht-attributiv steht der יושב הארץ ansonsten nur Gen 34,30; 50,11; Num 14,14; Jos 24,18; Ri 11,21; 2Sam 5,6.

Bündnisverbotes läßt dabei nicht nur den Dekalog mitklingen, sondern reflektiert ebenfalls den Zusammenhang von Dtn 6(,15) mit Dtn 7.

4. Dtn 7,3b.[4a] : Den Zusammenhang zwischen Verschwägerungs- und Fremdgötterverbot, den Jos 23,12f. systematisch herstellt, vollzieht Dtn 7,3b.4a dann ad personam nach. Da v. 4a allerdings anders als v. 3b nur den Sohn im Blick hat, könnte die Näherbestimmung des Verschwägerungsverbotes in v. 3b zunächst ohne ihre theologische Pointe in v. 4a dagestanden haben. Daß hier später nur der Sohn, nicht aber die zuvor ebenfalls genannte Tochter genannt wird, ließe sich in direkter Anknüpfung an Dtn 6 erklären: Dtn 7,4 soll eben denjenigen „Sohn" vor der Verführung durch die Vorbevölkerung schützen, um den es auch Dtn 6,20ff. geht.

5. Ex 23,32f.: Eine verkürzte Neufassung der vorangehenden Ausführungen zum Bündnisverbot bietet Ex 23,32f. Die Zuspitzung des Bündnisverbotes auf das Fremdgötterverbot findet hier ihren deutlichsten Ausdruck: Objekt des verbotenen Bündnisses sind nicht mehr allein die Bewohner des Landes, sondern ebenso deren Götter.

Zwischen dem Bündnisverbot und der Warnung vor den Folgen seiner Mißachtung ergeht in Ex 23,33a die Mahnung, die ישבי הארץ nicht im Land wohnen zu lassen. Ähnlich wie in Dtn 7 setzt das Bündnisverbot also auch in Ex 23 die Koexistenz mit der Vorbevölkerung nicht voraus, sondern soll diese offenbar allererst vermeiden. Dabei verschärft v. 33aβ den potentiellen negativen Einfluß der Vorbewohner zur Sündengefahr (חטא hi.), ohne indes deren Einflußbereich auf die Ehe zu begrenzen.

Daß die Versündigung den Dienst an den fremden Göttern meint, stellt v. 33b klar. Auch hier wird das Stichwort des מוקש aufgegriffen, doch wird nach Ex 23,33 den Israeliten nicht schon die Koexistenz mit den Bewohnern des Landes zum Verhängnis, sondern ausdrücklich erst der Dienst an deren Göttern. Auch diese Pointierung zeigt, daß sich der Ton in Ex 23,32f. ganz auf das Fremdgötterverbot verlagert hat.

6. Ri 2,1bβ.2b.4b: Auf den Eintrag des Bündnisverbotes in den älteren מלאך יהוה-Text Ex 23,20ff. reagiert die zweite Textstufe von Ri 2,1-5 mit dessen Rückdatierung: im Hinblick auf Ex 23 gibt Ri 2,2 das Bündnisverbot nicht mehr als aktuelle Mahnung zu verstehen, sondern sein Zitat erinnert nun daran, daß dieses Verbot schon lange vorher, nämlich am Sinai ergangen war. Da das Bündnisverbot in Ex 23 ebenso wie in Dtn 7 als Anweisung für eine weisungsgemäße Durchführung der Landnahme erscheint, Jos 23 jedoch (vorbereitet durch Jos 13,1b-6) inzwischen die unvollständige Vernichtung der Vorbewohner festgestellt hatte, ließ sich mit der Erinnerung an das Bündnisverbot in v. 2b nunmehr die Anklage verbinden, daß die Mahnung des מלאך יהוה mißachtet geblieben war.³⁸⁸ Dementsprechend findet sich die frühere Aufforderung zum Gehorsam gegen den מלאך יהוה (שמע תשמעתם בקלו, Ex 23,21f.) in der Anklage von Ri 2,2 ins Negative gewendet (ולא שמעתם בקלי)³⁸⁹.

7. Ex 34,15f.: In Ex 34,15f erhält das Bündnisverbot seine späteste Fassung. Vollzog bereits Dtn 7,3b.4 den Zusammenhang zwischen Bündnis- und Abgöttereiverbot durch die Näherbestimmung des Verschwägerungsverbotes genauer nach, so konkretisiert Ex 34,15f. die religiösen Folgen einer Verbindung mit den Bewohnern des Landes nun noch eingehender: dem in der zweiten Hälfte von Ex 34 vorherrschenden Interesse am Kult verpflichtet befürchtet Ex 34,15b zunächst den gemeinsamen Genuß heidnischen Opferfleisches, bevor v. 16 den zwangsläufigen Weg von der Mischehe zum Fremdgötterdienst im Dreischritt vorzeichnet.³⁹⁰

8. Ri 2,1a[אל־הבכים]3.4a.5: Auf der dritten Textstufe von Ri 2,1-5 wird die Sünde schließlich zur Sünde Sold: im Anschluß an das Bündnisverbot und die Feststellung seiner Mißachtung trägt v. 3 das Zitat einer Ankündigung JHWHs nach, die Völker nicht vor Israel zu vertreiben. Die bedingte Drohung aus Jos 23,13 wird hier zur unbedingten Ankündigung.³⁹¹ Damit scheint die Verheißung aus Ex 23,28 zurückgenommen. Der Gefahr, daß die im Land verbliebenen Vorbewohner und ihre Götter den Israeliten zum Verhängnis werden könnten, wovor in Ex 23,33; 34,12 noch gewarnt wurde, sind die Israeliten nunmehr zur Strafe ausgesetzt.³⁹² Daß Israel der Versuchung durch die Völker tatsächlich, wie in Ex 34,16 und Dtn 7,4 vorhergesehen, im Konnubium erliegt, notiert schließlich Ri 3,6³⁹³ und leitet damit auf seine Weise zum regelmäßigen Abfall in der Richterzeit über.

---

388 Die Anklage des מלאך יהוה allein auf den Bundesschluß mit den Gibeoniten zu beziehen (so etwa Blum, Knoten, 188; ders., Studien, 367) greift zu kurz. S. auch Osumi, Kompositionsgeschichte 158f.
389 Dazu s. Aurelius, Zukunft, 177-180.
390 Daß es auch hier allein um den eigenen Sohn und die fremde Tochter geht, ließe sich als sekundäres Argument für einen entsprechenden literarkritischen Eingriff in Dtn 7,3f. anführen.
391 Smend, Gesetz, 160.
392 Waren es in Ex 34,12 (und Jos 23,13) zunächst die im Land verbliebenen Vorbewohner, die Israel zum מוקש werden, und in Ex 23,33 (und Dtn 7,16) dann der Dienst an deren Göttern, so sind es hier schließlich die Götter selbst.
393 Nach Ri 3,6 gaben die Israeliten den fremden Söhnen ihre Töchter, verheirateten mit den fremden Töchtern jedoch umgekehrt nicht ihre Söhne, sondern sich selbst. Diese Merkwürdigkeit läßt sich im Hinblick auf Dtn 7,4 erklären: den hier im Verschwägerungsverbot geschützten Sohn aus Dtn 6,20ff. (s. o. 121) sah man nach der Landnahme möglicherweise zum Mann herangewachsen, und so steht er in Ri 3,6 im direkten negativen Rückbezug auf Dtn 6f. nun selbst als handelndes Subjekt.

6.3. Ri 2,1-5 und Ri 1 (Schluß)

Läßt sich die Rede des מלאך יהוה in Ri 2,1-5 an den Beginn der Literargeschichte des Bündnisverbotes stellen, steht der relativen Frühdatierung des Abschnitts am Übergang vom Josua- zum Richterbuch, wie sie der unmittelbare Zusammenhang zwischen der Ortsmarke מגלגל im Szenenrahmen und dem Landnahmebericht in der ersten Hälfte des Josuabuches nahegelegt hat, nichts im Wege. Das bedeutet im Hinblick auf Ri 1: Ri 2,1-5 ist nicht von Anfang an als Interpretation des ersten Kapitels aufzufassen, sondern Ri 1 muß auf Ri 2,1-5 hin ausgelegt werden. Der Auftritt des מלאך יהוה ist also nicht als theologische Pointe des Landnahmeberichtes in Ri 1 konzipiert, vielmehr statuiert umgekehrt die unvollständige Landnahme des Hauses Josef der Anklage des מלאך יהוה nachträglich das ‚historische' Exempel. Damit setzt Ri 1 mindestens die erste Bearbeitung von Ri 2,1-5 bereits voraus. Diese zweite Textstufe hat sich als Reflex auf die sekundär-dtr Konzeption einer unvollständigen Landnahme dargestellt: hatte Dtn 7 das Bündnisverbot auf die weisungsgemäße Durchführung der Landnahme spezialisiert und Jos 23 anschließend die unvollständige Landnahme festgestellt, so zog Ri 2,1bβ.2b aus beidem zusammen den Schluß, daß das Bündnisverbot nicht erst nach Abschluß, sondern bereits während der Landnahme mißachtet geblieben war. Dieser in Ri 2,1f. noch unbestimmte Vorwurf findet in der zweiten Hälfte von Ri 1 gewissermaßen seine erzählerische Durchführung – mit der besonderen Pointe, daß er nach Ri 1 allein dem „Haus Josef", nicht aber Juda zu gelten hat. Als Grund dieser Anklage konzentriert sich die Darstellung der unvollständigen Landnahme in Ri 1 dann auch nicht auf das Land, sondern auf dessen Bevölkerung – Objekt der wiederkehrenden Wendung לא הוריש sind im Grundbestand durchgehend eben nicht die Städte selbst, sondern deren Bewohner[394].

Daß der Grundbestand von Ri 1 sich im Hinblick auf Ri 2,1-5 von Dtn 7 her verstanden wissen will, zeigt insbesondere die Darstellung der paradigmatischen Bethel-Episode (vv. 22-26): das hier getroffene Abkommen mit dem Bethelbewohner ließe sich dem Haus Josef nicht nur als Verstoß gegen das Bündnisverbot vorwerfen, sondern dessen Verschonung mißachtet darüber hinaus auch das Gnadenverbot (Dtn 7,2bβ[2]).

Ist Ri 1 prinzipiell auf die Anklage des מלאך יהוה hin verfaßt, läßt sich allerdings fragen, warum Ri 1 die Mißachtung des Bündnisverbotes nicht noch deutlicher in Worte faßt, denn in der Tat: „Wie einfach wäre in Ri 1 eine ausdrückliche Rede vom ‚Bundesschluß' gewesen!"[395] Doch Ri 1*

---

394 S. insbesondere das Ergebnis der literarkritischen Analyse von v. 27 in Kap. 2.3.2., 55ff.
395 Blum, Knoten, 108 Anm. 123.

vermeidet in der Darstellung der Landnahmevorgänge überhaupt jede deutende Abstraktion, und eine solche wäre, beim vorauszusetzenden Stand der Bundestheologie allemal, auch die ausdrückliche Rede von einem Bundesschluß gewesen. So wenig die in Ri 1 dargestellten Verhältnisse aus heutiger Sicht ‚historisch' zu nennen sind, dem *Darstellungsanspruch* nach läßt sich dieser Landnahmebericht doch ganz auf die Wiedergabe des ‚Historischen' reduzieren. Ri 1* will erzählen, „wie es eigentlich gewesen ist" – die theologische Pointe des Erzählten überläßt der Verfasser dem מלאך יהוה.

Der erzählerische Anschluß von Ri 1 nach 2,1-5 funktioniert dabei über das Fronmotiv[396]: am Ende von Ri 1* steht der Ausblick auf die Fronpflicht des Hauses Josef[397], am Beginn von Ri 2,1-5 erinnert der מלאך יהוה an die Befreiung aus Ägypten. Statt die Landnahme auf dem Wege der strikten Wahrung des Bündnisverbotes in die Heilsgeschichte zu integrieren, fällt das Haus Josef aus Sicht von Ri 1 also mit der inkonsequenten Vernichtung der Vorbevölkerung hinter den Exodus als heilsgeschichtliches Primärdatum zurück. Diese heilsgeschichtliche Disqualifizierung ist von Ri 1 her die Antwort auf die Frage מה זאת עשיתם, die den Auftritt des מלאך יהוה auf der zweiten Textstufe beschließt.

Die dritte und letzte Textstufe von Ri 2,1-5 setzt den Bericht von der unvollständigen Landnahme in Ri 1 dann vermutlich bereits voraus. In der Bilanz von Ri 1 erscheint der Verbleib der Vorbewohner im Land als dauerhafter Zustand[398], und als solcher ließ er sich nunmehr als fortwirkende göttliche Strafe interpretieren. Nach Ri 1 und mit dem letzten Auftritt des מלאך יהוה war die Landnahme im derzeitigen status quo abgeschlossen. *Danach* vertrieb auch JHWH die in Ri 1,21.27ff. übriggebliebenen ישבי הארץ nicht mehr vor Israel – und so war die Koexistenz mit der Vorbevölkerung am Ende Israels Schuld und JHWHs Strafe ineins.[399]

---

396 S. o. 78.
397 Zum entsprechenden Verständnis von v. 35b s. o. 63.
398 Anders als etwa noch in Jos 13,1b; 23,4f.
399 Auch Ri 2,21 kündigt JHWHs Weigerung, die Völker weiterhin vor Israel zu vertreiben, an, und v. 23 stellt die Erfüllung dieser Ankündigung fest, mildert dabei jedoch das „nicht" zum „nicht sofort" ab. Ri 1 ist hier offensichtlich noch nicht vorausgesetzt.

7. Ri 1 am Übergang vom Josua- zum Richterbuch

Am literarischen Übergang von der Josua- zur Richterzeit ist „offensichtlich viel gearbeitet worden"[400]. Die Mahnrede des מלאך יהוה in Ri 2,1-5* hat sich als erster Einschub in den ursprünglichen literarischen Zusammenhang zwischen Landnahme- und Richterzeit dargestellt, die Schlußkapitel des Josuabuches, Ri 1, die späteren Textstufen in Ri 2,1-5 und die Bearbeitungen des Proömiums Ri 2,6-3,6 sind dem auf ihre Weise gefolgt. Die vielschichtigen, in der Darstellung sowohl vor- als auch rückwärtsgerichteten Nachinterpretationen haben sich mit der Zeit zu einem „kompositionellen Knoten"[401] verwickelt, der nunmehr eine Schlüsselstelle innerhalb der Komposition der alttestamentlichen Geschichtsbücher darstellt. Diese Schlüsselstelle ist im Folgenden genauer zu untersuchen, um schließlich zu einem Urteil darüber zu gelangen, wie Ri 1 am Übergang vom Josua- zum Richterbuch literargeschichtlich und konzeptionell Stellung bezieht.

7.1. Die Doppelüberlieferung vom Tod Josuas und der Tod Josuas als Epochenmarke

Die entscheidende Zäsur am Übergang von der Landnahme- zur Richterzeit markiert der Tod Josuas. Dieser wird einschließlich der Begräbnisnotiz, einschließlich der vorangehenden Entlassung der Israeliten und einschließlich einer Bemerkung über deren zunächst noch anhaltende JHWH-Treue nicht nur am Ende des Josuabuches (Jos 24,28-31), sondern beinahe wortgleich noch einmal am Beginn des Richterbuches (Ri 2,6-9) berichtet. Zwischen beiden Todesanzeigen stehen die Begebenheiten in Ri 1,1-2,5, die sich Ri 1,1aα zufolge eindeutig nach dem Tod Josuas abspielen, und so wird der Tod Josuas nicht nur zwei Mal überliefert, sondern Josua scheint im Erzählverlauf von Jos 24,28-Ri 2,9 auch zwei Mal zu sterben. Eine Erklärung für diese offenkundige Härte,

---

400 Blum, Komposition, 45.
401 So Blum, Knoten, 181 im Titel seines Aufsatzes.

die „auch dem blödesten Auge nicht verborgen bleiben"[402] kann, muß auf literarkritischem Weg gesucht werden.

Soweit man nicht der Überzeugung war, die Probleme am Übergang vom Josua- zum Richterbuch im Rahmen der Quellenhypothese lösen zu können[403], hat man die Doppelüberlieferung in Jos 24,28-31 und Ri 2,6-9 als Folge des redaktionellen Einschubs von Ri 1,1-2,5 begründet: entweder mit der Notwendigkeit, dem Josuabuch den angemessenen Abschluß wiederzugeben, der ihm mit dem Einschub der nachträglichen Einleitung zum Richterbuch verlorengegangen war[404], oder umgekehrt als „Wiederaufnahme", die nach der Einfügung von Ri 1,1-2,5 die erzählerischen Voraussetzungen der aufkommenden Richterzeit wiederherstellen sollte[405]. Der direkte Wortvergleich zwischen beiden beinahe, aber eben doch nicht vollkommen identischen Stücke hat dann jedoch auch zu komplizierteren, freilich ganz unterschiedlichen Lösungen geführt. Tatsächlich ergeben die Abweichungen zwischen Jos 24,28-31 und Ri 2,6-9 in der Frage der literarischen Priorität kein klares Bild. Sie scheinen mal eher in die eine, mal eher in die andere Richtung zu weisen oder bleiben überhaupt uneindeutig.[406] Dem schwankenden Befund entsprechend hat man die Priorität dann weder grundsätzlich auf der einen noch auf der anderen Seite feststellen wollen, sondern vielmehr verweise auf beide Abschnitte verteilt.[407]

---

402 Smend, Erzählung, 274.
403 So zuletzt Rösel, Josua 49-52 (vgl. ders., Überleitungen, 342-350), der hier zwar nicht ausdrücklich von zugrundeliegenden „Quellen" spricht, in der Sache jedoch eine Neufassung der Additionstheorie Eißfeldts (s. Eißfeldt, Einleitung, 340) vertritt. So nimmt Rösel die Existenz zweier paralleler Überleitungen vom Josua- ins Richterbuch an, wobei er die ältere der beiden in Jos 24; Ri 1,1-2,5 erhalten sieht, die jüngere dagegen in Jos 23; Ri 2,6ff. Beide Überleitungen hätten, in leicht variierter Form, die Notiz vom Tod Josuas enthalten, so daß es bei ihrer späteren Wiedervereinigung dann zur Doppelüberlieferung gekommen sei.
404 So etwa Noth, ÜSt 8f. Anm. 3; O'Doherty, Problem, 4-7; Weinfeld, Period, 97 Anm. 1; Auld, Judges I, 264f.; ders., Joshua, 142; Jericke, Tod, 356f.
405 So zuerst Seeligmann, Erzählung, 322 (vgl. Smend, Gesetz, 159), dann etwa Smend, Gesetz, 158f.; Soggin, Judges, 40; Mayes, Story, 58f.; Brettler, Jud 1,1-2,10, 433f.; Noort, Josuagrab, 113-115.
406 So ließe sich die Priorität von Jos 24,28-31 etwa mit dem Zusatz לרשת את־הארץ in Ri 2,6b und der Steigerung des כל־מעשה יהוה zum כל־מעשה יהוה הגדול in Ri 2,7 begründen. Für das höhere Alter von Ri 2,6-9 ließe sich hingegen mit der überschüssigen Zeitangabe ויהי אחרי הדברים האלה in Jos 24,29, mit der Korrektur des solaren und damit kultisch verdächtigen תמנת־חרס in Ri 2,9 nach תמנת־סרח in Jos 24,30 und auch mit der hier eingeschobenen Relativpartikel, die in Ri 2,9 fehlt, argumentieren.
407 Einen ausführlichen verweisenen Vergleich mit jedoch jeweils unterschiedlichem Ausgang s. v.a. bei Richter, Bearbeitungen, 46-48 (I: Jos 24,28-30*; II: Ri 2,7-10.11-19; IIIf.: Jos 24,31; Ri 2,6.8f.); Halbe, Privilegrecht, 346-349 (I: Jos 24,28-30; II: Ri 2,7.10-12.11-19; 3,7-11; IIIf.: Ri 2,6.20f.23; Ri 2,8f.); Becker, Richterzeit, 65-68 (I: Jos 24,31; Ri 2,8f.; II: Ri 2,6 zu-

7.1. Die Doppelüberlieferung vom Tod Josuas

Mit der Annahme, daß Ri 2,1-5* den ersten Einschub in den Zusammenhang zwischen Landnahme- und Richterzeit darstellte, ergibt sich hier jedoch auch die Entscheidung über das literargeschichtliche Verhältnis von Jos 24,28ff. und Ri 2,6ff. beinahe von selbst. Denn der Auftritt des מלאך יהוה setzt erzählerisch das Auditorium der versammelten Israeliten voraus, und dieses verschafft ihm am ehesten die Entlassungsnotiz in Jos 24,28 (העם). Ein direkter Anschluß an Jos 11,23a etwa wäre kaum möglich, und Tod und Begräbnis Josuas in Jos 24,29-31 spielen sich, wie die (nur hier) vorangestellte Zeitmarke ויהי אחרי הדברים האלה deutlich zu erkennen gibt, bereits nach der Vereinzelung der Stämme ab. So kann der Einschub von Ri 2,1-5* nur *zwischen* Entlassungs- und Todesnotiz erfolgt sein. In der sekundären Aufeinanderfolge von Jos 24,28 und Ri 2,1-5* scheint der מלאך יהוה dann das soeben entlassene Volk auf dem Weg in die jeweiligen Stammesgebiete mit seiner Mahnrede zunächst noch einmal aufzuhalten. Die Wiederaufnahme von Jos 24,28 in Ri 2,6a, d.h. die erneute Entlassung der Israeliten nach dem Auftritt des מלאך יהוה stellt hier keine allzu große erzählerische Härte dar.

Die doppelte Überlieferung vom Ende der Josuazeit ist demzufolge weder insgesamt als Wiederaufnahme noch als sekundärer Abschluß des Josuabuches zu erklären: allein die Entlassungsnotiz in stellt sich als Wiederaufnahme von Jos 24,28 dar[408], alles übrige muß hingegen später aus Ri 2,7-9 an das Ende des Josuabuches übertragen worden sein. Daß dabei keine vollkommen identische Dublette entstanden ist, interessiert nun nicht mehr im Hinblick auf die relative Datierung beider Fassungen, sondern es kann nur noch darum gehen, die Abweichungen, die sich in Jos 24,29-31 gegenüber Ri 2,7-9 ergeben haben, konzeptionell auszuwerten.[409] Dabei soll im Folgenden die Frage nach der Bedeutung des Todes Josuas als Epochenmarke leitend sein.

Die hier entscheidenden Differenzen zwischen Jos 24,29-31 und Ri 2,7-9 betreffen beide die Gehorsamsnotiz. Zunächst ist deren unterschiedliche Stellung zu bemerken. Während die Nachricht über den „alle Tage Josuas und alle Tage der Ältesten" andauernden JHWH-Dienst der Israeliten in Ri 2,7 unmittelbar auf ihre Entlassung folgt, bemerkt Jos 24,31 den JHWH-Gehorsam erst im Anschluß an den Tod und das Begräbnis Josuas. Diesbezüglich hat man die Jos-Fassung häufig als die

---

sammen mit dem Einschub von Ri 1,27ff. und 2,1-5; III: Jos 24,28-30; Ri 1,1-18 im Zusammenhang der Büchertrennung); Jericke, Tod, 353-356 (I: Ri 2,6-9; II: Jos 24,28-31).
408 Zu v. 6b s. u. 136 Anm. 431.
409 Vgl. Blum, Knoten 185: „Insofern diese Differenzen in den unterschiedlichen Stellungen und Funktionen begründet liegen, erledigt sich ihre unmittelbare diachrone Auswertung." S. auch Kratz, Hexateuch, 305.

„sachgemäßere"[410] oder „historisch plausiblere"[411] Variante gegen Ri 2,6-9 ausgespielt, um von daher ein Kriterium für die relative Datierung der Dubletten zu gewinnen. Doch abgesehen davon, daß dieser Befund sich sowohl in die eine Richtung wie in die andere Richtung interpretieren ließe – und auch in beide Richtungen interpretiert worden ist –, kommt der Hinweis auf das Verhalten der Israeliten zu Josuas Lebzeiten nach dessen Tod in Jos 24,31 wohl nicht weniger „zu spät", als der Vorausblick auf die Zeit derjenigen, die Josua überlebten, vor dessen Tod in Ri 2,7 „zu früh" kommt. Eindeutige darstellungslogische Prioritäten lassen sich hier kaum setzen.

Signifikant ist jedoch die je unterschiedliche Erzählfunktion der Gehorsamsnotiz. In Ri 2,7 knüpft sie unmittelbar an die Entlassung der Israeliten an und eröffnet damit im Erzählverlauf einen Zeitraum zwischen der Entlassung der Israeliten und dem Tod Josuas, der in der Jos-Fassung, die den Tod Josuas direkt auf die Entlassung der Israeliten folgen läßt, nicht existiert. Für Ri 2,7 fällt das Ende der Josua-Zeit also nicht mit dem Abschluß der Landnahme zusammen, sondern die heilvollen „Tage Josuas" spielen hier noch in die Zeit der Existenz im Land hinein. Bedeutet der Tod Josuas (bzw. der Tod der Ältesten[412]) dann auch das Ende der JHWH-Treue, so gehorcht der Gang der Ereignisse hier bereits den gleichen Gesetzen wie die anschließende Richterzeit. Was sich mit dem Abfall der Israeliten nach dem Tod Josuas (und dem Aussterben der Ältesten) ein erstes Mal abspielt, wird sich nach dem Tod der Richter je und je wiederholen. Josua- und Richterzeit greifen in der Überleitung durch Jos 24,28; Ri 2,7-9.11 also nicht nur im Erzählverlauf, sondern auch konzeptionell unmittelbar ineinander. Der Tod Josuas hat hier als Epochenmarke eine ebenso verbindende wie trennende Funktion.

---

410 Becker, Richterzeit, 65 mit Richter, Bearbeitungen, 47; Soggin, Judges, 38; Rösel, Überleitungen, 344f. Ähnlich schon Moore, Judges, 67.
411 Jericke, Tod, 353.
412 Die Vorschau auf die Lebenszeit der Ältesten, die auch über die Tage Josuas hinaus noch den JHWH-Dienst der Israeliten garantieren (v. 7b), ist späterer Nachtrag. Er setzt die sekundäre Vorstellung, daß Josua bei der Leitung des Volkes die Ältesten an seiner Seite hatte, bereits voraus und somit, mindestens zum Teil, auch die vergleichsweise späten Texte, die dieses Amt der Ältesten erst begründen (vgl. Num 11,16-17; Dtn 31,9-11; Jos 7,6; 8,10; 23,1 und 24,1).
Vermutlich muß jedoch auch innerhalb von v. 7b noch einmal literarkritisch differenziert werden. Die unverbundene Reihung der אשר-Sätze stellt eine gewisse Härte dar, dabei hängt v. 7bβγ untrennbar mit dem seinerseits späten Nachtrag von v. 10 zusammen (vgl. Budde, Richter, 21), der bereits den Zusammenhang von Ex 1,6.8 voraussetzt (dazu s. u. 136). הגדול am Ende von v. 7bβ dürfte schließlich spätester Zusatz nach Dtn 11,7 sein (vgl. Richter, Bearbeitungen, 47).
Jos 24,31 liegt Ri 2,7b dann bereits insgesamt (allerdings noch ohne הגדול) vor. Die Aufeinanderfolge der אשר-Sätze ist hier mit der Ergänzung der ו-copula vor dem zweiten אשר syntaktisch geglättet.

7.1. Die Doppelüberlieferung vom Tod Josuas

Umgekehrt scheint Jos 24,29-31 den Bruch zwischen Josua- und Richterzeit in der geänderten Erzählreihenfolge gerade noch vergrößern zu wollen. Daß die Gehorsamsnotiz in Jos 24,31 nach dem Tod Josuas noch einmal dessen Lebenszeit in den Blick nimmt, stellt keinen Anachronismus dar. Vielmehr tritt sie damit in die Funktion einer metanarrativen Beurteilung, die sich als solche eben nicht mehr auf die „Geschichte zum Zeitpunkt des Ablaufs der Ereignisse"[413] selbst bezieht, sondern das Voranstehende, d.h. hier: die gesamte Josuazeit, zusammenfassend reflektiert. In dieser Metaperspektive, die Jos 24,31 einnimmt, kann dann auch an die Stelle des „Volkes" aus Ri 2,7 das übergeschichtliche „Israel" treten.

Faßt Jos 24,31 die gesamte Josuazeit unter dem Aspekt des kontinuierlichen JHWH-Dienstes abschließend zusammen, so wird daran das Interesse deutlich, sie an ihrem Ende deutlich von der darauffolgenden Richterzeit abzugrenzen, deren Dynamik gerade durch den wiederholten Treuebruch JHWH gegenüber bestimmt ist. Jos 24,28-31 kennt anders als Ri 2,6-9 keine Zeit der JHWH-Treue zwischen Landnahme- und Richterzeit, in der beide Epochen sich überschneiden. Hier ergibt sich nicht eine Epoche aus der anderen, sondern zwischen beiden liegt ein tiefer Bruch, den die verschobene Gehorsamsnotiz als positives Resümee in Jos 24,31 besonders unterstreicht.

Dabei übernimmt Jos 24,31b auch die in Ri 2,7b nachgetragene Ausdehnung der JHWH-treuen Zeit auf die Lebenszeit der Ältesten. Dieser Ausblick über die Tage Josuas hinaus nimmt dessen Tod jedoch nichts von seiner einschneidenden Bedeutung. Denn wenn die Ältesten Josua auch überleben, so gehören sie als Institution doch ganz in die Josua-Zeit hinein. In ihnen als „Garanten der Gesetzes-Treue Israels"[414] lebt die Josuazeit über ihr eigentliches Ende hinaus weiter und deshalb mit ihnen auch die JHWH-Treue der Israeliten.

Mit der Übernahme der Ältestennotiz nach Ri 2,7b hat sich dann die zweite entscheidende Verschiebung Jos 24,31 gegenüber ergeben: Zeichnen die Ältesten sich in Jos 24,31b durch die „Kenntnis" (√ידע) der Taten JHWHs aus, bleibt diese Kenntnis in Ri 2,7b allein auf das „Gesehenhaben" (√ראה), d.h. die „Augenzeugenschaft" der Ältesten beschränkt. Daß die anhaltende JHWH-Treue der Israeliten unmittelbar in Verbindung mit der „Kenntnis" oder dem „Gesehenhaben" der Heilstaten JHWHs gebracht wird, läßt erwarten, daß umgekehrt der spätere Treuebruch in irgendeiner Weise etwas mit dem Fehlen dieser heilsgeschichtlichen Präsenz zu tun hat – daß also der Abfall der Israeliten in der Richterzeit entweder

---

[413] Quasthoff, Erzählen 38, zit. nach Hardmeier, Prophetie 40.
[414] Gertz, Gerichtsorganisation, 223.

damit zusammenhängt, daß niemand mehr die Heilstaten JHWHs „kannte", oder aber damit, daß es nach dem Tod der Ältesten niemanden mehr in Israel gab, der sie mit eigenen Augen gesehen hatte.

Nun ist das „Gesehenhaben" nur demjenigen möglich, der zur richtigen Zeit am richtigen Ort war, dem also das, was es zu sehen gab, überhaupt vor Augen gekommen ist. Die „Kenntnis" der vergangenen Geschichte ist hingegen über die eigene Wahrnehmung der Geschehnisse hinaus jederzeit möglich, jedenfalls solange das Wissen darum weitergegeben wird.[415] Daß es nach dem Aussterben der Josuageneration irgendwann niemanden mehr in Israel gab, der die früheren Heilstaten JHWHs gesehen hatte, ließ sich den Israeliten also kaum zum Vorwurf machen, wohl aber, daß es irgendwann niemanden mehr gab, der Kenntnis davon besaß. Will man den späteren Abfall der Israeliten als unmittelbare Folge entweder des „Nicht-Gesehenhabens" oder der „Unkenntnis" begreifen, wäre er mit Ri 2,7b gewissermaßen als ‚non posse non peccare' entschuldbar, während Jos 24,31b einen Gesinnungswandel zum Negativen andeutet, den die Israeliten in ihrer Geschichtsvergessenheit selbst zu verantworten hatten.[416]

So steht der Tod Josuas als Epochenmarke in der Doppelüberlieferung von Jos 24,28; Ri 2,7-9 und Jos 24,28-31 je unterschiedlich da. Jos 24,28; Ri 2,7-9 geht es als erster Überleitung von der Josua- zur Richterzeit vor allem darum, Josua- und Richterzeit als Nachbarepochen in der Geschichte Israels aufeinander zu beziehen und in einen unausgesetzten Geschichtsverlauf zu bringen. Die Folge von JHWH-Treue, Tod Josuas und anschließendem Abfall der Israeliten liefert hier das erzählerische Paradigma, an das sich die Richterkonzeption unmittelbar anschließen ließ.

Am Ende des Josuabuches setzt der Tod Josuas hingegen hinter die voranstehende Geschichte einen vorläufigen Schlußpunkt. Der Beginn der Richterzeit bedeutet hier einen Neueinsatz in der inneren wie äußeren Geschichte Israels, der die Josuageneration von der ersten Generation im Land kategorisch unterscheidet. Offenbar stand hier Ri 2,7b bereits im Zusammenhang mit v. 10[417] (vgl. לא־ידעו את־יהוה, v. 10bα) Vorbild. Die in

---

415 Vgl. etwa Esr 7,25.
416 In ähnliche Richtung argumentiert Jericke, Tod, 355, wenn er mit √ראה „die historische Grundlinie in Ri 2,6-9", mit √ידע hingegen das „Stichwort ‚Gehorsam gegen Jahwe' als Hauptthema in Jos 24,28–31" hervorgehoben sieht. S. auch Rösel, Josua, 54f. Anm. 118.
Richter, Bearbeitungen, 47 spricht der „Augenzeugenschaft" das größere Gewicht als der „Erkenntnis" zu und hält aufgrunddessen Ri 2,7 für jünger. Umgekehrt sieht Becker, Richterzeit, 66f. das Erkennen durch das Sehen näherbestimmt und hält demnach Ri 2,7 für den späteren Text.
417 Zur Sekundarität von Ri 2,10 s. Müller, Königtum, 77; Kratz, Komposition, 208; anders etwa Richter, Bearbeitungen, 49.61; Becker, Richterzeit, 65.67.69f.73.

Jos 24,28; Ri 2,7-9 erkennbare Absicht, zwischen Josua- und Richterzeit eine historiographische und literarische Kontinuität herzustellen, ist am Ende von Jos 24 offensichtlich dem Bemühen um die möglichst scharfe Abgrenzung einer Heilszeit der JHWH-Treue von der nachfolgenden verhängnisvollen Geschichte des Abfalls gewichen.

7.2. – ויהי אחרי מות יהושע
Der Tod Josuas, Ri 1 und die „Büchertrennung"

Mit gutem Grund hat man die Doppelüberlieferung vom Tod Josuas immer wieder mit der sekundären Trennung von Josua- und Richterbuch in Verbindung gebracht.[418] Tatsächlich läßt sich die Koexistenz der beiden einerseits beinahe wortgleichen und andererseits ganz unterschiedlich ausgerichteten Passagen am ehesten dann hinnehmen, wenn diese nicht dem gleichen literarischen Zusammenhang zugeschrieben werden müssen, sondern jeweils einem anderen „Buch" angehören. So passend allerdings Jos 24,28ff. das Josuabuch abschließt, so wenig kann das Richterbuch mit der Entlassungsnotiz in Jos 24,28 oder dem Auftritt des מלאך יהוה in Ri 2,1 begonnen haben.[419] Das bedeutet, daß die Entstehung der Doppelüberlieferung in Jos 24,29ff. nach Ri 2,1-5* auch Ri 1 notwendig voraussetzt. Dies wiederum kann zweierlei heißen: entweder, daß Ri 1 im Zusammenhang mit der Büchertrennung verfaßt wurde, oder aber, daß das Kapitel schon vor der Büchertrennung in den Übergang vom Josua- zum Richterbuch eingefügt worden war.

Als Fortsatz der Landnahmedarstellung hängt Ri 1 thematisch noch unmittelbar mit der Josuazeit zusammen. Das spricht zunächst eher gegen die Möglichkeit, daß das Kapitel dem Richterbuch gerade zum Zweck der literarischen Trennung von Landnahme- und Richterzeit vorangestellt wurde. Auf der anderen Seite sondert Ri 1,1aα das Richterbuch jedoch als Zeit „nach dem Tod Josuas" unmißverständlich vom Josuabuch ab, selbst um den Preis des daraus resultierenden Anachronismus zu Ri 2,8. Beides

---

[418] S. zuletzt etwa Kratz, Komposition, 205; Fritz, Besitzverzeichnis, 375.
Anders halten etwa Brettler, Jud 1,1-2,10, 434f. und Rösel, Josua, 57 nicht die Büchertrennung von Josua- und Richterbuch, sondern vielmehr deren Verbindung für einen nachträglichen editorischen Vorgang. Doch die Richterzeit steht nicht auf sich (dazu s. u. 134f.), und zwar am wenigsten an ihrem Anfang, so daß an ein primär selbständiges Richterbuch nicht zu denken ist.

[419] Dagegen meint Blum, daß Ri 2,1ff. sich „durchaus als Eröffnung der Richterzeit lesen" ließe (Blum, Knoten, 206), dies allerdings unter einer zweifelhaften Zusatzannahme: „Natürlich ist 2,1a in dieser Form kein Buchanfang, und selbstverständlich könne eine größere Einleitung weggefallen sein. Ein kurzer Satz mit einer Zeitangabe („es geschah in den Tagen Josua b. Nuns' oder so ähnlich) würde jedoch schon genügen" (ebd., Anm. 113).

zusammengenommen gibt Anlaß zu der alten Annahme, die Datierung ויהי אחרי מות יהושע in Ri 1,1aα sei redaktioneller Zusatz nach dem Vorbild von Jos 1,1a[420]. Denn unter dieser Voraussetzung ließe sich einerseits der Grundbestand von Ri 1 noch im Textkontinuum des Übergangs von der Josua- zur Richterzeit annehmen; Ri 1,1aβ.b als Auftakt zum stammesspezifischen Vorgehen gegen die Kanaaniter setzt hier die Entlassung der Israeliten איש לנחלתו in Jos 24,28 durchaus sinnvoll fort. Erst der Nachtrag der Zeitmarke in v. 1,1aα wäre dann andererseits zusammen mit Jos 24,29ff. auf den Vorgang der „Büchertrennung", d.h. auf die literarische Verselbständigung des Richterbuches gegenüber dem Josuabuch zurückzuführen.

Über die genauen Umstände der alttestamentlichen Büchertrennung läßt sich nur mutmaßen[421], die ältesten bis in die Gegenwart erhaltenen biblischen „Bücher" sind die Rollen von Qumran. Daß jedoch die Aufteilung der alttestamentlichen Geschichtsdarstellung auf individuelle „Bücher" nicht nur als mechanischer, sondern ebenso als historiographischer Vorgang verstanden werden muß, zeigt gerade die literarische Verselbständigung des Richterbuches gegenüber dem Josuabuch. Denn diese beiden, in etwa gleich langen, Bücher sind kürzer als alle übrigen Geschichtsbücher; zusammengenommen besitzen sie in etwa den Textumfang der Genesis und hätten (haben?) damit ohne weiteres gemeinsam auf einer Buchrolle Platz gefunden.[422] Allein materiale Notwendigkeiten können hier also am wenigsten für die Büchertrennung verantwortlich gemacht werden.[423] Vielmehr ist die editorische Verselbständigung des Richterbuches gegenüber dem Josuabuch als das materiale Ergebnis einer zunehmenden historiographischen Vertiefung der Zäsur zwischen Josua- und Richterzeit zu verstehen. Als Pole dieser Entwicklung haben sich Ri 2,7-9 einerseits und Jos 24,29ff. andererseits mit ihrer je unterschiedlichen Gewichtung des Todes Josuas als Epochenmarke dargestellt. Beide liegen nicht nur in der Konzeption, sondern, wie sich gezeigt hat, auch literarge-

---

420 S. v.a. schon Meyer, Kritik, 135 (für Ri 1,1a insgesamt); Budde, Bücher, 2.12.84; ders., Richter, 2; Moore, Judges, 5; Nowack, Richter, 2. Freilich bedeutete „redaktionell" diesen Autoren etwas anderes als hier gemeint ist. Im Rahmen der quellenkritischen Analyse des Kapitels war damit gesagt, daß die Datierung in v. 1,1aα auf den Redaktor zurückzuführen ist, der das Kapitel aus dem vorgefundenen Textmaterial zusammenstellte und an seinen redaktionellen Ort verbrachte. Hier kann es nur bedeuten, daß sie dem mindestens im Grundbestand bereits an Ort und Stelle befindlichen Kapitel nachträglich vorangestellt wurde (vgl. Soggin, Judges, 20; Brettler, Jud 1,1-2,10, 435; Weinfeld, Judges 1.1-2:5, 388; Amit, Editing, 141).
421 Vgl. Schmid, Buchgestalten, 35-40 mit Lit.
422 Vgl. Haran, Catchlines, 125; vgl. ders., Book-Size, 170-174; ders., Devices.
423 Anders als Haran, ebd. nimmt Schmid, Buchgestalten, 38 mit Blenkinsopp, Pentateuch, 46; Tov, Criticism, 204 allerdings an, daß eine Buchrolle bei Bedarf ohnehin „nahezu beliebig lang gewesen sein" konnte.

schichtlich weit auseinander: der ursprüngliche Bericht in Ri 2,7-9 steht ganz am Anfang der Literargeschichte des Übergangs vom Josua- zum Richterbuch, seine Wiederholung und Modifizierung in Jos 24,29-31 setzt hingegen das meiste von dem, was sich hier getan hat, bereits voraus.

Die unterschiedliche Bewertung der Epochengrenze zwischen Josua- und Richterbuch bedeutet nun zugleich einen Wandel in der Bewertung der Richterzeit als Epoche. Dieser Wandel soll im Folgenden nachgezeichnet werden.

7.3. Die Richterzeit als Epoche

Mit dem Begriff der Epoche im Wortsinne ist kaum ein Zeitabschnitt in der alttestamentlichen Geschichtsdarstellung treffender bezeichnet als die Richterzeit. Denn die ἐποχή, d.h. das ‚Anhalten' in der Zeit, das die Epoche als solche definiert, tritt in der zyklischen Geschichtsdarstellung des Richterbuches so deutlich hervor wie nirgendwo sonst. Die Abfolge von Abfall, Bedrückung, Errettung und erneutem Abfall, die in Ri 2,11ff. als „Programm" der Richterzeit entworfen wird und in den Rahmenstücken der einzelnen Richtererzählungen elementar wiederkehrt, läßt für den Leser aufs Ganze des Richterbuches gesehen den Eindruck entstehen, daß sich die ‚Geschichte über den Geschichten'[424] in der Richterzeit mehrfach wiederholt oder eben, im Prinzip, ‚anhält'.

So deutlich der innere Zusammenhang der Richterzeit als Epoche allerdings in der Einleitung und im Rahmen des Richterbuches zutage tritt, so wenig läßt er sich auf der anderen Seite aus den eigentlichen Richtererzählungen selbst erschließen. Denn ohne die Rahmenstücke, die zusammen mit der programmatischen Einleitung in 2,6-3,6 die Einzelerzählungen im Hauptteil des Buches auf einen geschichtstheologischen Nenner bringen und darüberhinaus das Bild eines fortlaufenden chronologischen Zusammenhangs der Richterzeit vermitteln, wäre wohl eine gewisse Verwandtschaft, kaum aber eine geschichtliche Kontinuität zwischen den einzelnen „Rettergeschichten" und „Heldensagen" zu erkennen.

So ergibt das Richterbuch im Hinblick auf die Frage nach der Richterzeit als ‚Epoche' einen doppelten Befund: einerseits stehen die einzelnen Richtererzählungen in keinem ohne weiteres erkennbaren systematischen Zusammenhang zusammen, andererseits aber suggerieren Einleitung und

---

[424] Diese gern gebrauchte Wendung geht auf J. G. Droysen zurück; s. Droysen, Grundriß, 441: „Auch die engen und engsten menschlichen Verhältnisse, Bestrebungen, Tätigkeiten usw. haben einen Verlauf, eine Geschichte, sind für die, welche es angeht, geschichtlich (Familien-, Lokal-, Spezialgeschichten). *Aber über den Geschichten ist die Geschichte*" (Hervorh. MR).

Rahmen des Richterbuches, daß sich in den Richtererzählungen der ebenso kontinuierliche wie regelmäßige Verlauf einer Richter*zeit* abspielt. Dieser literarische Befund führt zu der historischen Einsicht, daß die Richterzeit als Epoche nicht in der Geschichte Israels zu suchen ist, sondern allein in der historiographischen Konstruktion existiert[425] – unabhängig davon, wieviel oder wie wenig historische Informationen die Richtererzählungen für sich betrachtet enthalten mögen.

Ergibt sich die Richterzeit als solche jedoch nicht selbstverständlich aus dem ihr zugrundegelegten Material, sondern steht und fällt sie allein mit dessen redaktioneller Überformung, so ist erst recht danach zu fragen, warum und mit welchem Stellenwert sie als Epoche im Zusammenhang der alttestamentlichen Geschichtsdarstellung ihren Platz gefunden hat. Daß diese Frage nicht einfach zu beantworten ist, geht etwa aus den gegensätzlichen Beurteilungen des Königtums hervor, die im jetzigen Textzusammenhang des Richterbuches nebeneinander stehen und die Richterzeit in ein mehrfach gebrochenes Verhältnis nicht nur zur nachfolgenden Königszeit, sondern damit zugleich zum Gesamtverlauf der Geschichte Israels stellen. Ebenso deutlich zeigt sich die Mehrdeutigkeit der Richterzeit als Epoche dann an ihrem komplizierten Beginn; hier ist der wesentliche Grund dafür zu sehen, daß am Übergang vom Josua- zum Richterbuch „soviel gearbeitet" wurde.

Die ursprüngliche Fassung des Übergangs vom Josua- zum Richterbuch (Jos 24,28; Ri 2,7-9) ist dem Richterrahmen literargeschichtlich gleichzeitig. Diese erste deuteronomistische Konzeption des Richterbuches ist von der Absicht geleitet, die Richterzeit im historiographischen und literarischen Kontinuum einer Geschichte Israels von der Landnahme bis zum Untergang Judas zu erfassen. Dieser Absicht entspricht am Übergang von der Josua- zur Richterzeit in Jos 24,28; Ri 2,7ff. das Bemühen, beide Epochen literarisch und sachlich möglichst eng aufeinander zu beziehen und auf diese Weise den Epochenwechsel als natürlich oder jedenfalls notwendig fortschreitenden Vorgang im Geschichtsablauf darzustellen. Die Richterzeit geht hier konzeptionell, wie sich oben gezeigt hat, unmittelbar aus der Josuazeit hervor.

Im Richterrahmen zeigt sich die Abhängigkeit von der Landnahmedarstellung dann vor allem in der Wiederholung der Ruheformel aus Jos 11,23 in Ri 3,11.30; 5,31; 8,28; allein hier und dort steht ארץ innerhalb des Enneateuch mit √שקט. Diese mehrfache Wiederaufnahme behauptet die heilsgeschichtliche Äquivalenz der einzelnen „Richterzeiten" mit der Josuazeit: am Ende der Amtszeiten Otniels, Ehuds, Deboras und Gideons

---

[425] Vgl. Müller, Königtum, 46 Anm. 43 mit Wellhausen, Geschichte, 34ff. und ders., Prolegomena, 228f.

scheint mit der Ruhe des Landes immer wieder neu der heilvolle Zustand hergestellt, der mit Jos 11,23 am Ende der Landnahme erreicht war.

Die Richterzeit hängt jedoch nicht nur mit der vorangehenden Epoche der Landnahme zusammen, sondern sie ist zugleich deutlich auf die nachfolgende Königszeit hin angelegt. So dürfte etwa das *Fehlen* der abschließenden Ruheformel bei Jeftah und Simson am ehesten darauf hindeuten, „daß die Kriege gegen Ammoniter (Jdc 10,17f.; Kap. 11) und Philister (Jdc 13-16) eine neue Epoche vorbereiten".[426]

Die Richterzeit steht also historiographisch nicht auf sich. Der Richterrahmen fußt konzeptionell sowohl in der vorangehenden als auch in der nachfolgenden Epoche. Umgekehrt allerdings setzen von sich aus weder Landnahme- noch Königszeit die Richterzeit als Nachbarepoche notwendig voraus: die Landnahmedarstellung ist mit dem Tod Josuas selbständig abgeschlossen, und 1Sam 1,1 bedürfte als Erzählanfang keiner Vorgeschichte. Dort, wo die Konzeption des Richterrahmens dennoch über das Richterbuch hinaus weiterzuwirken scheint (1Sam 4,18b; 7,5ff.; 7,15; 8,1f; 9,16), ist durchgehend mit späterer Bearbeitung zu rechnen.[427]

So ist die Richterzeit offenbar von Anfang an, der ursprünglichen Darstellung in Jos und Sam-Kön gegenüber jedoch sekundär dazu geschaffen, eine literarische Brücke zwischen Landnahme- und Königszeit zu schlagen.[428] In dieser Brückenfunktion bleibt die deuteronomistische Richterzeit sowohl auf die vorangehende Josua- als auch auf die zukünftige Königszeit positiv bezogen: einerseits stellt der Richterrahmen mit dem Wirken der Richter den heilvollen Zustand der Josuazeit temporär wieder her, andererseits läuft die Instabilität dieses Iterativs folgerichtig auf den Gedanken der dauerhaften Institution des Königtums hinaus. Die Richterzeit eröffnet der Geschichte Israels also nicht nur eine negative, sondern zugleich eine positive Perspektive. Zwar tritt in ihrem Verlauf von Anfang an die konstante und am Ende geschichtsmächtige Abfallbereitschaft der Israeliten zutage, doch die Amtszeiten der Richter provozieren zugleich große Erwartungen, was die geschichtlichen Möglichkeiten des Königtums angeht.

Die heilsgeschichtliche Ambivalenz der Richterzeit wird in der weiteren Literargeschichte des Richterbuches nach beiden Seiten hin verstärkt. Zu Gunsten der Richterzeit sprechen die königtumskritischen Einträge im Corpus des Richterbuches, die das menschliche Königtum als lächerliche

---

[426] Müller, Königtum, 49; vgl. ebd., 64ff.
[427] S. Müller, Königtum, 56.72-77 gegen Veijola, Königtum, 76-82.
[428] S. Kratz, Komposition, 215f.; ferner Abadie/Römer, Introduction, 264.
Die relative Jugend des Richterrahmens mindestens der Darstellung in Sam-Kön gegenüber ist längst keine Sondermeinung mehr; s. zuletzt Aurelius, Zukunft, 93f. mit entsprechender Lit. in Anm. 101.

Fehlkonzeption verspotten (Ri 9,8-15) und als widergöttliche Anmaßung verwerfen (Ri 8,22f.). Diese Diskreditierung des Königtums propagiert die Idee des charismatischen Richteramtes und führt so zur Vorstellung einer idealen Richterzeit. In den Einleitungs- und Anhangskapiteln des Richterbuches hingegen tritt die heilsgeschichtliche Komponente der Richterzeit immer weiter gegenüber dem Moment des Abfalls zurück. So kann Ri 2,10, Ex 1,8 nachgebildet[429], die gesamte nachjosuanische Generation disqualifizierend als דור אחר אחריהם אשר לא־ידעו את־יהוה zusammenfassen. Am weitesten zugespitzt findet sich die Depravation der Richterzeit in Ri 2,17. Die hier zweifelsohne nachträglich bemerkte[430] fortwährende Unbußfertigkeit des Volkes spricht dem Richteramt das Vermögen, temporäre Heilszeiten zu sichern, implizit ab und gibt somit die Richterzeit als Zeit unausgesetzten Abfalls heilsgeschichtlich gänzlich verloren. Je weiter die Richterzeit jedoch aus der Heilsgeschichte herausfällt, desto eindeutiger scheint ihr Beginn den Anfang vom katastrophalen Ende der Geschichte Israels zu markieren. Die Zäsur zwischen Josua- und Richterzeit fällt dementsprechend mit der Zeit immer tiefer aus.

Zunächst wird die ursprüngliche Überleitung durch die Mahnrede des מלאך יהוה in Ri 2,1a*bα.2a unterbrochen. Als bloße Mahnung hält das Bündnisverbot den Israeliten die Zukunft zwar noch offen. Der Abfall von JHWH in der Richterzeit liest sich von Ri 2,1f.* her jedoch als Mißachtung dieser Mahnung, und das bedeutet in der theologischen Syntax von Ri 2,1f. nichts anderes, als daß Israel JHWH die Antwort auf seine geschichtliche Zuwendung versagt. So markiert bereits der Auftritt des מלאך יהוה einen Bruch in der Heilsgeschichte, der das Israel der Richterzeit kategorisch von der Exodus- und Landnahmegeneration unterscheidet (2,7).[431]

---

429 S. Levin, Jahwist, 313 Anm. 1.
  Blum, Studien, 102f.; ders., Komposition 398 hingegen erklärt die Parallelität zwischen Ex 1,6.8 und Ri 2,8a.10, indem er für beide Passagen einen gemeinsamen „deuteronomistischen Tradentenkreis" (Blum, ebd.) annimmt; van Seters, Life, 16 hält Ex 1,6.8 für eine innerdeuteronomistische Weiterentwicklung von Ri 2,8a.10. Schmidt, Exodus, 10 will überhaupt keine „unmittelbare literarische Abhängigkeit" zwischen beiden Passagen erkennen; noch weniger tut dies Coats, Transition, 132f.
430 Vgl. Kuenen, Einleitung, 9; Budde, Bücher, 92; Richter, Bearbeitungen, 33; Smend, Gesetz, 157; Soggin, Judges, 42; Latvus, God, 37.
431 Auf ihre Weise unterstreicht auch die Erweiterung der wiederaufgenommenen Entlassungsnotiz die Differenz zwischen Josua- und Richterzeit. Erst von Ri 1 her ist die Wendung לרשת את־הארץ in Ri 2,6b im Sinne einer nachträglichen Einnahme des noch uneroberten Landes zu verstehen. Ohne den vorausgehenden Bericht von einer unvollständigen Landnahme liest sie sich lediglich als besonderer Hinweis darauf, daß die Israeliten nach ihrer Entlassung durch Josua das bereits eroberte Land nunmehr vereinzelt und selbständig in Besitz nahmen (s. schon Studer, Richter, 62) – bevor sie in der Richterzeit an eben dieser Selbständigkeit immer wieder scheiterten: „Das religiöse Gemeinbewußtsein der Nation drohte durch die sich aufdrängenden Aufgaben des gemeinen Lebens erstickt zu werden.

7.3. Die Richterzeit als Epoche 137

Später wird den Worten des מלאך יהוה in Jos 23f.* eine Rede Josuas vorangestellt, aus der im Laufe ihrer Literargeschichte zwei wurden.[432] Josua wird hier, nach dem Vorbild Moses einerseits und nach den Vorgaben des מלאך יהוה andererseits, nachträglich zum Theologen gemacht. Ziel und Ergebnis seiner Rede ist die Selbstverpflichtung der Israeliten zur JHWH-Treue (Jos 24,14ff.). Diese scheint am Beginn der Richterzeit jedoch mit der Hinwendung der Israeliten zu den Fremdgöttern bereits wieder vergessen. Noch klarer als in Ri 2,1f.* wird hier der Bruch zwischen Josua- und Richterzeit offenbar.

So wie der מלאך יהוה die Autorität des Bündnisverbotes in Ri 2,1f. heilsgeschichtlich begründet, motiviert auch Josua die Entscheidung für JHWH im Rückblick auf das göttliche Geschichtshandeln. Dabei erinnert Jos 23,2f. zunächst nur an die von den Israeliten in der unmittelbar zurückliegenden Landnahmezeit „gesehenen" Heilstaten und liefert damit Ri 2,7 die sekundäre Vorlage. Eine spätere Bearbeitung läßt Josua dann in der ersten Hälfte von Jos 24 zu einem Geschichtsmemorandum bis Abraham ausholen, so daß die Richterzeit nunmehr mit der gesamten Hexateuchheilszeit zu brechen scheint.

Mindestens der Grundbestand der Josuarede wird auf Seiten des Richterbuches von Ri 2,10 vorausgesetzt. Die Abkehr von JHWH in der Richterzeit wird hier, in Fortschreibung von Ri 2,7, mit einem Generatio-

---

Der kriegerische Bund der Stämme zerfiel unter den friedlichen Verhältnissen, die Ansiedlung zerstreute die durch das Lager- und Wanderleben Geeinigten" (Wellhausen, Geschichte, 48).

432 Die redaktionsgeschichtliche Beurteilung von Jos 23 und Jos 24 stellt ein besonderes Problem dar, das hier im Detail nicht zu behandeln ist. Umstritten ist bekanntlich vor allem das literargeschichtliche Verhältnis der beiden Kapitel untereinander (Lit. s. zuletzt bei Kratz, Hexateuch, 299f. Anm. 23-26; Müller, Königtum, 215f. Anm. 3-8).
Den kaum zu überwindenen Aporien einer blockweisen Verhältnisbestimmung von Jos 23 und Jos 24 ist wohl mit Kratz, Komposition, 206f.; ders. Hexateuch, 306; Aurelius, Zukunft, 172ff. nur zu entgehen, indem man die Prämisse der grundsätzlichen literarischen Einheit von Jos 24 aufgibt und den Grundbestand von Jos 23f. auf *beide* Kapitel verteilt: die ursprüngliche Einleitung der Rede wäre demnach in Jos 23,1b-3 anzunehmen, ihr ursprünglicher Inhalt hingegen in Jos 24,14ff.* (dagegen s. allerdings Müller, Königtum, 221). Die spätere Aufspaltung der Josuarede wäre dann hinreichend mit der Verlegung der Verpflichtungsszene nach Sichem erklärt, wobei Sichem sich dafür nicht nur als „Ort, wo Könige gemacht werden" (Levin, Verheißung, 117 Anm. 164 im Hinblick auf Ri 9 und 1Kön 12) eignete, sondern ebenso (oder eher noch) als „der erste Ort des Landes Kanaan, der in der Bibel erwähnt wird,... der Ort der ersten göttlichen Landverheißung und der Ort des ersten, vom ersten Erzvater errichteten Altar für Jhwh im gelobten Land [Gen 12,6f.]... Dem bescheidenen, aber verheißungsvollen Anfang der Jhwh-Verehrung des Jhwh-Volkes in Sichem in Gen 12 folgt nach Einlösung der göttlichen Verheißungen der volltönende Anfang in Sichem in Jos 24" (Aurelius, Entstehung, in Vorb.).
Ri 1* setzt die Zweiteilung der Rede und ihre Verlegung nach Sichem dann wahrscheinlich bereits voraus; s. o. 94.

nenwechsel in Zusammenhang gebracht, der am Beginn der Richterzeit ein „anderes" Geschlecht hervorbrachte, das von JHWHs Geschichtshandeln nichts mehr wußte (לא ידע). Der nachfolgende Abfall von JHWH in der Richterzeit stellt sich nun als unmittelbare Folge dieser Geschichtsvergessenheit dar. Damit kehrt Ri 2,10 die Jos 23f. (und Ri 2,1f.) zugrundeliegende Argumentation gewissermaßen um: dort wird die Entscheidung für JHWH mit der Erinnerung an die vergangene Heilsgeschichte begründet, hier der Abfall von JHWH umgekehrt folgerichtig auf den Verlust dieses heilsgeschichtlichen Bewußtseins zurückgeführt.

Dieser Gedanke wirkte dann auch auf den sekundären Abschluß der Josuazeit in Jos 24,29-31 ein: an die Stelle des ursprünglichen יראו aus Ri 2,7 trat in Jos 24,31 das Prädikat ידעו, und indem die so veränderte Treuenotiz gleichzeitig an das Ende der Passage rückte, erhielt die Josuazeit ein positives Resümee, das sie ideologisch weitestmöglich von der Richterzeit distanziert.

Das sekundär vorausgenommene Ende der Josuazeit in Jos 24,29-31 ließ die Reden Josuas dann unmittelbar auf seinen Tod hinauslaufen. Damit wurden seine Worte zu seinem Vermächtnis; ein Erbe, das die Israeliten nach seinem Tod jedoch nicht antraten: Josua hatte Israel „auf das tragende Fundament seiner Geschichte gestellt"[433], diese war fortan jedoch vor allem eine Geschichte des Abfalls und mußte deshalb im Zusammenbruch enden.

Mit Ri 1,1aα wurde der Tod Josuas als Epochenmarke schließlich zur literarischen Zäsur verfestigt. Vielleicht gleichzeitig damit kam am Ende des Josuabuches eine Notiz über die Beisetzung der Gebeine Josefs (v. 32; vgl. Gen 33,19; 50,25; Ex 13,19) hinzu und noch später auch eine Todesnotiz des Priesters Eleasar, der in Jos 14,1; 17,4; 19,51 und 21,1 an der Seite Josuas eine Nebenrolle spielt. Diese erzählerischen Wiederaufnahmen deuten am Ende des Josuabuches auch das Ende der gesamten Hexateucherzählung an, sind als Abschluß freilich kaum stark genug, um das Gewicht eines Hexateuch als literarisch eigenständiges Geschichtswerk zu tragen.[434]

Die Ausgestaltung der Zäsur zwischen Josua- und Richterbuch kam erst in der Textgeschichte zum Ende. Davon zeugen die Überschüsse der LXX, die in Jos 24,31a mit einer Notiz über die steinernen Messer aus Jos 5 und in Jos 24,33a mit einer Todesnotiz nun auch über Pinhas, den Sohn Eleasars, über den MT hinausgeht.[435]

---

433 Alt, Josua, 192.
434 S. Kratz, Hexateuch, 303.
435 In v. 33b LXX scheint die literarische Zäsur hingegen wieder aufgeweicht: die hier angefügte Wiederaufnahme von v. 28 stellt am Ende des Josuabuches einen direkten Anschluß an Ri 3,12ff. her. Dabei hat der abweichende Text der LXX in CD 5,1-5 einen materialen

Die zunehmend negative Sicht der Richterzeit isolierte sie als Epoche jedoch nicht nur an ihrem Anfang, sondern grenzte sie auch an ihrem Ende gegen die, dann positiv bewertete, Königszeit ab. Aus den Anhangskapiteln 17f. und 19-21 geht die Richterzeit als nur durch das Königtum zu überwindende Epoche des heillosen Chaos hervor. Die ganz unterschiedlichen, nur künstlich ineinander verwobenen Erzählungen gehören dem Inhalt nach eher der Landnahme- als der Richterzeit an. Sie kennen keine Richtergestalten und fallen somit auch aus dem Richterrahmen heraus. Stattdessen werden sie durch den sog. „königsfreundlichen Kehrvers" (17,6; 21,25 und 18,1; 19,1) zusammengehalten, der ostinat das Fehlen eines Königs „in jener Zeit" bemerkt und so im Blick auf die dargestellten anarchischen Zustände die Notwendigkeit des Königtums begründet.[436] Anders als der Richterrahmen, der auf seine Weise ebenfalls auf das Königtum hin offen ist[437], setzen die Anhangskapitel dem Königtum nicht die außenpolitische Bedrohung, sondern die innere Instabilität Israels voraus, die sich zunächst in kultischer Beliebigkeit, dann in moralischer Verderbtheit äußert und beinahe die Ausrottung eines der Stämme Israels zur Folge hat.

Damit scheint im Verlauf des Richterbuches und an seinem Ende all das wieder verwirkt, was Israel am Ende des Josuabuches Stabilität verlieh: die Ruhe vor den Feinden, der Bund mit JHWH und die Einheit als Gottesvolk. Nur ein geschichtlicher Neuanfang, scil. die Monarchie schien der Geschichte Israels daraufhin noch eine Perspektive bieten zu können.

Der vorletzte Vers des Richterbuches, der die Israeliten איש לנחלתו entläßt, läßt unüberhörbar die Entlassungsnotiz aus Ri 2,6 par. Jos 24,28 wieder anklingen. Steht die Geschichte am Ende der Richterzeit äußerlich also wieder dort, wo sie bereits an ihrem Beginn stand, so fällt sie innerlich noch dahinter zurück. Im Schatten der Anhangskapitel gibt sich die Richterzeit nicht mehr als eigene Epoche zu erkennen, sondern scheint nurmehr ein gescheiterter Epilog der Landnahmezeit zu sein.

Hier deutet sich insgesamt eine neue Zweiteilung der Geschichte Israels an, die sich nicht mehr auf die Hexateuchheilszeit konzentriert, sondern vielmehr das Gegenüber von vorköniglicher Zeit und Königtumsge-

---

hebräischen Referenten, geht jedoch auch damit kaum auf eine dementsprechende ursprüngliche, „vordeuteronomistische" Vorlage zurück, sondern stellt eine nachträglich verkürzte Fassung dar. Darauf weist vor allem die Anlehnung von v. 33b an den Jos 24,28 gegenüber sekundären Wortlaut von Ri 2,6 hin; vgl. Kratz, Hexateuch, 304f. gegen Rofé, End, 30 mit Verweis auf Rösel, Überleitungen, 348f. S. jetzt auch van der Meer, Formation, 60-62.

436 Die notwendige redaktionsgeschichtliche Differenzierung von Ri 17,6; 18,1; 19,1 und 21,25 s. überzeugend bei Müller, Königtum, 68-72 durchgeführt.

437 S. o. 135f.

schichte im Blick hat. Daß der geschichtliche Neueinsatz zu Beginn der Königszeit sich gegenüber dem Tod Josuas als Epochenmarke durchsetzen konnte, zeigt die Epochengliederung der Chronik.[438] Besonders eindrücklich wird diese Verschiebung der entscheidenden Epochengrenze in der Passahnotiz des josianischen Reformberichtes: zeichnet nämlich 2Kön 23,22 das josianische Passah mit der Bemerkung aus, daß „kein Passah so gehalten worden war wie dies *von den Tagen der Richter an*", so ersetzt 2Chr 35,18 die „Tage der Richter" hier durch die „Tage Samuels", der an anderer Stelle (1Sam 7,15) zwar auch als Richter verbucht, gerade hier aber ausdrücklich הנביא genannt wird.

Wie nun verhält sich Ri 1* zur Richterzeit als Epoche? Ähnlich wie die Anhangskapitel gibt auch Ri 1* die Richterzeit als mißlungenes Nachspiel der Landnahme zu verstehen. Dies jedoch, indem der Verfasser bereits *die Landnahme selbst* als mißlungen darstellt. Ri 1* gibt vor, das Haus Josef habe die Landesbewohner in seinem Anteil des unter Josua noch uneroberten Landes nicht vollständig vernichtet, sondern gebietsweise die Koexistenz mit ihnen hingenommen. Von Ri 2,1f. (auf der Ri 1* vorliegenden zweiten Textstufe) her erscheint diese Koexistenz mit den Vorbewohnern des Landes als Folge der Mißachtung des Bündnisverbotes und damit zugleich als unmittelbare Voraussetzung für die Hinwendung der Israeliten zu deren Göttern. So wird der Gedanke der unvollständigen Landnahme in Ri 1* zur negativen Ätiologie der Richterzeit.[439]

Der negative Zusammenhang zwischen Landnahme und Richterzeit ist jedoch nur die eine Seite der Darstellung. Anders als das „Haus Josef" setzt Juda die Landnahmeerfolge Josuas in Ri 1,4-19* lückenlos fort und trägt so zur negativen Landnahmebilanz in Ri 1 nichts bei. Nur die logische Konsequenz daraus scheint es dann zu sein, daß der Stamm Juda auch in den Richtererzählungen kaum eine Rolle spielt[440]. Die negative

---

438 Vgl. Kratz, Komposition, 204.
439 Vgl. auch O'Connell, Rhetoric, zusammenfassend 266.
440 Erst nachträglich läßt Ri 10,9a die Ammoniter auch auf das Gebiet Judas, Ephraims und Benjamins ausgreifen (vgl. Budde, Richter, 80; Becker, Richterzeit, 211); in Ri 15,9ff. wird Juda nur durch Simson in die Auseinandersetzung mit den Philistern hineingezogen. Die Designation Judas in Ri 20,18 schließlich ist sekundär nach Ri 1,1aα glossiert; s. Budde, Richter, 135 und Lindars, dessen – gegen Auld, Judges I, 267f. gerichteter – Argumentation hier nichts hinzuzufügen ist: „Auld takes 20.18 to be the original, in line with his demonstration of the derivative nature of the Prelude as a whole. But the opposite contention is far more plausible in this case. The choice of Judah in 1.2 suits the purpose of the Prelude and its antecedents in Joshua, as we have already seen. But in chapter 20 this is entirely out of place. Judah is not mentioned again. The repetition of *wayyaqumu* at the beginning of 20.18 and 19 is an indication of interpolation. The motive for the insertion can be seen in 20.23, 26-27, where the Israelites consult the oracle (in Bethel according to v. 26), because these verses suggest that they must have consulted it before the first engagement... Thus the opening words are borrowed from v. 26 and the rest ist modelled on 1.1-2." Ri 1* teilt mit cc. 17-21 sowohl die grundsätzlich negative Beurteilung der Richterzeit als auch die

Ätiologie der Richterzeit ist in Ri 1* also zugleich eine positive Begründung für die Vernachlässigung Judas im Richterbuch.[441]

Für Ri 1* bleibt die Richterzeit zwar eine eigene Epoche, stellt jedoch als Folge der unvollständigen Landnahme des „Hauses Josef" eine widerplanmäßige Verzögerung im Geschichtsablauf dar und fällt somit von Anfang bis Ende aus dem Zusammenhang der Heilsgeschichte heraus. Auch das saulidische Königtum, das sich im Zusammenhang von Ri 10ff. und 1Sam 11; 13 als notwendige Konsequenz der Richterzeit, d.h. in erster Linie als Reaktion auf die hier einsetzende Bedrohung durch Ammoniter und Philister darstellt[442], scheint damit zugleich disqualifiziert. Die demgemäße antibenjaminitische Tendenz geht aus Ri 1,21 unverhohlen deutlich hervor. Judas Geschichte hingegen führt mit Ri 1* von der Landnahme über die Richterzeit hinweg direkt zum davidischen Königtum, und dementsprechend läuft die judäische Landnahme in der Darstellung von Ri 1* unmittelbar auf 2Sam 2; 5 hinaus[443].

So scheint von Ri 1* her allein durch Juda die heilsgeschichtliche Kontinuität im Zusammenhang des Enneateuch gewahrt. Beide Epochengrenzen, das Ende der Landnahme und der Beginn der Königszeit, fallen in Ri 1* – für Juda – zusammen.

---

unverhohlen antidanitische/antibenjaminitische Tendenz; dabei setzt Ri 1,34f. c. 18 auch erzählerisch unmittelbar voraus (s. o. 70f. mit Anm. 229 und Anm. 231). Der Nachtrag des Juda-Primats in Ri 20,18 vervollständigt diese weitgehende Übereinstimmung zwischen Ri 1 und den Anhangskapiteln und zielt auch hier insbesondere auf den Antagonismus zwischen Juda und Benjamin. Schon der abweichende Gottesname in 20,18a spricht jedoch dagegen, daß Ri 20,18 auf den Verfasser von Ri 1* selbst zurückzuführen ist. Möglicherweise geht der Eintrag auf denjenigen Bearbeiter von Ri 1 zurück, der das Kapitel um vv. 3.17.19b.30-33 ergänzte und Juda auf diese Weise wie in Ri 20,18 auch in Ri 1 als primus inter pares agieren ließ; im Grundbestand von Ri 1 erscheint Judas Primat hingegen dem Haus Josef gegenüber verabsolutiert.
Den erzählerischen Anlaß für die Designation Judas, den Kampf gegen die Benjaminiten anzuführen, mag in Ri 20,18 die Tatsache gegeben haben, daß es ausgerechnet eine judäische פילגש (Ri 19,1) war, die der Schandtat der Benjaminiten zum Opfer fiel.

441 Bereits die deuteronomistische Erstredaktion hatte offenbar das Anliegen, den Stamm Juda zu seinen Gunsten aus dem Richterbuch herauszuhalten: die Wahl Othniels zum Beispielrichter (Ri 3,7ff.) ist am ehesten dahingehend zu verstehen, daß Juda insgesamt so viel wie nötig, aber doch so wenig wie möglich – und dabei etwas Gutes – mit der Richterzeit zu tun haben sollte.
442 S. o. 135.
443 S. o. v.a. 40f.99ff.

8. Historische Erwägungen

Am Ende dieser Arbeit kann die Eigentümlichkeit von Ri 1 nicht mehr für besondere Altertümlichkeit gehalten werden. Diese Einsicht ist nicht völlig neu, sie hat sich hier jedoch auf eigene Weise bestätigt und im größeren Zusammenhang bewährt.[444] Kann aber die besondere Anlage des Kapitels nicht im überlieferungsgeschichtlichen Jenseits mehr oder weniger auf sich beruhen, wird die Frage nach dem konkreten historischen Hintergrund um so wichtiger, vor dem sich das Darstellungsinteresse von Ri 1* profilieren läßt. Dazu sollen abschließend einige Überlegungen angestellt werden – auch wenn diese naturgemäß in besonderem Maße hypothetisch bleiben müssen.

Näherungsweise ergibt sich die Datierung von Ri 1 bereits aus der literargeschichtlichen Chronologie: mit der relativen Spätdatierung des Kapitels am Übergang vom Josua- zum Richterbuch ebenso wie im Zusammenhang der Redaktionsgeschichte des Richterbuches einerseits und mit der Einsicht, daß der Grundbestand von Ri 1 kein älteres Textmaterial wiedergibt andererseits, ist an die Abfassung von Ri 1* insgesamt nicht vor der nachexilischen Zeit zu denken. Zu dieser Vorgabe stimmt Ri 1*, wie nun zu zeigen ist, auch für sich betrachtet. Sowohl die programmatische Absonderung von den Vorbewohnern des Landes als auch der Juda-Josef-Antagonismus als Hauptmotive der Darstellung lassen sich auf die historische Situation im perserzeitlichen Juda hin interpretieren.

Mit dem einen wie mit dem anderen vertritt Ri 1* eine exklusive Definition Judas, wie sie insbesondere auch aus dem Esr/Neh-Buch hervorgeht. Die unbedingte Distanzierung von den Fremdvölkern wird hier im mehrfach prominenten Mischehenverbot (Esr 9,2; 10,31; 13,25) und dessen Durchsetzung (Neh 9,2) konkret. Die scharfe Abgrenzung gegen Samaria läßt insbesondere die Überarbeitung des Mauerbauberichts in der Nehemiadenkschrift erkennen, die Sanballat, der (als סנאבלט) in einem Brief aus dem Jedanja-Archiv in Elephantine als פחת שמרין erwähnt ist[445], zum Hauptanführer äußerer Widerstände gegen den Wiederaufbau der

---

444 Demzufolge kann es in diesen historischen Erwägungen auch nicht mehr darum gehen, die Darstellung in Ri 1 mit archäologischen Daten aus der erzählten Zeit der Frühgeschichte Israels abzugleichen. S. auch o. Kap. 2.1.2.
445 Porten, Textbook, A4.7 Z. 29.

Jerusalemer Stadtmauer macht (Neh 2,10; 3,33; 4,1; 6,1; vgl. 6,2.5.12.14; 13,28).[446]

Eine wesentliche Ursache für die fortschreitende Entfremdung des judäischen Südens vom ehemaligen Nordreich hat man in der assyrischen Unterwerfungspraxis gesehen.[447] An Stelle der zu weiten Teilen deportierten Israeliten siedelten die Assyrer fremde Bevölkerungsschichten im Land an. Dies führte zur Entstehung einer „Mischbevölkerung" in Samaria (vgl. Esr 4,2.8-10) und damit zu einer offenbar als solche empfundenen[448] ethnischen Differenz zwischen Nord und Süd. Die Ressentiments gegen Samaria hingen also, mindestens theoretisch, unmittelbar mit der Abgrenzung gegen die Fremdvölker zusammen. – Demgemäß bilden beide Motive auch in Ri 1 eine Einheit: das entscheidende Argument für die Desavouierung des „Hauses Josef" ist die Koexistenz mit „Kanaanitern", „Jebusitern" und „Amoritern", die Integrität Judas zeigt sich umgekehrt gerade in der bedingungslosen Vernichtung der nichtisraelitischen Bevölkerung des Landes.

Hinter der nachexilischen Ideologie einer exklusiven Identität Judas sind die Bemühungen zu sehen, die durch Babylon politisch vernichtete Größe „Juda" unter den Bedingungen der achämenidischen Vorherrschaft neu zu definieren. Anders als ihre babylonischen und assyrischen Vorgänger ließen die persischen Großkönige innerhalb der unterworfenen Gebiete eine relative „Lokalautonomie"[449] zu, d.h. die je eigenen juristischen, religiösen und kulturellen Traditionen blieben, wie es scheint, weiterhin bestimmend, soweit sie den Interessen des Großreiches nicht widersprachen. Unter diesen gelockerten Rahmenbedingungen „läßt sich Juda in persischer Zeit nun beschreiben als ein fortschreitender, weitgehend dann auch erfolgreicher Versuch, die einstige Eigenart und Selbständigkeit unter

---

446 Dementsprechend erscheint Samaria später auch in der Tempelbauchronik als Zentrum der Anfeindungen gegen den Wiederaufbau (Esr 4,10.17). Dazu s. Sacchi, History, 141.
447 Vgl. Herrmann, Geschichte, 312f.; Donner, Geschichte, 435.
448 Eine klare ethnische Abgrenzung der Judäer gegen die Bewohner Samarias war faktisch freilich kaum möglich, am wenigsten über die in Neh 13,24 als Kriterium der Abgrenzung (hier gegenüber Aschdod, Ammon und Moab) in Geltung gebrachte Sprache – hier wie dort wurde das Reichsaramäische zur Volkssprache. Ohnehin lag etwa die Hälfte des Gebietes der persischen Provinz Jehud auf ehemals israelitischem Gebiet. Daß die samarische Bevölkerung sich nach äußeren Kriterien nur vergleichsweise unscharf von den Judäern unterscheiden ließ, dürfte die ideologische Distanzierung jedoch noch verstärkt haben. Vgl. Karrer, Ringen, 209f.
449 Frei, Reichsautorisation, 2; ders., Zentralgewalt, 10.
Eine eingehende Darstellung und Diskussion der maßgeblichen Forschungsmeinungen über diese „Toleranz"-Politik (Donner, Geschichte, 393f.) der Achämeniden s. bei Karrer, Ringen, 27-36.

den so ganz anderen Umständen des Achämenidenreiches zu *bewahren* und *wiederzufinden*".[450]

Politisch mündeten die judäischen Selbständigkeitsbestrebungen zunächst in die Etablierung der reichsunmittelbaren Provinz „Jehud". Auf deren Bestehen weist nicht allein die Bezeichnung Nehemias als פחם בארץ יהודה[451] in Neh 5,14 (vgl. 5,15.18; 12,26) hin, sie ist (spätestens[452]) seit der zweiten Hälfte des 5. Jh. vor allem durch Siegelabdrücke belegt, die anstelle der zuvor und ebenso in anderen Teilen des Reiches üblichen Ortsnamen und bildlichen Darstellungen den aramäischen Provinznamen *yhwd/yhd/yh* und/oder den Titel *phḥ* als Aufschrift tragen.[453] Vom ausgehenden 5. Jh. an und bis in die frühptolemäische Zeit bezeugen schließlich die sog. „Jehud-Münzen" eine eigene judäische Münzprägung und stehen damit möglicherweise für eine gewisse politische Eigenständigkeit Judas.[454]

Während demnach die Existenz der Provinz Jehud für die zweite Hälfte der Perserzeit nahezu gesichert zu sein scheint, sind demgegenüber die verwaltungstechnischen Verhältnisse in Juda vor 450 weitgehend ungeklärt. Die einflußreiche Rekonstruktion *Alt*s[455], derzufolge Juda zwischen 582 v. Chr. und dem Wirken Nehemias als Subprovinz von Samaria aus mitregiert wurde, kann nicht mehr ohne weiteres vorausgesetzt werden.[456] Die Gegenposition, daß das persische Juda bereits von Anfang an durch eigene Provinzstatthalter verwaltet wurde, kann sich einerseits auf den biblischen Befund berufen: in Neh 5,15 blickt Nehemia ganz selbstverständlich auf vor ihm amtierende פחות zurück, Hag 1,1.14; 2,2.21 nennt bereits Serubbabel, Esr 5,14; 6,7 dann Scheschbazzar als פחה beim Namen[457], auch wird Juda in Esr 2,1; 4,15; 5,8; 6,2 als מדינה geführt. Vor allem aber hat man infolge einer Frühdatierung der oben erwähnten Siegelfunde bis ins 6. Jh. gegen die *Alt*sche Hypothese und ihre späteren

---

450 Willi, Juda, 27 (Hervorhebungen T. Willi).
451 Lies פחה.
452 S. u. 145.
453 S. Stern, Culture, 235-237; ders., Province, 13f.; dazu die forschungsgeschichtliche Diskussion bei Carter, Emergence, 259-283, v.a. 276-280 und Karrer, Ringen 37-40.
454 Zu den „Jehud-Münzen" s. ausführlich Schaper, Priester, 153-161, v.a. 157 mit Lit.
455 Alt, Rolle, v.a. 328f.
456 Vgl. Karrer, Ringen, 41-43.
457 Aus der offensichtlichen Bedeutungsbreite des Titels פחה meint Alt freilich im Sinne seiner Hypothese schließen zu können, daß Scheschbazzar und Serubbabel mit diesem Titel „nicht Statthalter mit dem Auftrag dauernder und allseitiger Verwaltung des judäischen Gebietes..., sondern nur Kommissare der Zentralregierung mit sachlich und vielleicht auch zeitlich begrenzten Vollmachten" (Alt, Rolle, 333) waren.

Vertreter argumentiert.[458] Die Datierungsfrage bleibt jedoch umstritten und die vornehemianische Provinz Jehud damit ebenso.

Daß es gerade „zu Beginn der persischen Herrschaft, als die Erinnerung an das Königtum in Juda noch jung war", mindestens „Ansätze zu provinzialer Selbstverwaltung"[459] gegeben hat, ist jedenfalls tatsächlich nicht ganz unwahrscheinlich, auch wenn alle judäischen Restaurationshoffnungen im eigentlichen, d.h. monarchischen Sinne wohl recht bald an ihre realpolitischen Grenzen stoßen mußten.[460] Daß das durch die babylonischen Eingriffe infrastrukturell und bevölkerungsmäßig geschwächte Jerusalem/Juda jedenfalls zeitweilig unter die politische Ägide der bereits in sich gefestigten Provinz Samaria geriet, kann andererseits ebenfalls nicht ausgeschlossen werden, wenngleich sich explizite biblische oder gar externe Belege für ein direktes Abhängigkeitsverhältnis nicht finden lassen[461].

Sei es nun, daß die Einmischung Samarias in die Belange Jerusalems ihren „Rechtsgrund"[462] tatsächlich in institutionell autorisierten Abhängigkeitsstrukturen hatte, sei es, daß die Verhältnisse die politische Einflußnahme auch ohne dies rechtfertigten – je stärker man jedenfalls die Abhängigkeit vom achämendischen Großreich in erster Linie als Fremdbestimmung durch Samaria empfand, desto tiefer mußte man dort, wo man in Juda noch oder wieder eine eigene politische Größe sehen wollte, den ideologischen Graben zum ehemaligen Nordreich ziehen.

In dieser Richtung ist nun möglicherweise auch die unverhohlene Polemik gegen das „Haus Josef" in Ri 1* zu verstehen. Die Landnahmethematik als Darstellungsrahmen paßte hier jedenfalls gut ins Bild. So wie die Heimkehr aus dem Exil vorausblickend als „zweiter Exodus" gedeutet wurde[463], ließe sich im Hinblick auf die nachexilische Konsolidierung Judas durchaus von einer „zweiten Landnahme" sprechen: das perserzeitliche Juda gewann wieder an Boden und dies nicht nur im übertragenen Sinne. *Carter* nimmt auf der Grundlage vielfältiger archäologischer und enthnographischer Beobachtungen bis zum Ende der Perserzeit einen Anstieg der judäischen und benjaminitischen Siedlungen nach Anzahl und

---

458 Eine entsprechende Frühdatierung einzelner Siegel vertreten Avigad, Bullae, 15-20.35; Meyers, Seal, 33*-35*; Lemaire, Juda, 214-16.
Anders v.a. Stern, Culture, 213, der etwa das berühmte „Schelomit-Siegel" (s. Avigad, Bullae, 11 Nr. 14) nicht ins späte 6. Jh., sondern frühestens ins ausgehende 5. Jh. datiert; vor Nehemia hält Stern eine kurze Phase politischer Selbständigkeit allenfalls unter Serubbabel für möglich (Stern, Empire, 70-72). Dazu s. auch Schaper, Numismatik, 163.
459 Willi, Juda, 30.
460 Dazu s. Müller, Königtum, 240-242 mit Lit.
461 S. Carter, Emergence, 280.
462 Alt, Rolle, 324.
463 S. v.a. Jes 40,26; 43,16-21; Jer 16,14f.; 23,3-8; Ez 20.

Größe um rund fünfzig Prozent an[464]; zerstörte Orte wurden wiederaufgebaut, und neue Siedlungen wurden gegründet.

Zu den in der ersten Hälfte der Perserzeit wiederbesiedelten Städten zählten auch Hebron und Bethel. Beide Städte finden in Ri 1* besondere Beachtung. Bethel, dessen zwar erfolgreiche, aber dennoch nicht unproblematische Einnahme Ri 1,22ff. berichtet, lag auf dem Territorium des ehemaligen Nordreichs, gehörte nach 2Kön 23,15 (vgl. 17,28) und – wenn man entsprechend datiert[465] – Jos 18,22 jedoch seit der Zeit Josias zu Juda[466] und damit auch zur späteren Provinz Jehud. Anders als Jerusalem und die meisten Städte der Umgebung blieb Bethel von den babylonischen Zerstörungen zunächst verschont und konnte sich so eventuell „zu einem provisorischen Zentrum des Landes anstelle des zerstörten Jerusalems"[467] entwickeln. Eine Brandschicht, die Kelso in Zusammenhang mit den Eroberungen Nabonids (553) oder Darius' (521) gebracht hat[468], weist jedoch darauf hin, daß am Ende auch Bethel den babylonischen Übergriffen nicht ganz entging. Die Stadt scheint allerdings bald wieder aufgebaut worden zu sein, möglicherweise war sie überhaupt nie ganz entvölkert[469]; in Esr 2,28; Neh 7,32; 11,31 wird sie zu den Wohnorten der Heimkehrer gezählt.

Wurde Bethel tatsächlich, wie *Veijola* annimmt, zu einem Kultzentrum des exilszeitlichen Juda, fände die besondere Polemik gegen die Stadt, wie sie in Ri 1,22-26* zutage tritt, eine unmittelbare Erklärung: dahinter ließe sich die Absicht sehen, den besonderen Status, den die Stadt bis zu ihrer verspäteten Zerstörung innehatte, im Nachhinein zu unterminieren – möglicherweise mit dem Ziel, einem erneuten Wiederaufblühen Bethels im Zuge der nachexilischen Konsolidierung Judas ideologisch entgegenzuwirken.

Besonders die Ambivalenz der Darstellung in Ri 1,22-26* ergäbe in diesem Zusammenhang einen Sinn. Obschon nämlich der Verfasser die Inbesitznahme Bethels erfolgreich ausgehen läßt, gibt er sie als Paradigma der gescheiterten Landnahme des „Hauses Josef" zu verstehen.[470] Der Erfolg in Bethel stellt sich in Ri 1,22-26* demnach nur als vordergründig dar; der Verfasser sieht ihm ebenso die verhängnisvolle Mißachtung des

---

464 S. Carter, Emergence, 214-233; v.a. 226.
465 S. Alt, Gaue, 281.
466 Eine zusammenfassende Argumentation für die Zugehörigkeit Bethels zum Herrschaftsgebiet Josias s. bei Koenen, Bethel, 55ff.
467 Veijola, Verheißung, 197; vgl. ders, Klagegebet, 306. S. auch Koenen, Bethel, 60 mit weiterer Lit. in Anm. 126-128, dagegen dann ebd., 62-64.
468 Vgl. Kelso, Art. Bethel, 194; ders., Excavations II, 206.
469 S. Kelso, Excavations I, 41; vgl. Veijola, Verheißung, 197 Anm. 39 mit Rudolph, Jeremia, 137.
470 S. o. 92ff.

Bündnisverbotes zugrunde liegen, wie er die Mißerfolge in den nachfolgend genannten Städten implizit darauf zurückführt. Diese Differenz zwischen Schein und Sein Bethels, die aus Ri 1,22-26* hervorgeht, hatte der Verfasser von Ri 1* möglicherweise auch im Hinblick auf den Status der exilisch-nachexilischen Stadt im Sinn. Die längerwährende Verschonung Bethels von den babylonischen Zerstörungen und die große Bedeutung, die Bethel daraufhin zeitweilig erlangte, ließen sich faktisch nicht leugnen. Um Bethel dennoch zu diskreditieren, blieb nur die Möglichkeit, die augenscheinliche Stabilität Bethels kontrafaktisch theologisch zu unterwandern. Während dies anderswo nach Maßgabe des Zentralisationsgebotes geschieht[471], sieht Ri 1* das Existenzrecht der Stadt ein für alle mal durch den Verstoß gegen das Bündnisverbot bereits im Zuge der Landnahme verwirkt.

Oberflächlich gesehen setzt das „Haus Josef" in Ri 1,22-26* die Landnahmeerfolge Judas mit der Inbesitznahme Bethels fort, und dementsprechend entgeht Bethel hier auch anders als die folgenden Städte dem Vorwurf der Koexistenz mit den Landesbewohnern – so wie das exilisch-nachexilische Bethel äußerlich zu Juda gehörte und dementsprechend nicht von der ethnischen Durchmischung Samarias betroffen war. Dennoch, ihrem scheinbaren Erfolg und ihrer scheinbaren Kontinuität zu den judäischen Aktionen zum Trotz, gibt Ri 1* die Inbesitznahme Bethels als besonderes Beispiel für das verhängnisvolle Fehlverhalten des „Hauses Josef" zu verstehen. Damit standen aus Sicht der Verfassers mindestens zwei Dinge grundsätzlich und gegen jeden äußeren Anschein fest. Erstens: Bethel war mitnichten judäisch, und zweitens: die Stadt war *coram deo* von Anfang an auf Sand gebaut. Auf Bethel war demnach für die Zukunft Judas nicht mehr zu setzen, die Pfeiler des neuen, nachexilischen Juda standen Ri 1* zufolge anderswo.

Nach alledem ließe sich vermuten, daß die Polemik gegen Bethel in Ri 1* in erster Linie darauf zielte, die Restitution Jerusalems ideologisch voranzutreiben. Gerade Jerusalem spielt jedoch im Grundbestand des Juda-Teils in Ri 1* keine Rolle – woran sich offenbar auch ein späterer Bearbeiter des Kapitels stieß, der die Eroberung Jerusalems in v. 8 nachtrug. Die judäischen Landnahmeerfolge in Ri 1,4-19* konzentrieren sich mit der Einnahme Hebrons und Debirs und dem entsprechenden Summarium in v. 19 vielmehr ganz auf den judäischen Süden, während Jerusalem in v. 21 Gegenstand der ersten negativen Besitzanzeige ist, die hier gegen den Stamm Benjamin erstattet wird.

---

471 So sieht Pakkala, Sin, 92f. etwa auch die Bethel-Polemik des DtrH gegen den Aufstieg Bethels während der Exilszeit gerichtet.

Was sich im Zusammenhang der Geschichtsbücher, genauer: im Hinblick auf die Etablierung des davidischen Königtums zunächst im judäischen Hebron (2Sam 2) und erst zuletzt auch im bis dahin jebusitischen Jerusalem (2Sam 5) erklären läßt[472], ist nun vor dem hier angenommenen historischen Hintergrund der Abfassung von Ri 1* zu beleuchten.

Sowohl Hebron als auch Debir wurden im Zuge der babylonischen Eroberungen (spätestens[473]) 587 völlig zerstört. Während sich an der Stelle des etwa 15 km südwestlich von Hebron gelegenen Debir für die nachexilische Zeit dann allenfalls eine unbefestigte Siedlung nachweisen läßt[474], erstand Hebron etwas weiter talabwärts auf.[475] Nach herrschender Auffassung wurde Hebron jedoch von Nebukadnezzar den nach Norden vorrückenden Edomitern überlassen, so daß die Stadt von da an und für immer – entgegen Neh 11,25 – jenseits der Grenzen der persischen Provinz Jehud lag.[476]

Diese opinio communis einer edomitischen Besetzung Hebrons kann sich allerdings allein auf 1Makk 5,65 stützen: die hier geschilderte Befreiung Hebrons aus der Hand der Edomiter hat man so gedeutet, daß die Stadt nach ihrer Zerstörung durch die Babylonier von Anfang an zu Idumäa gehört haben muß. Einen direkten biblischen oder gar archäologischen Beleg dafür gibt es jedoch nicht. Aus diesem Mangel an Beweisen hat *Carter* die These einer edomitischen Besetzung Hebrons während der Perserzeit überhaupt in Frage gestellt. Seiner Auffassung nach stand die Stadt nur solange außerhalb Judas, wie sie anfangs noch unbewohnt war.[477] Jedenfalls in spätpersischer Zeit sei die Südgrenze der Provinz Jehud kaum wie allgemein angenommen[478] zwischen Beth-Zur und Hebron verlaufen, sondern eher genau unterhalb Hebrons, d.h. entlang der natürlichen Scheide zwischen dem judäischen Hügelland und dem Negev.[479] Die in die Mitte des 5. Jh. datierenden Festungen, die auf einer Linie nördlich von Beth-Zur ausgegraben wurden und an denen man den

---

472 S. o. v.a. 40f.99ff.
473 Nach Jer 13,19 möglicherweise auch schon 598; dazu s. Alt, Bemerkungen, 294 mit Anm. 2.
474 S. Kochavi, Art. Rabud, 995.
475 S. Ofer, Art. Hebron, 609.
476 So schon Meyer, Entstehung, 101ff.
477 Carter, Emergence, 111; vgl. auch 82.
478 Vgl. etwa Willi, Juda, 10 und die „recent maps of Yehud" bei Carter, Emergence, 84-87 nach Avi-Yonah, Land, 23; Stern, Culture, 247; Aharoni, Bible Atlas, 129 und Grabbe, Judaism, 87.
479 Vgl. Carter, Emergence, v.a. 98f. mit Anm. 85: „Environmental analysis also supports the contention that the area around Hebron should be included in the province. The geographical division between the Judean hill country and the Negev falls approximately 8-10 kilometers south of Hebron, at which point the average rainfall drops below 200 milimeters annually, the amount necessary to support traditional agrarian subsistence strategies."

8. Historische Erwägungen

südlichen Grenzverlauf der Provinz orientiert hat, seien keineswegs zwingend als Grenzbefestigungen zu interpretieren.[480] Dies bewiesen mindestens die südlich von Arad und Beerscheba befindlichen Festungen, die ebenfalls aus persischer Zeit stammen, jedoch ohne Zweifel jenseits jeder denkbaren Grenze der Provinz Jehud gelegen waren.

Der politische Status des perserzeitlichen Hebron ist ohne weitere positive archäologische Evidenz wohl nicht mit letzter Sicherheit zu klären. Im Ergebnis ließe sich *Carters* Argumentation freilich außerordentlich gut mit unseren bisherigen historischen Erwägungen über Ri 1* zusammenbringen. Ist nämlich einerseits die Landnahmedarstellung in Ri 1* im historischen Kontext der nachexilischen Konsolidierung Judas vor Mitte des 5. Jh. zu sehen und ist andererseits mit *Carter* andererseits daran zu denken, daß das zerstörte Hebron zwar zu Beginn der Perserzeit nicht unbedingt, mit dem bald erfolgten Wiederaufbau der Stadt jedoch sehr wohl dem Territorium „Judas" zuzurechnen ist, so scheint Ri 1,4-19* diese territorialpolitische Entwicklung geradezu programmatisch zu flankieren.

Ri 1* zufolge hatte die Landnahme der Israeliten nicht nur auf göttliches Geheiß im judäischen Gebirge ihren Anfang genommen, sondern sie war auch zunächst allein dort erfolgreich geblieben – so wie sich auch das davidische Königtum 2Sam 2 zufolge allererst in Hebron etablierte. Damit mußte außer Frage stehen, daß dieses geschichtsträchtige Territorium substantiell zu Juda gehörte, und so war von Ri 1* aus gedacht auch die Restitution des neuen, nachexilischen Juda als Repräsentanz ganz Israels nur unter Einbeziehung, wenn nicht besonderer Berücksichtigung des landjudäischen Südens bis einschließlich Hebron denkbar. Offenbar hier – am allerwenigsten jedoch in Bethel – sah der Verfasser das geschichtliche Fundament Judas, das von Anfang an in JHWHs Zusage (Ri 1,2; 2Sam 2,1) gründete und auf das somit auch in Zukunft zu bauen war.

Wer könnte an dieser streng judäischen Sicht der historisch-politischen Verhältnisse ein Interesse gehabt haben? – Vielleicht ist hier an den עם הארץ, das „Volk des Landes", den judäischen „Landadel"[481], die politische Repräsentanz der Landschaft Juda zu denken.[482] Wo immer der עם הארץ in der vorexilischen Königtumsgeschichte in Erscheinung tritt, vom Sturz Ataljas (2Kön 11//2Chr 23) bis zur Einsetzung Joahas' (2Kön 23//2Chr 36), greift er dort in die politischen Geschicke ein, „wo zusammen mit der davidischen Dynastie die Interessen Judas auf dem Spiel stehen"[483]. Er spielte politisch offenbar eine große Rolle, ohne daß er sich in

---

480 Carter, Emergence 88-90.98.
481 Donner, Geschichte, 253.
482 Zum Folgenden s. insgesamt Willi, Juda, 11-17.30-33 mit weiterer Lit.
483 Willi, Juda, 13.

irgendeiner Weise „verfassungsrechtlich" genau festlegen ließe.[484] Er agierte, soweit es die Texte erkennen lassen, hauptsächlich in Jerusalem, stand jedoch als „judäische Komponente der Davididenherrschaft"[485] immer auch „in einem gewissen Gegensatz zu Jerusalem"[486]. So bildete er einerseits das judäische „Rückgrat der davidischen Dynastie"[487], blieb dabei jedoch andererseits dem Königshof gegenüber unabhängig und trat im eigenen Interesse immer wieder auch in Opposition gegen die Residenz und ihre Beamten.

Während der Exilszeit dürften Einfluß und Bedeutung des עם הארץ noch gewachsen sein. Nach der Deportation des Hofes und der Jerusalemer Oberschicht beherrschte er[488] das eingeschränkte politische Feld neben den „Ältesten" als Lokalautoritäten vermutlich ganz[489] und stand so für eine gewisse Kontinuität zu vorexilischen Verhältnissen.

In nachexilischer Zeit geriet der עם הארץ jedoch offenbar zunehmend in Konkurrenz zu den führenden Kräften der Rückkehrergemeinde und damit – von Jerusalem aus gedacht – immer weiter ins politische Abseits. Das neue Jerusalem war keine rein judäische Angelegenheit und der zweite Tempel kein Landesheiligtum mehr[490]; der Wiederaufbau war von Grund auf eine Unternehmung der Achämeniden und wurde realisiert durch die Rückkehrergemeinde und ihre Förderer in der גולה. Damit entzogen sich die Vorgänge in Jerusalem weitgehend dem Einfluß der ansässigen (samarischen *und* judäischen) Autoritäten. Esr 4,1-5 zufolge schlugen deren anfängliche Versuche gütlicher Beteiligung am Tempelbau dann, da sie abgewiesen wurden, bald in feindliche Opposition um, wobei Esr 4,4 den עם הארץ als ausführendes Organ der „Widersacher Judas und Benjamins" (Esr 4,1) auftreten läßt.[491] „Auch unter den veränderten Umständen bleibt

---

484 Vgl. Talmon, עם הארץ, 90.
485 Willi, Juda, 11.
486 Würthwein, 'am ha'arez, 9 u.ö.
487 Willi, Juda, 14.
488 Oder mindestens die דלת עם הארץ (2Kön 24,14).
489 Vgl. noch Hag 2,4; Sach 7,5! Dazu s. neben Willi, Juda, 15 auch Karrer, Ringen, 339f. mit Anm. 160.
490 Vgl. Willi, Juda, 69.
491 Kaum steht der עם ארץ deshalb in Esr 4,4 – anders als überall sonst – überhaupt für die „feindlichen Bewohner Samarias"; so Karrer, Ringen, 340, die mit Weinberg, 'Amm Hā'āreṣ, 69-71 den terminus עם ארץ als Gattungsbezeichnung „für die Vollbürger eines Gemeinwesens" auffaßt und somit auch „auf ein fremdes Gemeinwesen" anwendbar sieht. Ähnlich schon Würthwein, 'amm ha'arez, 51-71, der im Hinblick auf Esr 4,4 annimmt, daß sich die samaritanische Oberschicht während des Exils auch in Juda so weit als Oberschicht etablierte, daß die Bezeichnung עם ארץ auf sie überging und nun zum terminus technicus für die „fremde Oberschicht" wurde.
Daß die geteilte Opposition gegen den Wiederaufbau des Tempels von Seiten des עם ארץ einerseits und von Seiten Samarias andererseits dazu führte, daß der עם ארץ hier als Werkzeug der Samarier agierte, dürfte vor allem die Sichtweise des Verfasser von Esr 4,1-5 sein.

der עַם הָאָרֶץ grundsätzlich das, was er schon in vorexilischer Zeit war: ein Gegengewicht gegen die Zentralortfunktion Jerusalems! Was sich freilich einst zum Besten der Stadt auswirkte, das droht ihr nun zum Schaden zu gereichen."[492] Die ausschließlich pejorative Verwendung der Bezeichnung עם־ארץ in der späteren jüdischen Tradition mag hier ihre Wurzeln haben.[493]

Esr 4,4f. zeugt davon, daß der עם־ארץ seinem politischen Bedeutungsverlust nicht tatenlos zusah, sondern alles daran setzte, seinen Einfluß gegen die – aus seiner Sicht – von außen bestimmte Jerusalempolitik geltend zu machen. Gut denkbar ist, daß sich dabei als ideologische Gegenreaktion auf den drohenden Machtverlust ein eigentümliches „judäisches" (eben nicht „jüdisches") Selbstbewußtsein ausprägte – ein Selbstbewußtsein, wie es in beschriebener Weise auch in Ri 1* zum Ausdruck kommt.

Das dann um so massivere Bestreben des עם־ארץ, der Zentralortfunktion Jerusalems entgegenzuwirken, gäbe jedenfalls eine einleuchtende Erklärung für die auffällig distanzierte Behandlung Jerusalems in Ri 1* ab. Sowohl die Vernachlässigung Jerusalems im Zusammenhang der judäischen Landnahme als auch der gegen die Benjaminiten erhobene Vorwurf der Koexistenz mit den Jebusitern ließen sich unmittelbar daraufhin interpretieren.

Das nachexilische Jerusalem lag aus Sicht des עם־ארץ nicht in „judäischer" Hand – so wie Juda Ri 1* zufolge nicht von vornherein für die Inbesitznahme Jerusalems zuständig war. Was für den עם־ארץ zunächst eine Anfechtung bedeuten mußte, wird in Ri 1* also zur göttlichen Absicht. Nach dem Scheitern der Benjaminiten steht die Stadt mit der Koexistenz von Benjaminiten und Jebusitern in Ri 1* zunächst nicht besser da als die im Bereich des „Hauses Josef" preisgegebenen Städte – so wie in den Augen des עם־ארץ möglicherweise auch im nachexilischen Jerusalem quasi samarische Verhältnisse herrschten, da der Wiederaufbau als ge-

---

Sollte der Verfasser von Ri 1* tatsächlich den Kreisen des עם־ארץ entstammen, wäre eine solche Verbündung mit Samaria angesichts der hier geäußerten scharfen Nordreichspolemik sonst kaum denkbar (oder sie erschiene jedenfalls befremdlich opportun).
Die Abgrenzung gegen Samaria stand im Zusammenhang der judäischen Selbständigkeitsbestrebungen offenbar im Interesse sowohl der Rückkehrer als auch der im Land Verbliebenen. Möglicherweise wurde der – Esr 4 einerseits und Ri 1 andererseits (s. u. 151) zufolge – *gegenseitig* geäußerte Vorwurf, mit Samaria zusammen zu stehen, dann zum Topos politischer Rhetorik beider „Parteien"?

492 Willi, Juda, 32.
493 S. Willi, Juda, 31 gegen Gunneweg, Revolution, 437ff., der diese „semantic revolution" der Bezeichnung עם־ארץ rein theologisch begründet: indem die Rückkehrergemeinde sich als das allein wahre Israel verstanden habe, habe der im Land verbliebene עם־ארץ zur negativen Folie der גולה werden müssen.

meinsame Sache mit den Achämeniden betrieben wurde. Im Spannungsbogen von Ri 1* und 2Sam 5 erscheint die mißglückte Vernichtung der Jebusiter dann jedoch als unmittelbare Voraussetzung für die spätere Eroberung Jerusalems durch David, und als „Stadt Davids" (2Sam 5,9) wird Jerusalem schließlich zur Hauptstadt des in Juda begründeten davidischen Königtums über ganz Israel. So vertritt Ri 1* – ebenso wie der עם־ארץ – nicht etwa einen antijerusalemischen Standpunkt, sondern der Verfasser hat die zentrale Stellung Jerusalems in der Perspektive auf 2Sam 5 durchaus im Sinn. Nach Maßgabe von Ri 1* wurde und wird Jerusalem jedoch allein von Juda her und auf Juda hin zu dem, was es ist. Setzt man ‚Jerusalem' an die Stelle ‚Davids', so gilt schon für Ri 1*, was *Willi*[494] erst für die Chronik feststellt: ‚Die zentrale Funktion *Jerusalems* ist Wirkung, nicht Ursache der besonderen Rolle, die Juda seit je zugedacht ist. – Nicht *Jerusalem* macht Juda zu Juda, sondern Juda macht *Jerusalem* zu *Jerusalem*.'

„Juda wird aufsteigen!" (Ri 1,2) – mit dieser Losung geht Juda in Ri 1 ganz Israel ins gelobte Land voran. Sie ist Auftrag und Verheißung zugleich. Und zuerst von dort aus, wo Juda sie Ri 1* zufolge im Zuge der Landnahme als Auftrag erfüllte, im הר יהודה bis nach Hebron, sieht der Verfasser sie auch in Zukunft als Verheißung für ganz Israel wirksam werden.

---

494 Willi, Juda, 160.164.

Textanhang

Zu Kap. 2.3.1 bis 2.3.3.: Synopse Ri 1,21 par. Jos 15,63; Ri 1,27f. par. Jos 17,11f.; Ri 1,29 par. Jos 16,10

Der verkleinerte Schriftsatz zeigt mögliche Sekundarität an. Die Pfeile stellen die Richtung der hier angenommenen literarischen Abhängigkeit dar. Gepunktete Linien weisen auf literarische Abhängigkeit ohne wörtliche Parallelität hin.

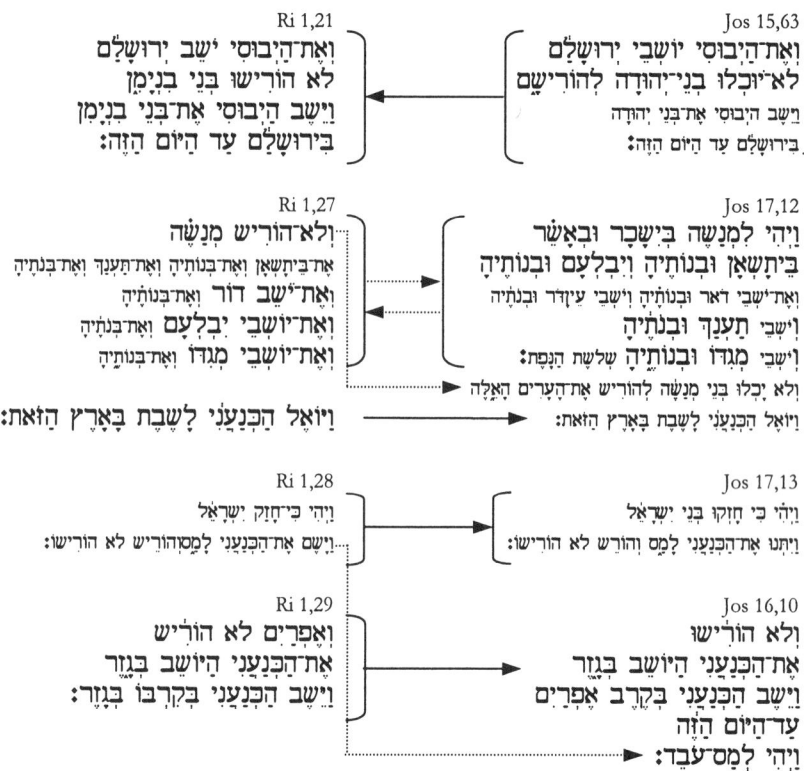

Zu Kap. 2.4.3.: Synopse Ri 1,34f. par. Jos 19,47a-48a LXX

Ri 1,34	Jos 19,47a LXX
וַיִּלְחֲצוּ הָאֱמֹרִי אֶת־בְּנֵי־דָן הָהָרָה	καὶ οὐκ ἐξέθλιψαν οἱ υἱοὶ Δαν τὸν Αμορραῖον τὸν θλίβοντα αὐτοὺς ἐν τῷ ὄρει, καὶ οὐκ εἴων αὐτοὺς οἱ Αμορραῖοι
כִּי־לֹא נְתָנוֹ לָרֶדֶת לָעֵמֶק׃	καταβῆναι εἰς τὴν κοιλάδα καὶ ἔθλιψαν ἀπ᾿ αὐτῶν τὸ ὅριον τῆς μερίδος αὐτῶν.

Jos 19,48 LXX
καὶ ἐπορεύθησαν οἱ υἱοὶ Ιουδα καὶ ἐπολέμησαν τὴν Λαχις καὶ κατελάβοντο αὐτὴν καὶ ἐπάταξαν αὐτὴν ἐν στόματι μαχαίρας καὶ κατῴκησαν αὐτὴν καὶ ἐκάλεσαν τὸ ὄνομα αὐτῆς Λασενδακ.

Ri 1,35	Jos 19,48a LXX
וַיּוֹאֶל הָאֱמֹרִי לָשֶׁבֶת בְּהַר־חֶרֶס בְּאַיָּלוֹן וּבְשַׁעַלְבִים	καὶ ὁ Αμορραῖος ὑπέμεινεν τοῦ κατοικεῖν ἐν Ελωμ καὶ ἐν Σαλαμιν,
וַתִּכְבַּד יַד בֵּית־יוֹסֵף וַיִּהְיוּ לָמַס׃	καὶ ἐβαρύνθη ἡ χεὶρ τοῦ Εφραιμ ἐπ᾿ αὐτούς, καὶ ἐγένοντο αὐτοῖς εἰς φόρον.

Zu Kap. 5.: Ri 1 im Grundbestand (Ri 1*)

¹Und nach dem Tod Josuas befragten die Israeliten JHWH folgendermaßen: ²ᵃ„Wer wird für uns als erster zum Kanaaniter aufsteigen, um gegen ihn zu kämpfen?" Und JHWH sagte: „Juda wird aufsteigen!"
⁴ᵃ*Und Juda stieg auf, und JHWH gab den Kanaaniter in ihre Hand.
⁵Und sie trafen auf Adoni-Besek in Besek, und sie kämpften gegen ihn, und sie schlugen den Kanaaniter und den Perisiter. ⁶Aber Adoni-Besek floh, und sie setzten ihm nach, und sie ergriffen ihn, und sie hieben die Daumen seiner Hände und seiner Füße ab, ⁸ᵇdie Stadt aber beschickten sie mit Feuer.
¹⁰ᵃUnd Juda ging zum Kanaaniter, der in Hebron wohnte; und der Name Hebrons war früher Kirjat-Arba.
¹¹Und es ging von dort zu den Bewohnern Debirs; und der Name Debirs war früher Kirjat-Sefer.
¹⁹ᵃUnd JHWH war mit Juda, und es nahm das Gebirge ein.
²¹Den Jebusiter aber, den Bewohner Jerusalems, vernichteten die Benjaminiten nicht, und der Jebusiter wohnte mit den Benjaminiten in Jerusalem bis zu diesem Tag.
²²Und das Haus Josef zog hinauf ²³ᵃgegen Bethel, und der Name der Stadt war früher Lus. ²⁴Und die Wachen sahen einen Mann, der aus der Stadt hinausging. Und sie sagten zu ihm: „Zeige uns doch den Zugang zur Stadt, dann werden wir dir Gnade erweisen!" ²⁵Und er zeigte ihnen den Zugang zur Stadt, und sie schlugen die Stadt mit der Schärfe des Schwertes, den Mann aber und seine ganze Sippe ließen sie ziehen. ²⁶Und der Mann ging ins Land der Hetiter, und er baute eine Stadt, und er nannte ihren Namen Lus, dies ist ihr Name bis zu diesem Tag.
²⁷*Und Manasse vernichtete nicht die Einwohner Dors und die Einwohner Jibleams und die Einwohner Megiddos, und der Kanaaniter blieb dabei, in diesem Land zu wohnen.
²⁹Und Efraim vernichtete nicht den Kanaaniter, der in Geser wohnte, und der Kanaaniter wohnte in seiner Mitte in Geser.
³⁴ᵃUnd der Amoriter drängte die Daniten ins Gebirge. ³⁵Und der Amoriter blieb dabei, in Har-Heres, in Ajalon und in Schaalbim zu wohnen.
Und die Hand des Hauses Josef war schwerfällig[495], und sie wurden fronpflichtig.

---

495 Zu dieser ungewöhnlichen Übersetzung s. ausführlich o. 63f.

Zu Kap. 6.2.4.: Die Entstehung von Ri 2,1-5

Die Einrückungen in der folgenden Textdarstellung bezeichnen den Grad der Redeeinbettung, fettgedruckt ist der jeweils ergänzte Text.

Textstufe I:	Textstufe II:	Textstufe III:
Mahnung	*Anklage*	*Strafankündigung*
1a*.bα) Und es stieg der Engel JHWHs auf von Gilgal, und er sprach: „Ich führe euch aus Ägypten herauf und habe euch in das Land gebracht, das ich euren Vätern zu geben geschworen habe.	1a*.bα) Und es stieg der Engel JHWHs auf von Gilgal, und er sprach: „Ich führe euch aus Ägypten herauf und habe euch in das Land gebracht, das ich euren Vätern zu geben geschworen habe, **und ich habe gesprochen:** ,**Ich will meinen Bund mit euch nicht brechen ewiglich.** 2) Ihr aber, ihr sollt keinen Bund schließen mit den Bewohnern dieses Landes, ihre Altäre sollt ihr zerbrechen.' **Aber ihr habt meiner Stimme nicht gehorcht. Was habt ihr da getan?**	1) Und es stieg der Engel JHWHs auf von Gilgal **nach Bochim**, und er sprach: „Ich führe euch aus Ägypten herauf und habe euch in das Land gebracht, das ich euren Vätern zu geben geschworen habe, und ich habe gesprochen: ,Ich will meinen Bund mit euch nicht brechen ewiglich.
2a) Ihr aber, ihr sollt keinen Bund schließen mit den Bewohnern dieses Landes, ihre Altäre sollt ihr zerbrechen!"		2) Ihr aber, ihr sollt keinen Bund schließen mit den Bewohnern dieses Landes, ihre Altäre sollt ihr zerbrechen.' Aber ihr habt meiner Stimme nicht gehorcht. Was habt ihr da getan? 3) **Auch habe ich gesprochen:** ,**Ich werde sie nicht vor euch vertreiben, und sie werden euch zu Stacheln**[496] **und ihre Götter euch zur Falle werden.'** 4) **Und als der Engel JHWHs diese Worte zu ganz Israel geredet hatte,**
	4b) Und das Volk erhob seine Stimme, und sie weinten.	erhob das Volk seine Stimme, und sie weinten. 5) **Und sie nannten jenen Ort Bochim und opferten JHWH dort.**

---

496 Der Text ist durch Haplographie verderbt. Mit Jos 23,13 und Num 33,55 als Sekundärparallelen ist statt לצדים vermutlich לצנים בצדים (od. לצנים בצדיכם) zu lesen; s. Lindars, Judges, 79 m. Lit.

Literaturverzeichnis

Die verwendeten Abkürzungen richten sich nach Schwertner, S. M., Internationales Abkürzungsverzeichnis für Theologie und Grenzgebiete, 2. überarbeitete und erweiterte Auflage, Berlin – New York 1992.
Der in den Anmerkungen verwendete Kurztitel nennt entweder das erste Subjekt im Titel oder ist im Folgenden kursiv hervorgehoben.

Abadie, Philipe/Römer, T. (Hg.), Introduction à l'Ancient Testament, Le monde de la Bible 49, Genf 2004

Achenbach, R., Israel zwischen Verheißung und Gebot. Literarkritische Untersuchungen zu Deuteronomium 5-11, EHS.T 422, Frankfurt a.M. u.a. 1991

Aharoni, Y./Avi-Yonah, M., The Macmillan Bible Atlas, ed. A. Rainey and Z. Saphrai, New York ³1993

Alt, A., Bemerkungen zu einigen judäischen Ortslisten des Alten Testaments, in: ders., Kleine Schriften zur Geschichte des Volkes Israel II, München ³1964, 289-305

— Die Landnahme der Israeliten in Palästina, in: ders., Kleine Schriften zur Geschichte des Volkes Israel I, München ⁴1968, 89-125

— Die Rolle Samarias bei der Entstehung des Judentums, in: ders., Kleine Schriften zur Geschichte des Volkes Israel II, ³1964, 316-337

— Die Staatenbildung der Israeliten in Palästina, in: ders., Kleine Schriften zur Geschichte des Volkes Israel I, München ⁴1968, 1-65

— Die Ursprünge des israelitischen Rechts, in: ders., Kleine Schriften zur Geschichte des Volkes Israel I, München ⁴1968, 278-332

— Erwägungen über die Landnahme der Israeliten in Palästina, in: ders., Kleine Schriften zur Geschichte des Volkes Israel I, München ⁴1968, 126-175

— Israels Gaue unter Salomon, in: ders., Kleine Schriften zur Geschichte des Volkes Israel II, München ⁴1968, 276-288

— Josua, in: ders., Kleine Schriften zur Geschichte des Volkes Israel Bd. I, München ⁴1968, 176-192

— Völker und Staaten Syriens im frühen Altertum, in: ders., Kleine Schriften zur Geschichte des Volkes Israel Bd. III, München ²1968, 20-48

Amit, Y., Bochim, Bethel and the Hidden Polemic (Jugd 2,1-5), in: Galil, G./ Weinfeld, M. (Hg.), Studies in Historical Geography and Bibli-

cal Historiography. FS Zecharia Kallai, VT.S 81, Leiden u.a. 2000, 121-131
— The Book of Judges. The art of editing, translated from the Hebrew by J. Chipman, BI.S 38, Leiden 1999
Auerbach, E., Untersuchungen zum Richterbuch 1, ZAW 48 (1930), 286-295
Auld, A. G., Joshua, Moses and the Land, Nachdr. Edinburgh 1983
— Judges I and History. A Reconsideration, VT 25 (1975), 261-285 (= ders., Joshua retold. Synoptic perspectives, OTSS, Edinburgh 1998, 79-101; zit. wird nach dem früheren Erscheinungsort)
Aurelius, E., Der Fürbitter Israels. Eine Studie zum Mosebild im Alten Testament, CB.OT 27, Stockholm 1988
— Der Ursprung des Ersten Gebots, ZThK 100 (2003), 1-21
— Zukunft jenseits des Gerichts. Eine redaktionsgeschichtliche Studie zum Enneateuch, BZAW 319, Berlin – New York 2003
— Zur Entstehung von Josua 23-24, in Vorb.
Avigad, N., Bullae and Seals from a Post-Exilic Judean Archive, Qedem 4, Jerusalem 1976
Avi-Jonah, M., The Holy Land. From the Persian to the Arab Conquests (536 B. C. to A. D. 640). A Historical Geography, Grand Rapids 1966
Bächli, O., Zur Lage des alten Gilgal, ZDPV 83 (1967), 64-71
Becker, U., Richterzeit und Königtum. Redaktionsgeschichtliche Studien zum Richterbuch, BZAW 192, Berlin – New York 1990
Bertholdt, L., Einleitung in sämmtliche kanonische und apokryphische Schriften des Alten und Neuen Testaments. Dritter Theil, welcher die Einleitung in die historischen Schriften enthält, Erlangen 1813
Bertheau, E., Das Buch der Richter und Ruth, KEH 6, Leipzig ²1883
Beyerlin, W., Herkunft und Geschichte der ältesten Sinaitraditionen, Tübingen 1961
Bieberstein, K., Josua – Jordan – Jericho. Archäologie, Geschichte und Theologie der Landnahmeerzählungen Josua 1-6, OBO 143, Fribourg – Göttingen 1995
Bleek, F., Beiträge zur Einleitung und Auslegung der heiligen Schrift, Berlin 1846
— Einige Aphoristische Bemerkungen zu den Untersuchungen über den Pentateuch, in: Rosenmüller, E./Rosenmüller, G., Biblisch-Exegetisches Repertorium, oder die neuesten Fortschritte in Erklärung der heiligen Schrift Bd. 1, Leipzig 1822, 1-79
— Einleitung in das Alte Testament. Erster Theil: Einleitung in das Alte Testament. Hrsg. von Joh. F. Bleek und Ad. Kamphausen. Mit Vorwort von Carl Immanuel Nitzsch, Berlin 1860

— Einleitung in das Alte Testament, 4. Aufl. nach der von A. Kamphausen besorgten 3. bearb. von J. Wellhausen, Berlin 1878

Blenkinsopp, J., The Pentateuch. An Introduction to the First Five Books of the Bible, New York u.a. 1992

Blum, E., Das sog. „Privilegrecht" in Ex 34,11-26: Ein Fixpunkt der Komposition des Exodusbuches?, in: Vervenne, M. (Hg.), Studies in the Book of Exodus. Redaction – Reception – Interpretation. BEThL 126, Leuven 1996, 347-366

— Der kompositionelle Knoten am Übergang von Josua zu Richter. Ein Entflechtungsvorschlag, in: M. Vervenne, J. Lust (Hg.), Deuteronomy and Deuteronomic Literature. FS C. H. W. Brekelmans, BEThL (133), Leiden 1997, 181-212

— Die Komposition der Vätergeschichte, WMANT 57, Neukirchen-Vluyn 1984

— Studien zur Komposition des Pentateuch, BZAW 189, Berlin – New York 1990

Boling, R. G., Judges. Introduction, Translation and Commentary, AncB 6A, New York ⁹1995

Brekelmans, C. H. W., Art. חרם, THWAT I, 635-639

— De ḥerem in het Oude Testament, Diss., Nijmwegen 1959

Budde, K., Das Buch der *Richter*, KHC 7, Freiburg i. Br. 1897

— Die Biblische Urgeschichte (Gen. 1-12,5) untersucht, Gießen 1883

— Die Bücher *Richter und Josua*, ZAW 7 (1887), 93-166

— Die *Bücher* Richter und Samuel, ihre Quellen und ihr Aufbau, Giessen 1890

Brettler, M. Z., Jud 1:1-2:10: From Appendix to Prologue, ZAW 101 (1989), 433-435

Burney, C. F., The book of Judges with introduction and notes, London ²1920

Carter, C. E., The Emergence of Yehud in the Persian Period, JSOT.S 294, Sheffield 1999

Chladenius, J. M., Einleitung zur richtigen Auslegung vernünftiger Reden und Schriften, Leipzig 1742, Nachdruck Düsseldorf 1969

Clericus, J., Ars critica I, Nachdr. der Erstausgabe Amsterdam 1697, Leipzig 1713

— Veteris Testamenti Libri Historici, Amsterdam 1708

Coats, G. W., A Structural Transition in Exodus, VT 22 (1972), 129-142

Conrad, J., Art. נכה, ThWAT V, 445-454

Cross, F. M., Aspects of Samaritan and Jewish History in Late Persian and Hellenistic Times, HThR 59 (1966)

— The Discovery of the Samarian Papyri, BA 26 (1963), 110-121

Diepold, P., Israels Land, BWANT 95, Stuttgart u.a. 1972

Diestel, L., Geschichte des Alten Testamentes in der christlichen Kirche, Jena 1869

Dillmann, A., Die Bücher Numeri, Deuteronomium und Josua, KEH 13, Leipzig ²1886

Donner, H., Geschichte des Volkes Israel und seiner Nachbarn. Teil 1: Von dern Anfängen bis zur Staatenbildungszeit, Grundrisse zum Alten Testament, ATD Ergänzungsreihe 4/1, Göttingen 1984

Droysen, J. G., Grundriß der Historik, in: Leyh, Peter (Hg.), Johann Gustav Droysen. Historik. Rekonstruktion der ersten vollständigen Fassung der Vorlesungen (1857). Grundriß der Historik in der ersten handschriftlichen (1857/1858) und in der letzten gedruckten Fassung (1882). Textausgabe, Leipzig 1977

Eichhorn, J. G., Einleitung in das Alte Testament. Dritter Band, Göttingen ³1823

— Einleitung in das Alte Testament. Zweyter Theil, Göttingen ¹1780

— Litterärgeschichte der drey letzten Jahrhunderte, Göttingen 1841

Eißfeldt, O., Einleitung in das Alte Testament unter Einschluß der Apokryphen und Pseudepigraphen sowie der apokryphen- und pseudepigraphenartigen Qumran-Schriften, NTG, Tübingen ⁴1976

— Hexateuch-Synopse. Die Erzählungen der fünf Bücher Mose und des Buches Josua mit dem Anfange des Richterbuches in ihre vier Quellen zerlegt und in deutscher Übersetzung dargeboten samt einer in Einleitung und Anmerkungen gegebenen Begründung, reprograf. Nachdruck der 1. Auflage Leipzig 1922, Darmstadt 1983

Elliger, K., Michmethat, in: Archäologie und Altes Testament. FS K. Galling, Tübingen 1970, 91-100

Feller, H.-G., Der territoriale und nationale Aufbau des Reiches Israel, ChuW (1927), 281-304.338-353

Frei, P., Die persische Reichsautorisation, Zeitschrift für Altorientalische und Biblische Rechtsgeschichte 1 (1995), 1-35

Frisk, H., Griechisches etymologisches Handwörterbuch Bd. I: A-Ko, Indogermanische Bibliothek Reihe 2, Heidelberg ³1991

Fritz, V., Das Buch Josua, HAT I/7, Tübingen 1994

— Das „negative Besitzverzeichnis" in Judicum 1, in: Witte, M. (Hg.), Gott und Mensch im Dialog. FS O. Kaiser I, BZAW 345/I, Berlin – New York 2004, 375-389

Geddes, A., The Holy Bible or the Books accounted Sacred by Jews and Christians; otherwise called the Books of the Old and New Convenants: faithfully translated from corrected texts of the originals with Various Readings, Explanatory Notes and Critical Remarks, Vol. 1 (Pentateuch and Josua), London 1792

Gertz, J. C., Die Gerichtsorganisation Israels im deuteronomischen Gesetz, FRLANT 165, Göttingen 1994
Gesenius, W., Hebräische Grammatik. Völlig umgearbeitet von E. Kautzsch. Facsimile der Siloah-Inschrift beigefügt von J. Euting, Schrifttafel von M. Lidzbarski, Hildesheim u.a., Nachdruck der 28. Auflage Leipzig 1909, Darmstadt ⁷1995 (= GK)
Gesenius, W./Buhl, F., Hebräisches und Aramäisches Handwörterbuch über das Alte Testament, Nachdruck der 17. Aufl. von 1915, Berlin – Göttingen – Heidelberg 1962
de Geus, C. H., Richteren 1:1-2:5, VoxTh 36 (1966), 32-53
Goff, B., The Lost Jahwistic Account of the Conquest of Canaan, JBL 53 (1934), 241-249
Grabbe, L., Judaism from Cyrus to Hadrian. I. The Persian and Greek Periods, Minneapolis 1992
Gunkel, H., Genesis, Neudruck der 3. Auflage 1910, Göttingen ⁹1977
Gunneweg, A. H. J., עם־ארץ - A Semantic Revolution, ZAW 95 (1983), 437-440
Halbe, J., Das Privilegrecht Jahwes Ex 34,10-26. Gestalt und Wesen, Herkunft und Wirken in vordeuteronomischer Zeit, FRLANT 114, Göttingen 1975
Haran, M., Book Size and the *Device* of Catch-Lines in the Biblical Canon, JJSt 36 (1985), 1-11
— Book Size and the Thematic Cycles in the Pentateuch, in: Blum, E./Macholz, C./Stegemann, E. W. (Hg.), Die Hebräische Bibel und ihre zweifache Nachgeschichte. FS R. Rendtorff, Neukirchen-Vluyn 1990, 165-176
— Catchlines in Ancient Paleography and in the Biblical Canon, ErIs 18 (1985)
Hardmeier, C., Geschichte und Erfahrung in Jer 2-6. Zur theologischen Notwendigkeit einer geschichts- und erfahrungsbezogenen Exegese und ihrer methodischen Neuorientierung, EvTh 56 (1996), 3-29
— König Joschija in der Klimax des DtrG. (II Reg 22f.) und das vordtr. Dokument einer Kultreform am Residenzort (23,4-15*). Quellenkritik, Vorstufenrekonstruktion und Geschichtstheologie in II Reg. 22f., in: Lux, R. (Hg.), Erzählte Geschichte. Beiträge zur narrativen Kultur im alten Israel, BThSt 40, Neukirchen-Vluyn 2000, 81-145
— Prophetie im Streit vor dem Untergang Judas. Erzählkommunikative Studien zur Entstehungssituation der Jesaja- und Jeremiaerzählungen in II Reg 18-20 und Jer 37-40, BZAW 187, Berlin – New York 1990

— Zur Quellenevidenz biblischer Texte und archäologischer Befunde, in ders. (Hg.), Texte – Bilder – Steine. Historische Evidenz außerbiblischer und biblischer Quellen, Arbeiten zur Bibel und ihrer Geschichte 5, Leipzig 2001, 15ff.
Hardmeier, C./Talstra, E./Groves, A. (Hg.), Stuttgarter Elektronische Studienbibel, Stuttgart – Haarlem 2004
Hempel, J., Die Schichten des Deuteronomiums. Ein Beitrag zur israelitischen Literatur- und Rechtsgeschichte, Beiträge zur Kultur- und Universalgeschichte 33, Leipzig 1914
Herrmann, S., „Negatives Besitzverzeichnis" – eine mündliche Tradition?, in: Mommer, P. (Hg.), Gottes Recht als Lebensraum. FS H. J. Boecker, Neukirchen-Vluyn 1993, 93-100
— Geschichte Israels in alttestamentlicher Zeit, Berlin ³1985
Hertzberg, H. W., Die Bücher Josua, Richter, Ruth, ATD 9, Göttingen ⁵1973
Hölscher, G., Die Anfänge der hebräischen Geschichtsschreibung, SHAW.PH (1941/42,3), Heidelberg 1942
— Geschichtsschreibung in Israel. Untersuchungen zum Jahvisten und Elohisten, SHVL 50, Lund 1952
Holzinger, H., Einleitung in den Hexateuch, Freiburg – Leipzig 1893
Horst, F., Das Privilegrecht Jahwes. Rechtsgeschichtliche Untersuchungen zum Deuteronomium, FRLANT 45, Göttingen 1930
Jenni, E., Die hebräischen Präpositionen, Bd. I: Die Präposition Beth, Stuttgart 1992
— Zwei Jahrzehnte Forschung an den Büchern Josua bis Könige, ThR 27 (1961), 1-32.97-146
Jericke, D., Die Landnahme im Negev. Protoisraelitische Gruppen im Süden Palästinas. Eine archäologische und exegetische Studie, ADPV 20, Wiesbaden 1997
— Josuas Tod und Josuas Grab, ZAW 108 (1996), 347-361
Kallai, Z., Historical Geography of the Bible. The tribal territories of Israel, The Perry Foundation for Biblical Research, Jerusalem u.a., 1986
Kapelrud, A. S., Art. יאל, ThWAT III, 383f.
Karrer, C., Ringen um die Verfassung Judas. Eine Studie zu den theologisch-politischen Vorstellungen im Esra-Nehemia-Buch, BZAW 308, Berlin – New York 2001
Kaufmann, Y., The Biblical Account of the Conquest of Palestine, Jerusalem ²1985
Keel, O./Küchler, M./Uehlinger, C., Orte und Landschaften der Bibel. Ein Handbuch und Studienreiseführer zum Heiligen Land, Zürich u.a. 1982

Kelso, J. L., Excavations at Bethel, BA 19 (1956), 36-42 (= *Excavations I*)
— The Excavations of Bethel 1934-1960, AASOR 39, Cambridge (Mass.), 1968 (= *Excavations II*)
— Art. Bethel, NEAEHL I, 192-194
Klein, L. R., The triumph of Irony in the Book of Judges, JSOT.S 68, Sheffield 1988
Knauf, E. A., From History to Interpretation, in: Edelman, D. V. (Hg.), The Fabric of History. Text, Artifact and Israel' s Past, JSOT.S 127, Sheffield 1991
— King Solomon's Copper Supply, in: E. Lipinski (Hg.), Phoenicia and the Bible, Studia Phoenicia XI, Leuven 1991, 167-186
— The „Low Chronology" and How not to deal with It, BN 101 (2000), 56-63
Kochavi, M., Art. Rabud, Khirbet, EAEHL IV, 995
Koenen, K., Bethel. Geschichte, Kult und Theologie, OBO 192, Fribourg – Göttingen 2003
König, E., Einleitung in das Alte Testament mit Einschluss der Apokryphen und der Pseudepigraphen des Alten Testaments, Sammlung theologischer Handbücher II/1, Bonn 1893
van der Kooij, A., „And I also said". A new interpretation of Judges II 3, VT 45 (1995), 294-306
Kratz, R. G., Der vor- und der nachpriesterschriftliche Hexateuch, in: Gertz, J. Ch./Schmid, K./Witte, M. (Hg.), Abschied vom Jahwisten. Die Komposition des Hexateuch in der jüngsten Diskussion, BZAW 315, Berlin – New York 2002, 295-323
— Die Komposition der erzählenden Bücher des Alten Testaments, Göttingen 2000
— Israel als Staat und als Volk, ZThK 97 (2000), 1-17
Kuenen, A., Historisch-kritische Einleitung in die Bücher des Alten Testaments hinsichtlich ihrer Entstehung und Sammlung. Erster Teil. Erstes Stück: Die Entstehung des Hexateuch, autorisierte deutsche Ausgabe von v. Th. Weber, C. Th. Müller, J. C. Matthes, Leipzig 1887
— Letterkundig Overzicht, Theologisch Tijdschrift 21 (1887), 554-564
Kutsch, E. Art. ברית, ThWAT I, 339-352
— Art. Bund I: AT, TRE 7, 397-401
— Erwägungen zur Geschichte der Passafeier und des Massotfestes, ZThK 55 (1958), in: ders., Kleine Schriften zum Alten Testament, BZAW 168, Berlin – New York 1986
— Verheißung und Gesetz. Untersuchungen zum sogenannten „Bund" im Alten Testament, BZAW 131, Berlin – New York 1973
Labuschagne, C., J., Art. נתן, THAT II, 117-141

Lagarde, P. de, Onomastica sacra, Reprograf. Nachdr. der 2. Aufl. Göttingen 1887, Hildesheim 1966
Latvus, K., God, anger and ideology. The anger of God in Joshua and Judges in relation to Deuteronomy and the Priestly writings, JSOT.S 279, Sheffield 1998
Lemaire, A., Das Achämenidische Juda und seine Nachbarn im Lichte der Epigraphie, in: Kratz, R. G. (Hg.), Religion und Religionskontakte im Zeitalter der Achämeniden, VWGT 22, Gütersloh 2002, 210-230
Levin, C., Der Jahwist, FRLANT 157, Göttingen 1993
— Die Verheißung des neuen Bundes in ihrem theologiegeschichtlichen Zusammenhang ausgelegt, FRLANT 137, Göttingen 1985
— Dina: Wenn die Schrift wider sich selbst lautet, in: ders., Fortschreibungen. Gesammelte Studien zum Alten Testament, BZAW 316, Berlin – New York 2003
Levy, J., Wörterbuch über die Talmudim und Midraschim Bd. 4, Berlin – Wien ²1924
Lindars, B., Judges 1-5. A new translation and commentary, Edinburgh 1995
Link, H. F., Kurze Notizen von dem Leben des verstorbenen Consitorialraths und Professors W. C. L. Ziegler. Von ihm selbst in den Jahren 1807, 1808 entworfen, und nach dessen Tode herausgegeben von H. F. Link, Rostock – Schwerin 1811
Lipinski, E., Art. נתן, ThWAT V, 693-712
— Art. חרם, ThWAT III, 192-213
— Art. ירש, ThWAT III, 953-985
Lohfink, N., Das Hauptgebot. Eine Untersuchung literarischer Einleitungsfragen zu Dtn 5-11, AnBib 20, Rom 1963
— Die Bedeutungen von hebr. jrš qal und hif, BZ 27 (1983), 14-33
— Kerygmata des Deuteronomistischen Geschichtswerks, in: Jeremias, J./Perlitt, L. (Hg.), Die Botschaft und die Boten. FS H. W. Wolff, Neukirchen-Vluyn 1981, 87-100
Lucassen, B., Josua, Richter und CD, RQ 18/3 (1998), 373-396
Marx, A., Forme et fonction de Juges 2,1-5, RHPR 59 (1979), 341-350
Mayes, A. D. H., The Story of Israel between Settlement and Exile. A Redactional Study of the Deuteronomistic History, London 1983
Meer, Michaël van der, Formation and reformulation. The redaction of the book of Joshua in the light of the oldest textual witnesses, VT.S 102, Leiden u.a. 2004
Meyer, E., Kritik der Berichte über die Eroberung Palästinas, ZAW 1 (1881), 117-146

— Die Entstehung des Judentums. Eine historische Untersuchung. Anhang: J. Wellhausen und meine Schrift ‚Die Entstehung des Judentums', Reprogr. Nachdr. der Ausg. Halle 1896, Hildesheim 1965
Meyers, E., The Shelomit Seal and the Judean Restoration: From Serubbabel to Nehemiah, in: Miller, P. D./Hanson, P. D./McBride, S. D. (Hg.), Ancient Israelite Religion, FS F. M. Cross, Philadelphia 1987, 509-521
Miller, J. M., Jebus and Jerusalem: A Case of Mistaken Identity, ZDPV 90 (1974), 115-127
Mittmann, S., Ri 1,16f. und das Siedlungsgebiet der kenitischen Sippe Hobab, ZDPV 93 (1977), 213-235
Mittmann, S./Schmitt, Götz (Hg.), Tübinger Bibelatlas. Auf der Grundlage des Tübinger Atlas der Vorderen Orients, Tübingen 2001
Moore, G. F., A Critical and Exegetical Commentary on Judges, ICC, Edinburgh ⁷1958
Mowinckel, S., Tetrateuch - Pentateuch - Hexateuch. Die Berichte über die Landnahme in den drei alttestamentlichen Geschichtswerken, BZAW 90, Berlin – New York 1964
Mras, Karl (Hg.), Eusebius Werke. Achter Band: Die Praeparatio Evangelica. Erster Teil: Die Bücher I bis X, 2. bearb. Auflage (hg. von E. des Places), Berlin 1982
— Eusebius Werke. Achter Band: Die Praeparatio Evangelica. Zweiter Teil: Die Bücher XI bis XV, Register, 2. bearb. Auflage (hg. von E. des Places), Berlin 1983
Mullen, E. T., Judges 1:1-36. The Deuteronomistic Reintroduction of the Book of Judges, HThR 77 (1984), 33-54
Neef, H.-D., „Ich selber bin in ihm", BZ 39 (1995), 54-75
— Studien zur Geschichte des Stammes Ephraim von der Landnahme bis zur frühen Königszeit, BZAW 238, Berlin – New York 1996
Nelson, R. D., Joshua. A Commentary, OTL, Louisville 1997
Niditch, S., Reading Story in Judges 1, in: Black, F. C./Boer, R./Runions, E. (Hg.), The Labour of Reading. Desire, Alienation and Biblical Interpretation. FS R. C. Culley, SBL.SS 36, Atlanta 2001
Nielsen, E., Deuteronomium, HAT I/6, Tübingen 1995
Niemann, H. M., Die Daniten: Studien zur Geschichte eines altisraelitischen Stammes, FRLANT 135, Göttingen 1985

Noort, E., Das Buch Josua. Forschungsgeschichte und Problemfelder, EdF 292, Darmstadt 1998
— Jos 24:28-31, Richter 2:6-9 und das Josuagrab. Gedanken zu einem Straßenschild, in Zwickel, W. (Hg.), Biblische Welten. FS M. Metzger, OBO 123, Fribourg – Göttingen 1993, 109-130
Noth, M., Bethel und Ai, in: ders., Aufsätze zur biblischen Landes- und Altertumskunde I, Neukirchen-Vluyn 1971, 210-228
— Das Buch Josua, HAT I/7, Tübingen ²1953
— Das System der zwölf Stämme Israels, Darmstadt 1966
— Das zweite Buch Mose. Exodus, ATD 5, Göttingen ⁵1973
— Studien zu den historisch-geographischen Dokumenten des Josuabuches, in: ders., Aufsätze zur biblischen Landes- und Altertumskunde I, Neukirchen-Vluyn 1971, 229-280
— Überlieferungsgeschichtliche Studien. Die sammelnden und bearbeitenden Geschichtswerke im Alten Testament, Tübingen ³1967 (= ÜSt)
Nowack, W., Richter – Ruth, HAT 4/1, Göttingen 1900
O'Connell, R. H., The Rhetoric of the Book of Judges, VT.S 63, Leiden u.a. 1996
O'Doherty, E., The Literary Problem of Judges 1,1-3,6, CBQ 18, 1956, 1-7
O'Brien, M. A., The Deuteronomistic History Hypothesis. A Reassessment, OBO 92, Fribourg – Göttingen 1989
Ofer, A., Art. Hebron, NEAEHL II, 606-609
Osumi, Y., Die Kompositionsgeschichte des Bundesbuches Exodus 20,22b-23,33, OBO 105, Göttingen 1991
Otto, E., Das Mazzotfest in Gilgal, BWANT 107, Stuttgart u.a. 1975
— Art. Gilgal, TRE 13, 268-270
Pakkala, J., Intolerant Monolatry in the Deuteronomistic History, SESJ 76, Helsinki 1999
Perlitt, L., Bundestheologie im Alten Testament, WMANT 36, Neukirchen-Vluyn 1969
Pfeiffer, H., Das Heiligtum von Bethel im Spiegel des Hoseabuches, FRLANT 183, Göttingen 1999
Plöger, J. G., Literarkritische, formengeschichtliche und stilkritische Untersuchungen zum Deuteronomium, Bonn 1967

Porten, B./Yardeni, A. (Hg.), Textbook of Aramaic Documents from Ancient Egypt. Newly copied, edited and translated into Hebrew and English, I: Letters, Appendix: Aramaic Letters from the Bible, Jerusalem 1986

Preuß, H. D., Theologie des Alten Testaments. Bd. 1: JHWHs erwählendes und verpflichtendes Handeln, Stuttgart 1991

— Zum deuteronomistischen Geschichtswerk, ThR 58 (1993), 229-264.341-395

Quasthoff, U. M., Erzählen in Gesprächen. Lingustische Untersuchungen zu Strukturen und Funktionen am Beispiel einer Kommunikationsform des Alltags, Kommunikation und Institution 1, Tübingen 1980

von Rad, G., Das fünfte Buch Mose. Deuteronomium, ATD 8, Göttingen 1964

— Der Heilige Krieg im Alten Israel, Zürich ⁴1965

Ranke, L., Geschichten der romanischen und germanischen Völker von 1494-1514, Leipzig 1824

Richter, W., Die Bearbeitungen des „Retterbuches" in der deuteronomischen Epoche, BBB 21, Bonn 1964

— Traditionsgeschichtliche Untersuchungen zum Richterbuch, BBB 18, Bonn 1966

Rofé. A., The End of the Book of Judges According to the Septuagint, Henoch 4 (1982), 17-33

Römer, T., Israels Väter. Untersuchungen zur Väterthematik im Deuteronomium und in der deuteronomistischen Tradition, OBO 99, Fribourg – Göttingen 1990

Rose, M., 5. Mose 1-11 und 26-34, ZBK.AT 5/1, Zürich 1994

Rösel, H. N., Das „negative Besitzverzeichnis". Traditionsgeschichtliche und historische Überlegungen, in: Augustin, M./Schunk, K.-D. (Hg.), „Wünschet Jerusalem Frieden". Collected Communications to the XIIth Congress of the International Organization for the Study of the Old Testament, Jerusalem 1986, BEATAJ 13, Frankfurt a.M. u.a. 1986

— Die Überleitungen vom Josua- ins Richterbuch, VT 30 (1980), 342-350

— Von Josua bis Jojachin. Untersuchungen zu den deuteronomistischen Geschichtsbüchern des Alten Testaments, VT.S 75, Leiden u.a. 1999

Rudolph, W., Der „Elohist" vom Exodus bis Josua, BZAW 68, Berlin 1938

Sacchi, P., The history of the Second Temple period, JSOT.S 285, Sheffield 2000
Schaper, J., Numismatik, Epigraphik, alttestamentliche Exegese und die Frage nach der politischen Verfassung des achämenidischen Juda, ZDPV 118 (2002), 150-168
— Priester und Leviten im achämenidischen Juda. Studien zur Kult- und Sozialgeschichte Israels in persischer Zeit, FAT 31, Tübingen 1999
Schmid, K., Buchgestalten des Jeremiabuches. Untersuchungen zur Redaktions- und Rezeptionsgeschichte von Jer 30-33 im Kontext des Buches, WMANT 72, Neukirchen 1996
— Ist die Bibel historisch zuverlässig? Bemerkungen zum Maximalisten-Minimalisten-Streit in den Bibelwissenschaften, Reformatio 51 (2002), 283-289
Schmidt, W.H., Exodus. 1. Teilband: Exodus 1-6, BK II/1, Neukirchen-Vluyn 1988
Schmitt, G., Der Landtag von Sichem, AzTh I/15, Stuttgart 1964
— "Du sollst keinen Frieden schließen mit den Bewohnern des Landes." Die Weisungen gegen die Kanaanäer in Israels Geschichte und Geschichtsschreibung, BWANT 91, Stuttgart u.a. 1972
Schunck, K.-D., Benjamin. Untersuchungen zur Entstehung und Geschichte eines israelitischen Stammes, BZAW 86, Berlin – New York 1963
Seebass, H., Zur Exegese der Grenzbeschreibungen von Jos. 16,1-17,13, ZDPV (1984), 70-83
Seters, J. van, The life of Moses. The Yahwist as historian in Exodus-Numbers, Contributions to Biblical Exegesis and Theology 10, Louisville 1994
Smend, R., Die Erzählung des Hexateuch auf ihre Quellen untersucht, Berlin 1912
Smend, R., Die Bundesformel, in: ders., Die Mitte des Alten Testaments. Exegetische Aufsätze, Tübingen 2002, 1-19
— Das Gesetz und die Völker. Ein Beitrag zur deuteronomistischen Redaktionsgeschichte, in: ders., Die Mitte des Alten Testaments. Exegetische Aufsätze, Tübingen 2002
— Das uneroberte Land, in: ders., Zur ältesten Geschichte Israels. Gesammelte Studien Bd. 2, BevTh 100, München 1987, 217-228
— Die Entstehung des Alten Testaments, Theologische Wissenschaft 1, Stuttgart ⁴1989
Soggin, J. A., Gilgal, Passah und Landnahme, VT 15 (1966), 263-277
— Judges. A commentary, London 1981

Stähelin, J. J., Beiträge zu den kritischen Untersuchungen über den Pentateuch, die Bücher Josua und der Richter, ThStKr 8 (1835), 461-477

Stephanus, H. (= Estienne, H.), Thesaurus Graecae Linguae, Bd. VI: Λ - O, photomechan. Nachdr. der Neubearb. durch Hase, C. B./Dindorf, W./Dindorf, L. u.a. von 1831-1865, Graz 1954

Stern, E., Material Culture of the Land of the Bible in the Persian Period 538-332 B. C., Warminster 1982

— The Province of Yehud. The Vision and the Reality, The Jerusalem Cathedra 1 (1981), 9-21

— The Persian Empire and the Political and Social History of Palestine in the Persian Period, in: The Cambridge History of Judaism I, Cambridge u.a. 1984, 70-87

Steuernagel, C., Das Deuteronomium übersetzt und erklärt, HAT I/3,1, Göttingen ²1923

Studer, G. L., Das Buch Richter. Grammatisch und historisch erklärt, Bern u.a. 1835

Talmon, S., Der judäische עם הארץ in historischer Perspektive, in: ders., Gesellschaft und Literatur in der Hebräischen Bibel. Gesammelte Aufsätze I, Information Judentum 8, Neukirchen-Vluyn 1988

Tov, E., Textual Criticism of the Hebrew Bible, Minneapolis 1992

Uehlinger, C., Bildquellen und "Geschichte Israels". Grundsätzliche Überlegungen und Fallbeispiele, in: Hardmeier, C. (Hg.), Steine - Bilder - Texte. Historische Evidenz außerbiblischer und biblischer Quellen, Arbeiten zur Bibel und ihrer Geschichte 5, Leipzig 2001, 25-78

Veijola, T., Das fünfte Buch Mose. Deuteronomium 1,1-16,17, ATD 8/1, Göttingen 2004

— David. Gesammelte Studien zu den Davidüberlieferungen des Alten Testaments, SESJ 52, Göttingen 1990

— Verheissung in der Krise. Studien zur Literatur und Theologie der Exilszeit anhand des 89. Psalms, AASF.B 220, Helsinki 1982

— Die ewige Dynastie. David und die Entstehung seiner Dynastie nach der deuteronomistischen Darstellung, AASF.B 193, Helsinki 1975

de Vos, J. C., Das Los Judas. Über Entstehung und Ziele der Landbeschreibung in Jos 15, VT.S 95, Leiden u.a. 2003

Webb, B. G., The book of the Judges. An integrated reading, JSOT.S 46, Sheffield 1987

Weinberg, J. P., The 'Amm Hā'āreṣ of the Sixth to Fourth Centuries BCE, in: ders., The Citizen-Temple Community. Translated by D. L. Smith-Christopher, JSOT.S 151, Sheffield 1992, 62-74

Weinfeld, M., Judges 1.1-2:5 [sic]: The Conquest under the Leadership of the House of Judah, in: Auld, A. G. (Hg.), Understanding Poets and Prophets. Essays in Honour of Georg Wishart Anderson, JSOT.S 152, Sheffield 1993

— The Period of Conquest and the Judges as Seen by the Earlier and the Later sources, VT 17 (1967), 93-113

Weippert, H., Das deuteronomistische Geschichtswerk. Sein Ziel und Ende in der neueren Forschung, ThR 50 (1985), 213-249

— Palästina in vorhellenistischer Zeit, Handbuch der Archäologie, München 1988

Weippert, M., Die Landnahme der israelitischen Stämme in der neueren wissenschaftlichen Diskussion, FRLANT 92, Göttingen 1962

Wellhausen, J., Geschichte Israels. Band I: Prolegomena, Berlin 1878

— Israelitische und jüdische Geschichte. Mit einem Nachw. von Rudolf Smend und einem Stellenregister, 10. Aufl., unveränd. photomechanischer Nachdr. der 9. Aufl., Berlin – New York 2004

— Die Composition des Hexateuchs und der historischen Bücher des Alten Testaments, Berlin ³1899, Nachdruck ⁴1963

— Prolegomena zur Geschichte Israels, Berlin u.a. ⁶1927

— Skizzen und Vorarbeiten. Heft I: Abriss der Geschichte Israels und Juda's. Lieder der Hudhailiten arabisch deutsch, Berlin 1884

Westermann, C., Genesis. 2. Teilband: Genesis 12-36, BK I/2, Neukirchen-Vluyn ⁴1985

Wette, W. M. L. de, Lehrbuch der historisch-kritischen Einleitung in die kanonischen und apokryphischen Bücher des Alten Testamentes, Berlin ⁶1845

Willi, T., Die Chronik als Auslegung. Untersuchungen zur literarischen Gestalt der historischen Überlieferung Israels, FRLANT 106, Göttingen 1972

— Juda – Jehud – Israel. Studien zum Selbstverständnis des Judentums in persischer Zeit, FAT 12, Tübingen 1995

Woude, A. S. van der, Art. יד, THAT I, 667-674

Wright, G. E., The Literary and Historical Problem of Joshua and Judges 1, JNES 5 (1946), 105-114

Würthwein, E., Die Bücher der Könige. *1. Kön 1-16*, ATD 11/1, Göttingen 1977

— Die Bücher Könige. *1. Kön 17-2. Kön 15*, ATD 11/2, Göttingen 1984

— Erwägungen zum sog. deuteronomistischen Geschichtswerk. Eine Skizze, in: ders., Studien zum deuteronomistischen Geschichtswerk, BZAW 227, Berlin – New York 1994, 1-11

— Der 'am ha'arez im Alten Testament, BWANT 66, Stuttgart 1936

Younger, K. L., The Configuring of Judicial Preliminaries: Judges 1.1-2.5 and its Dependence of the Book of Joshua, JSOT 68 (1995), 75-92

Ziegler, W. C. L., Bemerkung über das Buch der Richter aus dem Geist des Heldenalters, in: ders., Theologische Abhandlungen. Erster Band, Göttingen 1791, 262-376

Autorenregister

Abadie 135
Achenbach 107f., 111f., 113, 120
Aharoni 148
Alt 15f., 21ff., 44, 54, 60, 67, 69, 108f., 138, 144ff., 148
Amit 118, 132
Auerbach 82
Auld 18, 29f., 36, 38f., 51f., 57f., 61f., 72, 84f., 92, 126, 140
Aurelius 104, 109, 118, 120, 122, 135, 137
Avigad 144
Avi-Yonah 148
Bächli 104
Becker 3, 19, 30, 33f., 37, 53, 58, 64f., 72f., 75f., 78f., 81ff., 91ff., 103, 126, 128, 130, 140
Bertheau 11, 21
Bertholdt 3
Beyerlin 109
Bieberstein 93
Bleek 7ff.
Blenkinsopp 132
Blum 19f., 101f., 104ff., 109, 122f., 125, 127f., 131, 136
Brekelmans 112
Brettler 126, 131f.
Budde 5, 9, 11ff., 21, 32, 34, 43f., 61, 66f., 69, 76, 78f., 82ff., 86, 88, 94, 104, 128, 132, 136, 140
Burney 65
Carter 144f., 148f.
Chladenius 25
Clericus 1f.
Coats 136
Conrad 112
Diestel 5
Dillmann 43f., 54, 70
Donner 143, 149
Droysen 133
Eichhorn 1ff.
Eißfeldt 14ff., 44, 70, 91, 126
Elliger 54
Feller 23f., 46, 62
Frei 143

Frisk 76
Fritz 6, 18f., 43, 45f., 54, 91, 131
Geddes 7
Gertz 129
Gesenius 5, 78, 110
de Geus 16ff., 38
Grabbe 148
Gunkel 91
Gunneweg 151
Haran 132
Hardmeier 26f., 129, 163f., 171
Hempel 112
Herrmann 22f., 143
Hertzberg 82
Hölscher 44
Holzinger 8, 21
Horst 109
Jenni 49
Jericke 126ff., 130
Kallai 91
Kapelrud 31
Karrer 27, 83, 143f., 150
Kaufmann 49
Kelso 146
Klein 32, 77
Knauf 26
Kochavi 148
Koenen 91, 146
König 11
Kratz 19f., 127, 130f., 135, 137ff.
Kuenen 11, 43, 102, 136
Kutsch 105, 108
Labuschange 76
Latvus 136
Lemaire 146
Levin 86, 91, 113, 120, 136f.
Levy 108
Lindars 30, 32, 35, 62, 65, 70, 72, 77, 82ff., 91f., 94, 140, 158
Link 2
Lipinski 76
Lohfink 29, 55, 105, 108, 112
Marx 103, 118
Mayes 126

van der Meer 139
Meyer 9ff., 15, 68, 132, 148
Meyers 144
Miller 36
Mittmann 82
Moore 77, 128, 132
Mowinckel 28, 30, 34
Mullen 63
Neef 24, 106
Nelson 48, 54
Niditch 78
Nielsen 112
Niemann 63, 69, 71ff.
Noort 38, 126
Noth 6, 16, 19, 22f., 36, 42ff., 46, 53f., 60, 62, 70, 72ff., 91, 103, 107ff., 126
Nowack 132
O'Connell 92, 140
O'Doherty 126
Ofer 148
Osumi 107ff., 122
Otto 14, 103f.
Pakkala 147
Perlitt 103, 107, 109, 111, 115, 143
Pfeiffer 118
Plöger 76
Preuß 105
Quasthoff 129
von Rad 111
Ranke 25
Richter 76, 126, 128, 130, 136
Römer 115, 135
Rose 113
Rösel 31, 34, 126, 128, 130f., 139
Rudolph 11, 43, 62, 103, 108, 146

Sacchi 143
Schaper 144f.
Schmid 26
Schmidt 136
Schmitt 28, 43ff., 48f., 102, 105, 108
Schunck 63, 98
Seebass 42, 53f., 57
van Seters 136
Smend 17ff., 29, 32, 103, 122, 126, 136
Smend sen. 13f., 44, 47
Soggin 82, 84, 104, 126, 128, 132, 136
Stähelin 8
Stephanus 8
Stern 144f., 148
Steuernagel 112
Studer 5ff., 15, 44, 64, 74, 136
Talmon 149
Tov 132
Uehlinger 26f.
Veijola 75f., 100, 111ff., 118, 135, 146
de Vos 38, 41, 43, 76
Webb 32, 85, 92ff., 97
Weinberg 150
Weinfeld 18, 33, 83f., 126, 132
Weippert 104
Wellhausen 8ff., 13, 43f., 68, 102, 104, 108f., 118, 134, 137
Westermann 120
Wette 5, 8
Willi 143, 145, 148ff.
Woude 63
Würthwein 67, 149f.
Yardeni 142
Younger 32, 85, 92
Ziegler 2f., 25

Bibelstellenregister

Gen
2-35	20
3,19	138
9,16	115
12	137
12,6	10
12,6f.	137
13,3	76
13,7	77
14,5	43
17,7	115
17,19	115
18,27	31
18,31	31
19,30	118
24,6	110
28,19	91
31,24	110
33,19	19
34,30	77, 120
35,1ff.	19
35,6	91
41,21	76
43,18	76
43,20	76
48,10	63
49	61
49,15	66
50,11	120
50,25	19, 138
50,26	19

Ex
1,6	128, 136
1,8	128, 136
1,11	65
2-Jos 12	20
2,21	31
3,9	71
5,9	63
9,7	63
13,18	118
13,19	19, 138
14,19	106
17,8ff.	83
20,4	108
20,5	110
20,11	108
20,14	108
20,20	108
20,20-33	107
20,21	107
20,22	107
20,23	107ff.
20,23f.	108
20,24	107
20,27	107f.
20,28	108
20,29-31	108
20,31	108
20,32	108
23	105, 110f.
23,20	106f.
23,20ff.	106f.
23,20-22	106f.
23,20-33	105, 107f.
23,21f.	107f., 122
23,22	107
23,23	106f.
23,24	106, 120
23,32	105, 107
23,32f.	121
23,33	106, 121f.
24	107
32	109
32-34	109
32,34	106
32,4	109
32,8	109
32,11	46
33,2f.	106
34	105, 111
34,10	108f.
34,10ff.	111
34,10-16	109
34,10-26	108f.
34,11	110f.
34,11-14	110

34,11-16	108ff.	7,1f.	112f.
34,11-26	106, 110	7,1ff.	121
34,11-27	106	7,1-3	112, 115, 120
34,12	105f., 109ff., 120, 122	7,1-5	113, 121
34,12-14	110	7,1-6	113
34,13	106, 109f., 114, 119	7,1-11	113
34,14	109, 111, 120	7,2	105, 111ff., 123
34,15	109f., 122	7,2f.	113, 121
34,15f.	110, 122	7,3	107, 113ff., 121f.
34,16	106, 109, 122	7,3f.	114, 122f.
34,17	109f.	7,4	114f., 122
34,18-26	110	7,5	107, 115, 120
		7,6	112, 115, 120
Lev		7,7-11	112
26,44	117	7,12-16	112
		7,16	112, 123
Num		7,17-26	112
11,16f.	128	7,17ff.	112
11,22	43	7,20	108
13,18	47	7,22	112
13,22	80	7,25	119
13,31	47	8,11	110
13f.	10	9,29	46
14	47	11,7	129
14,14	120	11,16	110
14,24	5	11,24	29
14,32	55	11,30	104
20,14	10	12,3	119
21,2f.	112	12,13	110
21,3	83	12-18	109
32,39	11	15,9	110
32,41f.	11	19,30	110
33,55	105, 158	25,17ff.	83
		26,7	71
Dtn		31,9-11	128
1,5	31	34,4	82
1,7	80		
2,11	43	*Jos*	
2,20	43	1-11	104
3,11	43	1-12	9, 11, 15
3,13	43	1,1	132
4,23	110	1,4	91
4,37	46	1,7f.	17
5,8	109	2	93, 95
5,9	109	2,10	112
6	120f.	2,12	93
6f.	123	2,24	76
6,12	11ß	4-11	104
6,15	109, 121	4,19	104
6,20ff.	121f.	4,20	104
6f.	122	4,24	47
7	105, 110ff., 121, 123	5	138
7,1	39, 47	5,9	104

5,10	104	13,13	11
6	13, 93, 95	14f.	89
6,17	112	14,1	138
6,18	112	14,6	84, 104
6,21	112	14,6-13	104
6,22f.	93	14,11	46
6,25	93	14,13f.	85
6,26	94	15	38, 80f., 99
7,1	112	15,8	36, 40ff.
7,6	128	15,12	80
7,7	31	15,13	80
7,11f.	112	15,13f.	84
7,13	112	15,15	81
7,15	112	15,15-19	4, 80f.
8-11	13	15,19	81
8,7	55	15,24-60	61
8,10	128	15,30	83
8,26	112	15,63	29, 36ff., 38, 40f., 57ff., 100f.
9	11, 105, 120	16f.	48
9,1	80	16,1	76
9,3-15	105	16,2	90
9,6	104	16,3	57
9,16-27	106	16,4	42
10	88	16,4-10	42
10,1	78, 112	16,9	58
10,3	78	16,10	29, 35f., 57ff., 66
10,6	104	17	42
10,7	104, 118	17,4	138
10,9	104, 118	17,7	42
10,12-14	11	17,7-9	42
10,15	104	17,10	42f., 48
10,28	112	17,11	34, 43, 49ff., 59
10,35	112	17,11f.	49, 59
10,37	112	17,11ff.	29, 34f, 42, 49ff., 56, 58
10,39	112	17,11-13	34, 42f., 47f., 50f.
10,40	80, 113	17,11-14	43
10,43	104	17,11-16	43f.
11,2	54	17,11-18	50
11,11f.	112	17,12	29, 31, 49f., 57
11,12	113	17,12f.	50, 56f., 59
11,20	112	17,13	51f., 57, 66
11,21	112	17,14	43ff., 50, 76
11,23	127, 134f.	17,14f.	44
12,23	54	17,14ff.	44
12,4	43	17,14-18	11, 43ff., 47ff., 50
12,8	80	17,15	43f.
13ff.	9	17,15f.	45, 47
13-19	30, 44	17,16	43, 45, 47ff., 53
13,1	124	17,16ff.	44
13,1-6	17	17,16-18	45
13,2ff.	101	17,17	43ff., 68, 76
13,3	83	17,17f.	44f.
13,12	43	17,18	43ff.

18,3	63	24,29-31	127, 129, 133, 138
18,5	45, 68	24,30	126
18,11	76	24,31	126ff., 138
18,13	91	24,32	139
18,15-19	36	24,33	138ff.
18,16	36, 42		
18,22	146	*Ri*	
18,26	40	1,1	1f., 4, 10, 19, 75, 80, 85, 88,
18,28	36f., 42		125, 131f., 138, 140
19	30, 35, 60	1,1f.	76, 78, 89, 95, 97, 101, 140
19,1	76, 85	1,1-18	19, 127
19,4	83	1,1-19	90
19,10	76	1,1-20	74
19,10ff.	60	1,1-21	18, 74
19,17	76	1,1-2,9	17
19,24	76	1,2	77, 86, 88f., 93, 97, 103, 140,
19,32	76		150, 153
19,40	69, 76	1,3	10, 64, 77f., 84, 86, 141
19,40-47	73	1,4	10, 69, 77f., 80, 84ff., 92, 96
19,41-46	72	1,4-7	86
19,47	11, 71f.	1,4f.	77
19,47f.	29, 72ff.	1,4-19	140, 147
19,48	64, 69, 72f.	1,4-20	96
19,51	138	1,5	78, 86f., 97f.
21,1	138	1,5-7	97
21,4	77	1,5-8	88, 96
21,11	112	1,6	10, 78, 98
21,20	76	1,7	10, 78f., 86ff.
21,40	76	1,7-29	67
22,20	112	1,8	65, 79f., 83, 85ff., 98f., 147
23	14, 17, 120ff., 137	1,8f.	85, 88
23f.	137f.	1,9	80f., 84ff., 88
23,1	128	1,10	79, 80f., 84ff., 88f.
23,1-3	137	1,10f.	80, 85, 88f., 96f., 99
23,1-Ri 2,9	13	1,10ff.	86, 141
23,2f.	137	1,11	80f., 85f., 88
23,4f.	124	1,11-15	10
23,12	121	1,12	80f.
23,12f.	120ff.	1,12-15	80f., 88f.
23,13	121, 123, 158	1,12-17	85
24	13, 19, 78, 126, 131, 137	1,15	81, 88
24,1	128	1,16	79, 82f., 85f.
24,12	108	1,16f.	10, 64, 81, 85
24,14ff.	138	1,16ff.	81, 88
24,18	120	1,16-18	88f.
24,26	19	1,17	77, 81, 83, 85f., 112, 141
24,28	119, 127f., 130ff., 134, 138f.	1,18	64, 81, 83f., 99
24,28-Ri 2,9	128	1,19	10, 15, 48, 55, 83ff., 88f., 92f.,
24,28ff.	128, 132		96f., 98, 141
24,28-30	126f.	1,20	10, 64, 84f., 89
24,28-31	125ff., 129f.	1,21	6, 10, 21, 28ff., 32, 34ff.,
24,29	126		57ff., 69, 74, 79, 83, 85, 89,
24,29ff.	131ff.		98, 99f., 102, 141, 147

Bibelstellenregister

1,21ff.	29, 64	2,3	106, 116ff.
1,21-29	61	2,4	102, 115ff.
1,21-29.34f.	34	2,4f.	103, 117
1,21.27ff.	21, 28f., 34f., 59, 74, 96, 102, 124	2,5	10, 17, 116, 118f.
		2,6	11, 102, 126f., 136, 139
1,21.27-33	83	2,6-16	3
1,21.27-35	29, 33, 92	2,6-3,6	12, 125, 133
1,22	62f., 68, 91ff.	2,6-9	3f., 125ff.
1,22f.	33, 92, 95, 146	2,6ff.	3, 126f.
1,22-26	19, 29, 36, 92ff., 97ff., 119, 124, 147f.	2,7	126ff., 136ff.
		2,7ff.	134
1,22-33	10	2,7-9	127f., 130ff.
1,22-35	63, 93, 97	2,7-10	126
1,23	84, 91ff.	2,8	1, 4, 131, 136
1,24	94, 97f.	2,8f.	11, 121, 126
1,24f.	97	2,9	126
1,25	98	2,10	128, 130, 136ff.
1,26	69, 94	2,10-12	126
1,27	30ff., 49, 51ff., 59, 61, 66f., 69, 71, 96, 99, 123	2,11	119
		2,11ff.	133
1,27f.	34, 42f., 47, 50f., 57ff., 67	2,11-19	127
1,27ff.	21, 29, 35, 43, 62f., 93, 97, 99, 127	2,13	11
		2,17	17, 136
1,27-29.34f.	33f.	2,18	71
1,27-33	21, 29, 30	2,20f.	17, 127
1,27-35	33, 92, 97	2,20-23	11
1,28	30, 33, 51f., 56ff., 60, 62ff.	2,21	125
1,29	30ff., 34, 42, 57ff., 66ff., 71, 96, 99	2,23	17, 125, 127
		3,3	83, 101
1,29f.	32, 67	3,6	122
1,29-33	31f.	3,7ff.	141
1,30	30ff., 58, 62, 65ff.	3,7-11	126
1,30-33	31, 33, 35, 61f., 65ff., 71, 96, 141	3,11	134
		3,12ff.	138
1,31	30f., 55, 67	3,19	104
1,31f.	67	3,30	134
1,32	32, 67	4,3	71
1,33	30ff., 58, 62, 65ff.	4,11	82
1,34	30, 32, 34, 61, 63f., 68ff., 96	5,31	134
1,34f.	21, 29, 34, 61f., 68ff., 141	6,9	71
1,35	16, 30ff., 58, 61ff., 68ff., 92, 96ff., 124, 157	7,4	122
		8,22f.	136
1,36	29, 64	8,28	134
2,1	10, 17, 103f., 106, 115, 117f., 122, 131, 140	9	137
		9,8-15	136
2,1f.	118, 120, 124, 137ff.	10,9	140
2,1ff.	131	10,12	71
2,1-5	5, 10f., 33, 64f., 103ff., 114ff., 121ff., 127, 131	10,17	135
		11	136
2,1a.5b	102, 104	11,18	76
2,1b-3	103f., 115f., 118	11,21	120
2,1b-5a	11, 17, 102	13-16	135
2,2	105f., 115ff., 121ff.	15,9ff.	140

16	46	15,6	82
16,1f.	91	22,10	75
16,5	46	22,13	75
16,6	46	23,2	75
16,15	46	23,4	75f.
17f.	3, 139	24,1	118
17-21	4, 19f., 140	28,6	75
17,6	139	30,8	75
17,11	31		
18	30, 69ff., 95, 101	*2Sam*	
18,1	139	2	100, 141, 147, 149
18,2	69	2,1	75, 100, 149
18,5	76	2,9	98
18,9	70	5	40f., 60, 75, 99f., 141, 151f.
18,10	76	5,6	40, 120
18,16	69	5,6-10	36
18,22f.	69	5,9	151
18,25f.	69	5,19	76, 101
18,26	47	5,23	76, 101
18,29f.	69	7,29	31
19-21	3, 19, 139	13,25	63
19,1	139, 141	17,9	76
19,6	31	19,21	68
19,11	99	23,24-39	61
20	140		
20,18	75f., 140f.	*1Kön*	
20,18f.	140	4	15
20,18ff.	118	4,14-20	61
20,23	75, 77, 140	9	66ff.
20,26f.	140	9,11	67
20,26ff.	118	9,11-13	68
20,27	75	9,13	67
20,28	76f.	9,15	66
21,2ff.	118	9,15ff.	100
21,4	43	9,16	100
21,6	77	9,20	66
21,25	19, 139	9,21	66
		12	137
1Sam		12,21	99
1,1	135	22,6	76
1,3	118	22,15	76
4,18	135		
5,11	63	*2Kön*	
7,5ff.	136	5,23	31
7,15	135, 140	6,3	31
8,1f.	135	11	149
9,16	135	17,25	76
10,18	71	17,28	146
10,22	75	17,36	46
11	141	23	150
12,22	31	23,6	121
13	141	23,13	119
14,37	75	23,14	119

23,15	146	*Mal*	
23,22	140	2,14	113
24,14	150		
		Ps	
Jes		32,4	63
1,26	76		
24,20	63	*Hi*	
40,26	145	6,9	31
43,16-21	145	6,28	31
59,1	63	23,2	63
		33,7	63
Jer			
13,19	148	*Spr*	
16,14f.	145	12,24	64
17,26	80	12,26	94
22,19	79		
23,3-8	145	*Dan*	
27,5	46	6,9	84
32,17	46	6,16	84
32,44	80	8,1	76
36,30	79	9,23	76
51,12	94		
		Esr	
Ez		2,1	144
20	145	2,28	146
21,26	75	4	150
		4,1	150
Hos		4,1-5	150
4,12	75	4,2	143
5,11	31	4,4	150
		4,4f.	151
Am		4,6	76
5,6	68	4,8-10	143
6,10	84	4,10	143
7,1	76	4,15	144
		4,17	143
Ob		5,14	144
1,18	68	5,8	144
		6,2	144
Hag		6,7	144
1,1	144	7,25	130
1,14	144	9,2	142
2,2	144	10,31	142
2,4	150	10,35-37	61
2,21	144	10,40-42	61
		13,25	142
Sach			
7,5	150	*Neh*	
7,7	80	1,10	46
10,10	43	2,10	143
11,10	117	5,14	144
		5,15	144
		5,18	63, 144

6,2	144		5,1	84
6,5	144		11,4f.	36
6,12	143		11,26ff.	61
6,14	143		14,10	75
7,32	146		14,14	75
9,2	142		15,2	84
10,5-26	61		17,27	31
11,25	148			
11,31	146		*2Chr*	
11,32-35	61		11,4	40
12,26	145		23	149
13,24	143		28,15	82
13,28	143		35,18	140
14,4-7	61		36	149
1Chr			*1Makk*	
1-9	61		5,65	148
2	81			